나는 내가 먼저입니다

SET BOUNDARIES, FIND PEACE

나는 내가 먼저입니다

관계의 안전거리에서 자기중심을 찾는 바운더리 심리학

네드라 글로버 타와브 | 신혜연 옮김

매일경제신문사

네드라 타와브는 건강한 바운더리를 설정하는 방법뿐만 아니라 우리의 감정과 의사를 분명하게 인식하고 전달하는 방법에 대해서도 가르침을 준다. 평온한 삶을 살기 위해서는 자신을 드러낼 필요가 있는데, 저자는 여기서 한 발짝 더 나아가 자신을 정확히 표현하는 방법에 대한 청사진을 제시한다. 가히 바운더리 심리학의 바이블이라 할 만하다.

— **알렉산드라 엘르**Alexandra Elle, 《애프터 레인After the Rain》 저자

자신의 욕구를 당당하게 표현하며 보다 행복한 삶을 위한 포괄적이고 적절하며 공감 가는 길잡이를 원한다면, 단연 이 책이 으뜸이다.

— **셀리나 아이야나**Sheleana Aiyana, 《라이징 우먼Rising Woman》 저자이자 동명의 커뮤니티 설립자

우리가 기다려온 바로 그 책! 네드라 타와브는 종종 거론되긴 하지만 아직 완성되지 못한 바운더리라는 개념에 대해 정확한 설명과 방향성을 제시한다. 안정적인 삶과 변화된 인간관계를 맞이할 준비가 되었는가? 그렇다면 지금 바로 이 책을 읽어라.

— **비엔나 파라온**Vienna Pharaon, 가족치료사, Mindful Marriage & Family Therapy 설립자

이 책은 바운더리가 무엇이고 왜 필요하며 어떻게 설정하면 되는지 분

명하면서도 따뜻한 어조로 알려줌으로써, 바운더리 설정 과정에서 반드시 거쳐야 하는 어려운 대화를 대담하고 자신감 있게 해낼 수 있도록 도와준다.

— 멜리사 어번Melissa Urban, Whole30 공동설립자이자 CEO

건강한 바운더리가 없다면 자신이 원하는 삶을 온전하게 살기 힘들다. 우리에게 할 수 있다는 자신감을 불어넣어주는 이 책은, 개인의 기대와 한계를 정하는 방법을 효과적으로 보여줌으로써 인간으로서 마땅히 누려야 할 자유와 자아를 실현하는 삶을 살 수 있게 해준다.

— 스콧 배리 카우프만Scott Barry Kaufman, 〈사이콜로지 팟캐스트〉 운영자, 《트랜센드Transcend》 저자

개인의 삶과 직업적 삶, 친구 관계와 그 외 모든 인간관계에서 명확하고 건강한 바운더리 설정을 통해 자신의 잠재력을 온전히 깨닫게 해주는 현실적이면서도 실용적인 안내서다.

— 마일릭 틸Myleik Teele, CURLBOX 설립자

인간관계에서 바운더리를 어떻게 이해하고 설정해야 하는지에 대한 종합적이고 실제적인 안내서다. 특히 가까운 사이에서 불편한 감정을 겪고 있는 이들이라면 저자의 따뜻하면서도 명쾌한 조언이 단비처럼 반가울 것이다.

— 〈퍼블리셔스위클리〉

'건강한 바운더리'를 갖기 전 내 인생은 감당하기 힘들 정도로 혼란스러웠다. 나 역시 다른 이들과 마찬가지로 지나친 상호의존, 삶과 직장생활 사이의 불균형, 만족스럽지 못한 인간관계로 어려움을 겪었다. 나 자신과 다른 이들을 향한 높은 기대치를 적절하게 낮춘 이후 드디어 평화가 찾아왔다. 삶을 건강한 관계로 채워나가려는 노력은 한 번의 결심으로 끝나는 게 아니라 지금도 이어지고 있고, 시간과 경험이 쌓이면서 조금 더 수월해졌다.

나는 바운더리 설정을 일상의 모든 영역에서 실천하기 시작했다. 원하는 인생을 살기 위해 지금도 끊임없이 자기주장과 자기 훈련을 한다. 예전에는 남들이 내 기분과 내가 원하는 것을 짐작해주리라 기대하며 몰라줄 때는 억울해했다. 하지만 많은 시행착오 끝에 결국 다른 사람들은 내가 말하지 않으면 내 욕구를 짐작도 하지 못한다는 사실을 알게 되었다. 내가 말없이 고통스러워하는 동안 사람들은 오롯이 자신의 하루를 보냈다.

예전에는 하기 어려웠던 "이사 날 못 도와줘" 같은 말이 지금은 단호하게 나온다. 과거의 나는 두려웠고, 아무도 기분 나쁘게 만들고 싶지 않았으며, 적당한 말이 뭔지 몰랐다. 기분이 안 좋다고 대놓고 말하면 관계를 잃을까봐 겁이 났다. 그러는 동안 내 희생은 점점 커져만 갔다.

처음 바운더리 심리학을 접했을 때, 나는 이 개념을 삶에 어떻게 적용해야 할지 도무지 감이 잡히지 않았다. 이 개념을 처음 접하는 독자들도 비슷한 느낌을 받을 것이다. '바운더리(boundaries)'라는 단어 자체가 지닌 '경계(한계)'라는 뜻이 광범위할뿐더러, 자칫 관계를 단절하는 부정적인 의미로 느껴질 수 있기 때문이다.

그래서 나는 이 책을 통해 건강한 경계선, 즉 건강한 바운더리를 갖는 것에 대한 다양한 상담 사례와 연구 결과를 제시하고, 인간관계는 물론 일, 감정 등에 따른 어려움을 토로하는 사람들이 어떻게 바운더리를 설정하며 자신의 삶을 긍정적이고 주도적으로 변화시켰는지 구체적으로 보여줄 것이다. 바운더리는 나를 불편하게 하는 것들로부터 안전하게 지켜주는 경계선이자 나를 우선으로 아끼는 가장 효과적인 방법이다.

고백하자면 나 역시 다른 사람에게 "No"라고 명확하게 선을 그을 때마다 죄책감을 느꼈다. 바운더리 설정을 옳지 않은 행동이라고 믿는다면 당연히 죄책감이 들 수밖에 없다는 사실을 몰랐기 때문이다. 사랑하는 사람들의 생각에 따르지 않는다고 해서, 나의 감정이나 욕구를 우선으로 선택한다고 해서 그들을 사랑하지 않는 것은 아니다.

이 책은 타인의 눈에 비친 모습이 아니라 본연의 내 모습, 또한 내가 원하는 삶을 방해하는 불편함(죄책감)에서 벗어나 자유로워지는 방법을 가르쳐줄 것이다.

바라건대 이 책을 통해 독자 여러분도 자신의 선택과 감정에 확신과 용기를 얻고, 삶을 존중하는 건강한 바운더리를 만들어나가기를 희망한다.

네드라 글로버 타와브

바운더리가 당신을 자유롭게 해줄 것이다

나는 14년째 심리치료사로 일하고 있다. 사람들은 자신의 바운더리에 문제가 있다는 사실을 알지 못한 채 무거운 마음의 짐을 지고 나를 찾아온다. 그들은 지나친 스트레스나 우울, 불안 같은 심리 문제뿐 아니라 타인과의 갈등, 시간 관리 문제, 또는 소셜 미디어가 자신의 감정 상태에 미치는 영향에 대한 걱정 때문에 나를 찾지만, 사실 이 모든 것은 바운더리 문제가 다른 모습으로 위장한 것에 불과하다.

나는 일단 내담자가 억울한 감정과 불행하다는 생각, 당황스러웠던 일들을 털어놓고 나면 조용히 말한다.

"바운더리 문제가 있으시군요."

그 말을 함과 동시에 무엇이 바운더리 문제인지를 밝히고, 바운더리를 남에게 전달하는 방법을 익히며, 바운더리 설정에 따른 상대방의 부정적인 반응에 대처하는 방법을 찾아나선다. 맞다. 단호하게 자기주장을 할 때는 그에 뒤따르는 여파가 있다. 우리는 그로 인한 관계의 불편한 감정과 죄책감을 처리할 줄 알아야 한다.

나는 바운더리 문제에 대해 인스타그램에 여러 글을 게시하고 있다. 그중에 '당신에게 바운더리가 필요하다는 시그널'이라는 제목의 글이 가장 호응이 좋았다.

당신에게 바운더리가 필요하다는 시그널

- 해야 할 일이 많아 어쩔 줄 모르겠다.
- 누가 도와달라고 하면 화가 난다.
- 뭔가 부탁할 것 같은 사람과는 통화나 만남을 피하게 된다.
- 도와줬는데 아무 보상도 못 받은 것에 대해 자꾸 불평하게 된다.
- 지칠 대로 지친 느낌이다.
- 다 그만두고 사라져버리고 싶다는 생각을 자주 한다.
- 나를 위해 쓸 시간이 없다.

이 게시물에 대한 사람들의 압도적인 반응은 얼마나 많은 이들이 바운더리가 필요하다고 느끼고 있는지 말해준다. 내 쪽지함에는 "바운더리 문제, 도와주세요!"와 같은 메시지가 넘쳐난다. 매주 인스타그램에서 진행하고 있는 Q&A를 보면, 85%가 바운더리와 관련한 질문이다. 그중 몇 가지를 살펴보면 다음과 같다.

"친구들이 매주 술을 취하도록 마셔요. 그래서 같이 어울리기 불편한데,
어떻게 하면 좋을까요?"

"동생이 자꾸 돈을 빌려달라고 하는데 거절을 못하겠어요."

"부모님이 휴일에 집에 오라고 하시는데, 저는 애인의 부모님을 뵈러 가고
싶어요. 부모님께 어떻게 말씀드리지요?"

인스타그램을 통해 전해지는 질문들은 일일이 답하기가 불가능
할 정도로 그 수가 어마어마하다. 인간관계에서의 소통 문제를 토
로하는 이들은 매주 점점 더 많아지고 있다. 그만큼 바운더리 문제
는 끝이 없다!

더 많은 사람이 이 문제를 해결할 수 있도록 돕는 유일한 방법은
그동안 익힌 전략을 책으로 엮어내는 것뿐이었다. 이 전략은 온라
인 상담과 상담실에서의 작업만으로 얻어진 것이 아니다. 나 역시
거의 평생에 걸쳐 바운더리 문제를 직접 겪었다. 지금도 매일 바운
더리 문제를 고민하고, 그래서 건강한 한계를 설정하는 일이 얼마
나 중요한지 개인적으로도 충분히 이해한다.

평상시에는 인스타그램 스토리에서 설문을 진행한다. 설문조사
는 내 공동체의 사람들이 어떤 생각을 하는지 알 수 있는 재미있는
방법이다. 때로는 결과에 충격을 받기도 한다. "당신은 엄마에게 바
라는 것과 아빠에게 바라는 것이 다른가요?" 같은 질문을 했을 때
도 그랬다. 응답자의 60%가 "아니다"라고 대답했다. 정말 충격적이
었다. 엄마들은(나 역시 엄마다) 자신이 더 큰 기대를 받고 있다고 믿

기 때문이다. 이처럼 내가 인스타그램에서 실시한 설문조사와 그 결과를 간간이 이 책에서 볼 수 있을 것이다.

대부분 그렇듯이 나도 가족 관계에서 바운더리를 설정하는 일이 가장 어렵다. 가족 체계 안에는 암묵적인 규칙이 존재하기 때문이다.

지난해 나는 한 친척으로부터 누군가의 문제를 바로잡아주려 하니 도와달라는 메시지를 받았다. "그건 제가 할 일이 아닙니다. 당신이 할 일도 아니고요"라는 답장을 보내면서, 나는 나 자신이 성장했음을 깨달았다. 그 누군가는 내가 이미 구원해보려고 몇 년을 애쓰다가 결국 포기한 사람이었다. 누군가를 구원하거나 바로잡는 일은 내 몫이 아니다. 나는 누군가를 도울 수는 있어도 바로잡아줄 수는 없다. 그렇게 답했던 순간, 나는 내 바운더리는 물론 그의 바운더리를 존중할 수 있게 된 내 능력이 자랑스러웠다.

시행착오를 거치면서 내가 배운 사실은 '싫다면 어떻게든 싫은 티를 내라'라는 것이다. 나는 나와 관계없는 일이더라도 주어진 상황을 받아들이고 도와달라는 요청을 수용해야 한다고 생각했었다. 사람들을 실망시키고 싶지 않았다. 누군가 내게 화를 내는 상황이 두려웠던 것이다. 바로 이것이 사람들이 바운더리 설정을 피하는 가장 큰 이유다.

"두려움에는 근거가 없다."

두려움의 뿌리는 머릿속의 부정적인 생각과 멋대로의 상상일 뿐이다. 시간이 흐르면서 나는 누구든 이 사실을 인정한 다음에야 도움을 줄 수 있다는 점을 깨달았다. '바로잡는' 것이 그들을 진정으로 돕는 일이 아님을 깨닫기까지 수년이 걸렸다. 나는 도와주기는커녕 오히려 그들이 스스로 해야 할 일을 대신함으로써 그들의 성장을 방해를 하고 있었다.

한계를 정하는 일은 쉽지 않다. 특히 사랑하는 사람들에게는 더 어렵다. 사랑하는 이를 화나게 하느니 차라리 불편한 대화를 나누고 말겠다는 심정이 든다. 하지만 그러다가는 오히려 관계를 망치고 말 것이다! "술 마시면 같이 있지 않겠어"처럼 강한 요구든 "우리 집에 들어올 때는 신발을 벗어줘" 같은 작은 부탁이든, 어쨌든 자신이 원하는 바를 표현하는 일은 중요하다. 사람들은 당신이 무엇을 원하는지 알지 못한다. 자신이 무엇을 원하는지 분명히 밝히는 것은 당신의 몫이다. 원하는 바를 분명하게 밝혀야 관계 문제를 해결할 수 있다.

이 책은 바운더리 문제가 있다는 것을 언제 알 수 있는지, 바운더리의 필요성에 대해 어떻게 대화를 풀어나갈지, 그리고 바운더리를 어떻게 실행으로 옮길지에 대한 공식을 쉽게 풀어 쓴 것이다. 물론 이 과정이 늘 아름답지만은 않다. 자신이 원하고 필요로 하는 바를 말로 전달하는 것은 만만치 않은 일이다. 그 이후에 벌어지는 일을 처리하는 과정 또한 꽤 불편할 수 있다. 하지만 많이 해볼수록 수월해질 것이다. 특히 마침내 찾아오는 평화를 맛보았다면 말이다.

사람들은 왜 당신을 존중하지 않을까? 당신은,

- 자기 자신을 중요하게 생각하지 않는다.

- 아무에게도 책임을 묻지 않는다.

- 바운더리를 설정하면서 미안하다고 사과를 한다.

- 융통성이 부족하다.

- 자신감 없는 말투를 사용한다.

- 바운더리를 (머릿속에만 전부 넣어두고) 말로 표현한 적이 없다.

- 바운더리를 한 번만 말해도 충분하다고 생각한다.

- 바운더리를 침해당했을 때, 자신이 원하는 바를 말로 표현하는 대신 사람들이 당신의 반응을 보고 알아서 처신해줄 것으로 기대한다.

영광스럽게도 나는 14년 동안, 사람들이 자신의 인간관계를 이해하고 건강한 관계를 만들어나갈 용기를 찾을 수 있도록 도왔다. 실제 이야기들을 통해 실생활에서 바운더리 문제가 어떻게 나타나는지 깊이 이해할 수 있을 것이다. 이야기들은 내담자들과 상담한 내용을 바탕으로 재구성했다. 익명성 보장을 위해 이름과 식별 가능한 세부 내용은 다 바꿨다. 다른 이들의 사례를 통해 자기 자신과 인간관계를 변화시킬 방법을 찾을 수 있기를 바란다.

우리는 바운더리 설정이 필요하다는 사실을 알면서도 어디서부터 어떻게 시작해야 할지 몰라 아무것도 하지 못한다. 이 책은 한계를 정하는 데서 오는 이점을 알려주고, 적절한 기대치를 정한 뒤 인간관계에서 자신의 가치관을 유지해나가는 과정에서 길잡이 역할을 해줄 것이다.

　또한 자신이 원하는 바를 어떻게 말해야 할지 정확히 알 수 없을 때를 대비해 적절한 표현도 예를 들어놓았다. 제시된 문구를 편하게 사용해도 좋고, 자신만의 표현을 써도 좋다. 각 장의 마지막에는 바운더리 질문을 제공해 자신과 타인을 더욱 깊이 이해할 수 있도록 했다.

목차

1부 ✦ 우리 사이에는 바운더리가 필요해

2부 ✦ 나를 돌보는 인간관계 연습하기

1. 나는 거절하고 싶을 때 거절하지 못한다.

A. 그렇다. 자주 있는 일이다.

B. 거절하는 동시에 더 요구하지 못하도록 거절의 이유를 밝힌다.

C. 나는 대체적으로 거절하는 것을 사과하지 않거나 이유를 거짓으로 포장하지 않고 바로 거절한다.

2. 나는 자주 주변 사람을 돕고 그들의 문제를 해결해주는 듯한 기분이 든다.

A. 그렇지 않다. 나는 다른 사람의 문제에 관여하지 않는다.

B. 종종 그렇다.

C. 그렇지 않다. 나는 내 한계를 잘 알고 있어서 되도록이면 내가 해줄 수 있는 것을 제안한다.

3. 나는 주기적으로 무의미한 싸움이나 논쟁에 휘말린다.

A. 그렇다.

B. 그렇지 않다. 그런 일을 겪지 않는다.

C. 그렇지 않다. 나는 사람들과 거리를 두려고 노력한다.

4. 나는 동정심이나 죄책감, 의무감, 또는 위협 때문에 친구나 가족에게 돈을 빌려준다.

A. 그렇다.

B. 그렇지 않다. 나는 언제 돌려받을지 확실할 때만 돈을 빌려준다.

C. 그렇지 않다. 나는 사람들을 믿지 못한다. (그리고, 또는) 내가 번 돈은 한 푼도 다른 사람에게 주고 싶지 않다.

5. 나는 업무 때문에 자주 스트레스를 받는다.

A. 그렇다.

B. 그렇지 않다. 업무와 관련해서 전혀 고민하지 않는다. 업무가 끝나면 바로 퇴근한다. 그리고 회사에서 무슨 일이 일어나든 신경 쓰지 않는다.

C. 그렇지 않다. 업무 관련한 공지 사항이나 전화, 문자 메시지, 이메일에 신경 쓰지 않는다. 퇴근 후에는 친구나 가족, 나 자신과 시간을 보내려고 노력한다. 대형 프

로젝트나 비상 상황의 경우 약간의 융통성을 발휘해야 할 때도 있지만, 오래 휘둘리지는 않으려고 노력한다.

6. 나는 소셜 미디어에 너무 많은 시간을 쓴다.

A. 그렇다.

B. 그렇지 않다. 때때로 소셜 미디어를 들여다보는 것이 즐겁긴 하지만 거기에 푹 빠지진 않는다.

C. 특정한 날과 시간에만 업무용으로 소셜 미디어 계정에 접속한다. 그런 다음 휴대 전화의 앱에서는 접속을 끊는다.

7. 나는 누군가의 부탁을 거절할 때 죄책감이 든다.

A. 그렇다.

B. 그렇지 않다.

C. 그렇지 않다. 사람들이 어떻게 생각할지는 신경 쓰지 않는다. 다만 사람들이 뭔가를 부탁하면 난처하거나 화가 나거나 불만을 느낀다.

8. 나는 원하지 않는 활동이나 의무에 잘 동참한다.

A. 그렇다.

B. 그렇지 않다.

C. 그렇지 않다. 사람들은 나한테 그런 요청을 하면 안 된다는 것을 안다.

9. 나는 사람들을 신뢰하지 않는다.

A. 그렇다.

B. 모든 사람을 신뢰하지 않는 것은 아니다.

C. 그렇지 않다. 나는 사람들을 신뢰한다. 그리고 때로 그것 때문에 문제가 생긴다.

10. 나는 사람들을 사귈 때 너무 빨리 개인 정보를 털어놓는다.

A. 그렇다.

B. 그렇지 않다.

C. 나는 개인 정보를 털어놓을 만큼 사람들을 신뢰하지 않는다.

11. 나는 사람들이 내 부탁을 거절해도 괜찮다. 그리고 거절을 기분 나쁘게 받아들이지 않는다.

A. 그렇다.

B. 그렇지 않다. 나는 거절당하면 기분이 나빠진다.

C. 나는 대체로 사람들에게 부탁하지 않는다. 그들이 내 일을 제대로 해주리라고 생각하지 않기 때문이다. 대부분 사람들을 신뢰하지 않는다.

12. 나는 나쁜 대접을 받아도 항의하지 못한다.

A. 그렇다.

B. 그렇지 않다. 그럴 경우 나는 관계를 끊거나 욕을 퍼붓거나 뒤에서 험담한다.

C. 그렇지 않다. 나는 내가 느끼는 감정을 사람들에게 말로 표현할 수 있다.

13. 나는 나를 위해 시간을 쓰는 것에 죄책감을 느낀다.

A. 그렇지 않다. 다른 사람들을 돌보려면 나 자신을 돌보는 것이 필요하다는 사실을 알고 있다. 빈 컵에서 물을 퍼낼 수는 없는 법이다.

B. 그렇다.

C. 그렇지 않다. 나는 다른 누구보다 나 자신의 욕구가 우선이다.

14. 나는 내 잘못이 아닌 일에도 사과를 한다.

A. 그렇지 않다. 일반적으로 내 잘못으로 일어나는 일은 별로 없다.

B. 그렇다.

C. 그렇지 않다. 나는 내가 책임져야 할 일을 했고 누군가에게 해를 끼쳤다는 것이 확실할 때만 사과한다.

15. 나는 할 일이 산더미인데 시간이 부족해서 마음이 산란하고 스트레스가 심하다.

A. 그렇다.

B. 솔직히 할 일이 별로 없다. 친구나 약속도 별로 없어서 한가하다.

C. 그렇지 않다. 나는 스트레스가 심해지는 상황을 대비해 거절과 위탁, 위임하는 방법과 도움을 청하는 방법을 안다.

16. 나는 사람들에게 공유하고 싶은 중요한 것이 있어도 잘 표현하지 않는다.

A. 그렇다.

B. 그렇지 않다. 나는 내 생각과 조언이 다른 누구의 것 못지않게 중요하다는 사실을 안다.

C. 그렇지 않다. 사실 나는 직장에서 다른 사람들의 말을 듣기보다는 내 말을 더 많이 하는 것 같다.

자신의 바운더리가 어느 유형에 가장 가까운지 알아보자.
이에 관한 자세한 내용과 대처법은 본문에서 설명할 것이다.

	A	B	C
1.	허술한 바운더리	경직된 바운더리	건강한 바운더리
2.	경직된 바운더리	허술한 바운더리	건강한 바운더리
3.	허술한 바운더리	건강한 바운더리	경직된 바운더리
4.	허술한 바운더리	건강한 바운더리	경직된 바운더리
5.	허술한 바운더리	경직된 바운더리	건강한 바운더리
6.	허술한 바운더리	건강한 바운더리	경직된 바운더리
7.	허술한 바운더리	건강한 바운더리	경직된 바운더리
8.	허술한 바운더리	건강한 바운더리	경직된 바운더리
9.	경직된 바운더리	건강한 바운더리	허술한 바운더리
10.	허술한 바운더리	건강한 바운더리	경직된 바운더리
11.	건강한 바운더리	허술한 바운더리	경직된 바운더리
12.	허술한 바운더리	경직된 바운더리	건강한 바운더리
13.	건강한 바운더리	허술한 바운더리	경직된 바운더리
14.	경직된 바운더리	허술한 바운더리	건강한 바운더리
15.	허술한 바운더리	경직된 바운더리	건강한 바운더리
16.	허술한 바운더리	건강한 바운더리	경직된 바운더리

*네드라 글로버 타와브와
킴 벤툴라 공동 개발

1부

✦

우리 사이에는
바운더리가 필요해

01

바운더리,
대체 그게 뭔데?

건강한 인간관계는
바운더리에서 시작된다.

"어떻게 해야 할지 모르겠어요."

킴이 두 손으로 머리를 감싸며 말했다. 킴은 신혼여행에서 돌아온 지 2주째 되던 날부터 나와 상담을 시작했다. 갓 결혼한 신부였던 그녀는 일을 멋지게 해냈고 모든 일에 자신이 최고라는 자부심도 있었다. 하지만 전부 완벽하게 해내야 한다는 압박감에 시달렸다. 자주 무력감을 느꼈고, 아침이면 잠자리에서 일어나기가 두려웠다.

그녀는 스스로 '최고'가 되고자 했고 늘 '최고'의 모습으로 사람들을 대했다. 최고의 친구이자 최고의 딸이었으며 최고의 자매이자 최고의 동료였다. 이제는 최고의 아내가 되려는 참이었다. 그리고 언제가 될지는 모르겠지만 최고의 엄마도 되고 싶었다. 킴이 생각하는 최고의 모습은 항상 '그래', '좋아'라고 대답하는 것이었다. '아니', '싫어'라는 대답은 인색하고 이기적이라고 여겼다. 킴이 나를 찾아온 이유도 진이 다 빠져버린 기분을 느끼지 않으면서 자신의 역할을 더 잘 해낼 방법을 찾고 싶어서였다.

상담실 소파에 앉아 다음 주에 하기로 약속한 일들을 죽 나열해 본 킴은 이사 예정인 친구가 그녀의 도움을 필요로 하고, 한 동료는 그녀가 도와주지 않으면 '그의' 프로젝트를 제대로 마칠 수 없는 상황이라고 말했다. 그녀는 해결 방안을 간절히 찾고 있었다. 자신이 도와주기로 약속한 일들을 해낼 시간을 어떻게든 확보하려고 안간힘을 썼다.

이번에는 자신이 생각해낸 해결안을 줄줄 늘어놓았다. 나는 그녀를 잠깐 멈추게 한 다음 시간을 더 확보하는 것은 불가능하다고 지적했다. 순간 킴은 망연자실한 듯했지만, 나는 이어서 말했다.

"걱정할 것 없어요. 시간은 못 만들어줘도 부담을 더는 방법은 알려줄 수 있으니까요."

그녀의 표정을 보니 이런 식의 해결은 생각해보지도 못한 것 같았다. 놀랄 일도 아니었다. 부탁을 계속 들어주기만 하다가 결국 지쳐버리거나 심지어 좌절감에 빠지는 사람들(특히 여자들)을 나는 너무도 많이 봐왔다. 우리가 괜히 탈진 문화에 사는 게 아니다.

우선 나는 킴에게 다음 주에 직장과 가정에서 해야 할 일을 모두 적게 했다. 이미 그녀는 한 주의 계획을 다 세워놓은 후였다(그녀다운 태도였다). 킴은 일하는 데 드는 시간을 대충 계산한 후, 시간이 턱없이 부족하다는 사실을 곧 깨달았다. 나는 킴에게 물었다.

"그중에 '꼭' 직접 해야 하는 일은 뭐고, 다른 사람에게 넘겨도 될 만한 일은 뭐예요? 친구 이사는 다른 사람한테 부탁할 수도 있지 않겠어요?"

그녀는 곰곰이 생각하더니 그렇다고 대답했다. 하지만 자신이 직접 도와주고 '싶다고' 고집했다. 나는 킴의 문제가 뭔지 알 수 있었다. 킴은 자신이 얼마나 많이, 얼마나 자주 사람들을 도와줄 수 있는지에 대한 기준이 전혀 세워져 있지 않았다. 이것이 그녀의 불안에 일조했다.

의도는 좋았다. 그녀는 사람들을 돕고 싶을 뿐이었다! 다만 돕고자 하는 의욕이 항상 같을 수 없다는 게 문제였다. 어떻게든 도울 일 자체를 줄여야 했다. 킴에게 모든 일을 혼자 감당하려 하지 말고 다른 사람에게 위임하라고 권했지만 그녀는 들은 척도 하지 않았다. 그녀가 아는 방법은 오직 하나 "그래, 내가 도와줄게"라고 대답하는 것뿐이었다.

부탁을 거절할 줄 모르는 성격 때문에 결국 킴은 나를 찾아오게 되었고, 이런 문제들이 쌓여 온갖 걱정과 스트레스, 주체할 수 없는 불안이 자라났다. 여러 연구를 통해 밝혀졌듯이 불안이라는 감정은 계속 커지는 경향이 있다. 복잡한 인간관계는 불안을 키우는 원인 중 하나며, 불안과 우울은 사람들이 심리 상담실을 찾는 가장 흔한 이유다. 킴이 그랬던 것처럼 사람들은 불안 때문에 일상생활이 힘들어지기 시작할 때 상담실 문을 두드린다.

나는 모두에게 도움을 주는 존재가 되려는 킴의 욕구를 그녀와 함께 분석해나갔다. 거절의 말 한마디면 그토록 바라는 시간이 생긴다는 사실을 깨달을 수 있도록 도왔다. 말 한마디면 그녀가 바라는 아내라는 역할에 더욱 충실할 수 있었다. 말 한마디면 아침에 깨어났을 때 부담 없이 자리에서 일어나 하루를 가볍게 시작할 수 있었다.

바운더리란 무엇인가?

바운더리는 안전하고 편안한 인간관계를 위해 필요한 '기대'와 '요구'다. 적당한 기대는 관계를 정신적으로나 감정적으로 편안하게 만들어준다. 타인과 원만한 상호작용을 하려면 타인의 요구를 언제 수용하고 거절할지, 나의 요구를 어떻게 표현할지를 반드시 알아야 한다.

✦ 바운더리 설정이 필요한 사람들

생각과 계획을 끊임없이 머릿속으로 되새기고 시간이 충분할지를 걱정하는 성격 때문에 킴의 역할 수행 능력은 현저히 떨어져 있었다. 간단히 말해서 그녀는 심한 스트레스로 완전히 지친 상태였다.

불안 등의 정신건강 문제는 스트레스에 대처하는 신경학적 반응 때문에 일어난다. 스트레스를 받으면 뇌는 활동을 멈춘다. 수면의 질이 떨어지고 두려움이 찾아온다. 심리치료 전문가로서, 나는 바운더리 설정에 문제가 있을 때 사람들이 흔히 자신을 제대로 돌보지 못하고 무엇을 어떻게 해야 할지 갈피를 잡지 못하며 억울함과 회피의 감정에 시달리는 등 여러 정신건강 문제를 겪는 모습을 많이 봐왔다.

자신을 돌보지 않는다

비행기에 탑승했을 때 이와 비슷한 안전 수칙을 안내받은 적이 있을 것이다. "다른 사람을 돕기 전에 자신이 '먼저' 산소마스크를 착용하십시오." 이는 간단해 보이지만 결코 간단한 문제가 아니다. 사람은 다른 사람을 돕고 싶은 열망에 사로잡히면 자신부터 돌보아야 한다는 사실을 제일 먼저 잊는다.

자신을 위해 쓸 수 있는 시간이 전혀 없다고 한탄하며 상담실을 찾는 사람이 얼마나 많은지 모른다. 조금만 살펴봐도 이들이 자기 자신을 위해서는 전혀 시간을 내지 않는다는 것을 쉽게 알 수 있다. 솔직히 어떨 때는 스스로 돌보는 방법을 잊은 게 아닌가 싶을 때도 있다. 제대로 된 식사는커녕 잠깐 명상할 시간조차 내지 못한다. 그러면서 자녀 학교의 자원봉사에는 매주 몇 시간씩 할애한다. 이렇게 균형이 맞지 않는 시간 안배는 바운더리 설정에 문제가 있음을 알려주는 즉각적인 징후다.

자신을 돌본다는 것은 하루 날 잡아 스파를 즐기는 종류와는 전혀 다른 일이다. 타인의 요구를 거절하는 것은 이기적인 행동이라기보다 일종의 자기 돌봄이다. 자신을 돌본다는 것은 자신의 욕구에 주의를 기울인다는 의미이기 때문이다. 자신이 먼저 산소마스크를 착용한 후에야 남을 도울 수 있는 것처럼, 자신을 먼저 돌본 후에야 다른 이들에게 에너지를 쓸 수 있다. 생각해보면 바운더리 설정이야말로 자기 돌봄의 핵심이라고 할 수 있다. 자신의 감정적, 신체적, 정신적 안녕을 위해 나머지는 거절하는 것이다.

"자기 돌봄의 핵심은 바운더리 설정에 있다."

무엇을 어떻게 해야 할지 갈피를 잡지 못한다

킴은 시도 때도 없이 불쑥 올라오는 감정 때문에 상담을 받기 시작했다. 이 감정은 바운더리 설정에 문제가 있을 때 가장 흔히 나타나는 징후다. 사람들이 이런 감정을 느끼게 되는 이유는 주어진 시간에 비해 할 일이 너무 많기 때문이다. 이런 분주함은 우리 문화의 고질병이다. 시간은 나중 문제고, 모두가 더 많은 일을 하려고 한다. 그리고 그 대가는 우리의 행복이다. 바운더리는 자신이 정말 어디까지 감당할 수 있는지를 판단하게 해주는 적극적인 수단이자, 늘 불안에 시달리며 어찌할 바 몰라 우왕좌왕하는 대신 당장 해야 하는 일에 온전히 집중할 수 있게 해주는 비결이다.

억울한 마음이 든다

경계를 설정해두지 않으면 억울한 감정이 들고, 그 결과 배신감이나 좌절감, 짜증, 속상함, 분함 등을 느끼게 된다. 억울한 감정이

30

들기 시작하면 타인을 대하는 방식에 문제가 생긴다. 관계에서 좋은 모습을 보이지 못하고, 끊임없이 갈등을 겪으며, 피해망상에 시달리고, 사람들에게 마음의 벽을 쌓는다. 억울함을 느끼는 기간이 길어지면 사람들의 의도를 이해하는 데도 문제가 생긴다. 억울하다는 감정 때문에 남을 도울 때도 순수한 기쁨보다는 의무감이 앞선다. 억울함을 감지하기는 어렵지 않다.

만일 내담자가 "내가 엄마를 돌봐야 한다는 게 너무 화가 나요"라고 말한다면, 나는 그 즉시 짜증과 억울함이 내담자의 내면에 자리함을 알아차린다. 엄마를 돌보는 일이 왜 압박과 의무감으로 느껴지는지를 살펴보면 내담자의 속마음을 알 수 있다. 누군가는 엄마를 돌봐야 하지만 오로지 자신만이 엄마를 돌볼 이유는 없다고 생각하고 있었다. 이런 경우 다른 가족 구성원에게 도움을 요청하거나 돌봐줄 사람을 고용하는 등의 방법을 통해 스트레스를 줄일 수 있다.

문제를 회피한다

회피란 갑자기 연락을 끊고 사라지는 것, 또는 다른 사람을 못 본 척하거나 인연을 끊는 것을 말한다. 요청에 응답하지 않는 것, 오해를 즉시 바로잡지 않는 것, 약속된 시간에 나타나지 않는 것 등의 행동은 상황에 적극적으로 대처하기보다는 회피하고 싶을 때 쓰는 방법이다. 이런 식으로 문제 상황을 피하면서 질질 끌면 어떤 관계에서든 결국 같은 문제가 반복될 수밖에 없다.

회피는 사람들 앞에 '자신을 드러내기에 지쳤음'을 표현하는 일종의 수동공격이다. 문제가 저절로 사라져버리기를 바라는 태도는 일견 가장 안전한 선택처럼 보이지만 그 바탕에는 두려움이 자리한다. 자신이 기대하는 바를 밝히지 않는다고 해서 갈등이 안 생기는 것은 아니다. 바운더리 설정이라는 불가피한 과업만 지연될 뿐이다.

다 그만두고 어딘가로 도망치고 싶다는 생각은 극단적인 회피 증상이다. 혼자만의 시간을 보내며 모든 연락을 무시하고 어딘가에 숨어버리는 상상을 하고 있다면, 최후의 방법으로 회피를 모색한다는 의미다. 유일한 해결책은 바운더리를 정하는 것이다.

타인과의 관계에서 자신의 한계를 단호하게 지키는 방법을 안다면 이런 증상을 겪지 않아도 될 뿐만 아니라, 우울과 불안이 찾아와도 전보다 수월하게 감당할 수 있다. 대인관계에서 건강하지 못한 습관이 자리 잡는 이유는 바운더리에 대한 이해가 부족하기 때문이다. 그러니 바운더리가 뭔지 이제부터 샅샅이 파헤쳐보자.

◇ 내 삶의 지표

만나면 안전하고 평온한 느낌이 드는 사람이 있다. 사랑받고 존중받는 기분에 만나는 날이 기다려질 정도다. 이렇게 느낌으로 알수 있지만, 바운더리를 통해 좀 더 명확하게 확인할 수 있다. 바운더리는 자신이 다른 사람들에게 어느 정도까지 허용하는지, 그리고 자신이 남들에게 어떻게 보이는지를 알려주는 지표다. 이게 다가 아니다. 아래를 살펴보자.

바운더리는 어떤 역할을 할까?

• 능력 이상의 과도한 일을 하지 않게 해주는 안전장치다.

• 자기 돌봄의 실천이다.

• 관계 내에서의 역할을 규정한다.

• 관계 내에서 용인할 수 있는 행동과 용인할 수 없는 행동을 구분하게 해준다.

• 관계 내에서 어디까지 기대할 수 있는지를 알려준다.

• 타인에게 자신의 요구를 관철하게 해준다.

• 자신의 욕구를 타인에게 알리는 데 도움이 된다.

• 관계를 건강하게 만들어준다.

• 관계를 명확하게 해준다.

• 관계를 안전하다고 느끼게 해준다.

바운더리는 다른 이들에게 당신을 어떻게 대해야 하는지를 알려주는 단서가 된다. "지금 내가 하려는 얘기는 우리끼리만 알았으면 좋겠어"라는 식으로 솔직하게 터놓고 말할 수도 있고, 손님방 문 앞에 양말과 신발을 둘 바구니를 슬쩍 놔두는 것처럼 간접적으로 표현할 수도 있다. 바운더리를 설정할 때는 상대의 바운더리를 염두에 두는 것도 중요하다.

바운더리의 실행과 수용 방식은 가정 분위기와 가족 구성원들의 성격에 따라 다르다. 만일 경계에 대해 말로 합의하지 않거나 서로의 경계를 자주 무시하는 가족이라면, 그 안에서 태어난 자녀는 아마도 자신의 욕구를 적극적으로 추구하는 데 필요한 소통 기술을 습득하지 못한 채 성장하게 될 것이다.

예를 들어 알코올 중독자 밑에서 자란 성인 자녀들은 경계를 세우는 데 종종 어려움을 겪는다. 중독 문제를 가진 부모들은 자녀의 바운더리보다 자신의 문제가 더 중요하다는 메시지를 전달하기 때문에, 자녀들은 경계를 이해하고 규정하는 것에 어려움을 느끼며 성장한다. 반면 건강하게 서로의 경계를 존중하는 가족이라면 어떤 상황에서든 훨씬 편안하게 지낼 가능성이 크다.

바운더리를 존중하거나 거부할 때 편안함을 느끼는 정도는 개개인의 성격에 따라 다르다. 불안한 기질을 가진 사람들은 도전을 마주했을 때 과민반응을 보이는 경향이 있다. 그런 상황에서 적절하게 반응하지 못해 흔히 감정 조절 문제를 겪는다. 언제나 자신이 옳아야 하고 별것도 아닌 사소한 일로 말다툼을 벌이며 나와 다른 점을 받아들이기 힘들어하는 이들은 무례한 행동이나 말로 강력한 신호를 보내며 상대의 바운더리에 반발할 가능성이 크다. 반면 열린 마음으로 변화를 받아들이며 기꺼이 새로운 것을 배우고 성장하고자 하는 이들은 상대의 경계를 존중할 가능성이 크다.

바운더리는 나이에 상관없이 중요하다. 관계를 맺는 상대가 달라지면 바운더리도 달라져야 한다. 결혼이나 대학 진학, 첫 출산 등 변화가 생겼을 때는 그에 맞는 새로운 바운더리가 필요하다.

사실상 바운더리는 3가지 유형으로 구분할 수 있다. 이 중 자신에게 해당하는 유형은 무엇인지 살펴보자.

✦ 선을 너무 가까이 그었을 때

첫 번째 '허술한 바운더리'는 설득력이 약하고 잘 전달되지 않으며 의도치 않게 해를 끼칠 수 있다. 완전히 에너지가 고갈된 기분을 느끼게 되고, 능력 이상의 과도한 일을 하며, 우울과 불안을 겪는 것은 물론 건강하지 않은 관계에 빠진다. 처음에 언급했던 킴의 사례는 허술한 바운더리가 얼마나 개인의 행복과 안녕을 해칠 수 있는지 분명하게 보여준다. 싫은데도 좋다고 말한다거나 금전적 여유가 없는데도 의무감 때문에 돈을 빌려주는 것이 허술한 바운더리의 예다.

허술한 안전장치를 가진 사람들은 어떻게 행동할까?

- 사생활을 너무 드러낸다.
- 타인에게 정서적으로 지나치게 의존한다.
- 타인과 지나치게 밀착된다(타인과 정서적으로 분리되지 않는다).
- 거절하지 못한다.
- 사람들의 비위를 맞추기에 급급하다.
- 남들의 조언에 의존한다.
- 거부당하는 것을 끔찍하게 두려워한다.
- 함부로 대해도 참는다.

✦ 선을 멀리 그었을 때

두 번째는 허술한 바운더리의 반대쪽 극단에 있는 '경직된 바운더리'다. 경직된 바운더리는 자신을 보호하려고 타인을 향해 벽을 쌓는 것이다. 하지만 벽 뒤에 숨는 것은 건강한 방법이 아닐뿐더러 완전히 다른 형태의 문제를 일으킬 수 있다. 허술한 바운더리가 건강하지 못한 친밀함(밀착)으로 이어진다면, 경직된 바운더리는 일종의 자기방어 기제로 타인과 거리를 두게 만든다. 이는 일반적으로 상처받기를 두려워하는 사람이나 누군가에게 이용당한 적이 있는 사람들에게서 자주 볼 수 있다.

경직된 바운더리를 가진 사람들은 엄격한 규정을 정하고 예외를 두지 않는다. 예외를 허용하는 것이 관계를 더 건강하게 하는 방법일 때도 마찬가지다. 그들이 "난 절대 남한테 돈을 빌려주지 않아"라고 말한다면 그는 정말 누구에게도 돈을 빌려주지 않을 가능성이 크다. 아무리 믿을 수 있는 친구라고 해도 예외는 없다. 다시는 부탁할 엄두가 나지 않을 정도로 모질게 거절한다거나 조카를 돌봐주는 일 같은 것은 절대 하지 않는 게 경직된 바운더리의 예다.

철벽남과 철벽녀들은 어떻게 행동할까?

- 다른 사람과 사생활을 공유하지 않는다.
- 인간관계에 벽을 친다.
- 상처받을 상황을 의식적으로 피한다.
- 관계를 단칼에 정리한다.
- 타인에 대한 기대치가 높다.
- 삶에 규칙을 엄격하게 적용한다.

✧ 적절한 안전거리로 선을 그었을 때

세 번째 '건강한 바운더리'는 과거가 현재의 인간관계에 영향을 미치지 않을 때 가능하다. 건강한 바운더리를 가지려면 명확한 의사소통 능력은 물론이고 자신의 감정적·정신적·신체적 수용 능력을 잘 파악해야 한다. 필요한 경우 자신에게 해가 되지 않는 선에서 금전적 지원을 아끼지 않는다거나 그 순간 자신이 내릴 수 있는 가장 건강한 결정이므로 거절하면서 미안하다고 사과하지 않는 것이 건강한 바운더리의 예다.

건강한 바운더리를 가진 사람들은 어떻게 행동할까?

- 자신의 가치관에 대해 정확하게 안다.
- 자기의 생각을 존중한다.
- 적절한 수준에서 사생활을 공유한다.
- 신뢰하는 사람에게는 솔직하게 약한 모습도 보인다.
- 편하게 거절할 줄 안다.
- 거절당해도 기분 나쁘게 생각하지 않는다.

나와 너, 모두를 위한 안전거리

처음에는 바운더리를 설정하기가 쉽지 않다. 상대가 어떤 반응을 보일지 모르는 데서 오는 두려움은 우리를 망설이게 한다. 불편한 대화가 오가는 상황을 머릿속으로 그리며 최악의 결과를 상상하게 만들기도 한다. 그래도 믿어야 한다. 오랫동안 이어질 건강한 관계를 위해 잠깐의 불편을 겪는 것은 언제나 감수할 만한 가치가 있다! 자신의 바운더리 유형을 찾았다면 이제 다음 일은 두 단계를 밟는 것이다. 바로 '전달'과 '행동'이다.

1단계: 전달

바운더리 설정의 첫 단계는 자신이 원하는 바를 말로 전달하는 것이다. 신체 언어나 무언의 기대치만으로 상대가 당신의 바운더리를 정확히 가늠할 수 있다고 생각하면 오산이다. 기대하는 바를 명확하게 밝혀야 당신에게 무엇이 괜찮고 무엇이 안 괜찮은지를 상대가 오해하지 않는다. 확실하게 말로 표현하는 것이 가장 효과적인 방법이다. 예를 들어 다툼이 일어났을 경우 "다툴 때 목소리를 조금 낮춰주면 좋겠어요. 논쟁이 너무 과열된 것 같을 때는 잠시 쉬었다 다시 얘기했으면 좋겠고요. 혹시라도 당신 말투가 불편하게 느껴지면 말할게요" 하는 식으로 이야기하는 방법이 있다. 상대방이 갑자기 계획을 바꿔서 화가 날 경우에는 "우리 계획을 당신이 존중해줬으면 좋겠어요. 나한테는 중요한 문제라고요. 계획을 바꾸고 싶으면 몇 시간 전에 미리 연락해줘요"라고 말할 수 있다.

2단계: 행동

바운더리 설정은 대화만으로 끝나지 않는다. 행동을 통해서도 자신이 전하고자 하는 바를 확실히 보여줘야 한다. 말하지 않아도 남들이 마음을 알아줄 거라 기대하는 것은 건강하지 못한 관계로 가는 지름길이다. 행동이 필요하다.

예를 들어 친구에게 "우리가 세운 계획을 존중해줬으면 좋겠어. 나한테는 중요한 문제야. 계획을 바꾸고 싶으면 몇 시간 전에 미리 연락해줘"라고 말했다 치자. 직접 말로 바운더리를 전했기 때문에, 만일 상대가 당신의 바운더리를 지키지 않으면 당신은 행동으로 이를 강화해야 한다. 미리 통보하지 않은 계획 변경은 받아들일 수 없다는 것을 친구에게 말해야 한다.

"너랑 시간을 보내고 싶지만, 계획을 바꾸면 일정을 맞출 수가 없겠어. 다음 주에 다시 약속 정하자." 물론 쉬운 일은 아니다. 하지만 행동을 통해 자신의 바운더리를 지키는 일은 이 문제가 당신에게 중요하다는 사실을 상대에게 이해시킬 유일한 방법이다. 또한 사람들에게 당신의 바운더리를 진지하게 받아들이도록 만들 유일한 방법이기도 하다.

내 워크숍 참가자들은 종종 바운더리를 말로 전달하는 데 실패했다고 말한다. 이들뿐만 아니라 많은 이들이 한계만 정해놓으면 남들이 알아서 협조해주리라 믿는다. 그래서 바운더리를 말로만 전달하고 아무 행동도 하지 않는다. 하지만 행동이 뒤따르지 않으면 바운더리는 관계 속에서 계속 침해받게 된다. 바운더리를 존중받으려면 별도의 노력이 필요하다. 바운더리의 완성 여부는 당신이 어떻게 하느냐에 달려 있다.

이때 가장 두려운 것은 사람들의 반응일 것이다. 사람들의 반응을 예상해보는 일은 중요하다. 짐작해서 미리 걱정할 필요는 없다. 바운더리를 공유할 때 사람들이 가장 흔히 보이는 반응을 알아보고, 다음 사례를 참고하여 대비해보자.

바운더리에 대한 사람들의 흔한 반응

1. 반발한다.

2. 한계를 시험한다.

3. 못 들은 척한다.

4. 합리화하고 미심쩍어한다.

5. 방어적인 태도를 보인다.

6. 연락을 끊고 잠적한다.

7. 완전히 무시한다.

8. 받아들인다.

1. 반발한다

관계가 평소와 달라지면 일반적으로 사람들은 반감을 느낀다. 물론 처음에는 혼란스러울 수 있다. 하지만 상대가 당신을 존중한다면 이런 변화를 결국은 받아들일 것이다. 우리는 모두 성장하고 진화하는 존재이며, 우리가 맺는 관계 또한 마찬가지다. 반발은 언제든 있을 수 있다. 그 시기는 당신이 바운더리를 설정한 직후일 수도 있고, 어느 정도 시간이 지나 더 이상 당신의 바운더리를 존중하고 싶지 않을 때일 수도 있다.

상대가 반감을 느끼는 이유는 관계가 앞으로 달라질지도 모른다는 두려움과 안전지대 밖으로 밀려났다는 두려움 때문이다. '달라진다'가 나빠진다는 의미가 아닌데도, 어떤 사람들은 관계 내에서 새로 설정된 조건들을 받아들이기 힘들어한다.

앞서 언급된 사례를 다시 돌아보자면, 반발의 형태는 다음과 같이 나타날 수 있다. 킴이 친구에게 이사를 도와주기 힘들겠다고 말하고 그 친구는 이해한다는 듯 "알았어"라고 대답한다. 그런데 다음 날 친구가 다시 이렇게 말한다.

"정말 이사 안 도와줄 거야? 언제나 도와줬었잖아."

다음은 반발할 때 주로 나타나는 표현이다.

- "글쎄, 내가 할 수 있을지 모르겠네."
- "그건 불공평한데."
- "나도 원하는 게 있지만 너한테 요구하지는 않아."

상대가 반발한다면 어떻게 해야 할까? 무엇을 염려하는지 충분히 알아들었다고 상대에게 말한다. 그리고 처음에 설정한 바운더리를 재차 전달한다.

- "솔직하게 말해줘서 고마워. 하지만 내 요구를 들어줬으면 해."
- "나는 우리 관계가 안전하다고 느끼고 싶어. 우리 사이에 경계를 정하면 도움이 될 것 같아."

2. 한계를 시험한다

한계를 시험하는 건 주로 아이들이다. 아이들은 이런 식으로 독립성을 키워나간다. 그런데 다 큰 성인들도 이럴 때가 있다. 그들은 당신의 말을 들었으면서도 당신이 어느 정도까지 의지를 굽힐 수 있는지 보고 싶어 한다.

킴이 "이사 도와주기 힘들 것 같아"라고 말했을 때 킴의 한계를 시험하고 싶다면 "그럼 다음 주는 어때?"라고 할 것이다. 친구는 킴의 의지를 조금이라도 흔들어볼 여지가 있는지 알아보려는 것이다. 킴이 만일 "좋아, 다음 주라면 괜찮아"라고 대답한다면 자신의 바운더리가 허술하다는 메시지를 확실히 전달하는 셈이다.

한계를 시험하는 말은 다음과 같다.

- "꼭 네 말대로 할 필요는 없잖아."
- "다음에 다시 물어볼 테니까 도와줄 수 있는지 말해줘."

상대가 당신의 한계를 시험한다면 어떻게 해야 할까?

- "넌 지금 내 한계를 시험하고 있어."
- "네가 내 바운더리를 존중하지 않을 때 나는 ____한 기분이 들어."

먼저 상대방의 행동에 대해 분명하게 지적하고, 바운더리를 시험당한다는 게 어떤 느낌인지 솔직하게 표현하라. 그런 다음 당신의 바운더리를 다시 한 번 말하라. 바운더리에 대해 설명하려고 하면 상대는 당신의 요구에 반발할 수도 있다. 상대가 편안히 받아들이게 하려면 자신이 정한 한계가 건강하다는 확신을 당신 스스로 갖고 있어야 한다. 길게 설명하다 보면 오히려 설득당할 수 있으니 설명하지 말고 단순명료하게 전해라.

3. 못 들은 척한다

때로는 못 들은 척하는 수동공격으로 당신의 바운더리를 무시하는 사람이 있을 수 있다. 하지만 바운더리는 반드시 존중되어야 한다. 요구를 무시당하면 분한 마음이 생겨나고, 이 감정은 시간이 지나면서 두 사람의 관계를 악화시키는 요인이 되기 때문이다.

킴이 "이사 도와주기 힘들 것 같아"라고 말했을 때 만일 킴의 친구가 못 들은 척하는 식으로 반발하는 사람이라면 이렇게 물어올 것이다.

"이번 주말에 언제 도와주러 올 수 있어?"

이때 킴에게는 몇 가지 선택권이 있다. 자신의 바운더리를 재차 말할 수도 있고, 친구를 도와주러 가거나, 또는 가지 않을 수도 있다. 하지만 이럴 때 킴은 "분명히 도와줄 수 없을 것 같다고 이틀 전에 내가 말한 것 같은데"라고 단호하게 말해야 한다. 소심한 마음에 바운더리를 다시 전달하지 않고 넘어가면 결국에는 어쩔 수 없이 친구의 이사를 도와주게 될 것이고, 그러면 친구는 킴의 바운더리를 다음에도 또 무시할 가능성이 크다. 상대가 당신의 바운더리를 무시할 때는 다음과 같은 모습을 보인다.

- 당신이 바운더리를 전달했는데도 자기 뜻대로 한다.
- 당신의 바운더리를 잘 이해하지 못한 것처럼 행동한다.

상대가 바운더리를 무시한다면 어떻게 해야 할까? 그럴 땐 다시 한 번 말한다. 당신이 말한 내용을 상대가 따라 말하게 하고 앞으로의 변화가 중요하다는 점을 강조하라. "나중에도 이런 점을 지켜줬으면 좋겠어"라고 분명하게 말하라. 상대가 무시한다는 느낌이 들면 즉시 반응을 보여야 한다. 그렇지 않으면 당신의 바운더리는 흐지부지 사라져버리고 말 것이다.

4. 합리화하고 미심쩍어한다

당신이 지금은 부적절하다며 고쳐달라고 요구하는 행동을 과거에는 받아들였기 때문에 상대는 의문을 표함으로써 자신의 행동에 문제가 없음을 합리화하려 할 수 있다. 이 시나리오대로라면 킴의 친구는 탐색하는 질문을 던질 것이다.

"못 도와주겠다는 이유가 뭔데? 나는 네가 이사한다면 당연히 도와줄 거야."

대답하기 곤란한 질문이다. 설명이나 사과를 하고 싶어지게 만든다. 하지만 바운더리에 대해 미안하다고 말하는 것은 도움이 되지 않는다.

상대는 당신이 경계를 분명히 하지 않을 때 이익을 본다는 사실을 기억하라. 당신의 이익은 당신이 지켜야 한다. 사과는 필요 없다. 상대는 과거에는 괜찮았던 일이 왜 지금은 괜찮지 않은지 의문을 제기할 수 있다. 그럴 때는 그냥 마음이 바뀌었다거나 그런 방식이 이제 자신에게 별 도움이 되지 않는다고 말하면 된다.

상대가 다음과 같이 질문한다면 자신의 행동을 합리화하거나 당신의 바운더리를 미심쩍어하는 것이라고 볼 수 있다.

- "왜 나한테 바꾸라는 거야?"
- "새삼스럽게 그러는 이유가 뭐야?"

이럴 때는 어떻게 해야 할까? 나의 바운더리를 전하려는 시도가 설명으로 흐르지 않도록 주의하라. "나한테는 이게 좋은 방법이야"라는 식의 단답형으로 일관하라. 말이 너무 길어지면 계속되는 협상 시도에 응해야 하는 상황이 벌어질 수 있다.

5. 방어적인 태도를 보인다

이런 반응은 대개 공격받았다고 느낄 때 나타난다. 말을 전할 때 분명한 단어를 선택하면 방어적인 태도를 최소화하는 데 도움이 된다. 하지만 어떤 사람들은 당신이 무슨 방식으로 기대와 욕구를 표현하든 상관없이 그런 태도를 보일 것이다. 그들은 자신이 틀렸다는 사실을 받아들이고 싶지 않기 때문에 당신의 탓으로 돌릴 것이다. 킴의 친구가 만일 이런 유형이라면 다음과 같은 식으로 대답할 것이다.

"내가 이사를 그렇게 자주 하는 것도 아니잖아. 그렇지만 뭐, 네가 도와주기 싫다면 어쩔 수 없지."

방어적인 사람들은 당신이 무슨 말을 해도 듣지 않는다. 그저 당신의 말을 자기중심적으로 해석하고 어떻게 대답할지 고심할 뿐이다. 그들의 반응은 당신보다는 그들 자신과 더 깊이 관계되어 있다. 그들이 신경 쓰는 것은 오직 자신들의 욕구를 충족하고 당신이 새롭게 설정한 경계에 저항하는 일뿐이다. 하지만 이렇게 일방적인 관계는 건강하다고 할 수 없다. 두 사람의 욕구가 모두 똑같이 중요하기 때문이다. 방어적인 태도는 다음과 같이 나타난다.

- 당신의 요구는 밀어내면서 자신의 부탁을 들어달라고 한다.

- 자신이 왜 그랬는지 해명한다.

- 자신에 대한 공격이라며 당신을 비난한다.

- 과거 일을 언급하며 지금 당신의 요구는 부당하다고 주장한다.

상대가 방어적인 태도를 보인다면 어떻게 해야 할까?

- 상대가 아닌 당신 자신을 중심에 두고 얘기하라. 말을 꺼낼 때는 "나는"으로 시작하라.

- 한 번에 한 가지 문제만 언급하라.

- 상대와의 케케묵은 과거 문제를 언급하지 마라.

- 기분을 강조하라. "네가 ___하니까 내가 ___한 기분이 들어"라는 식으로 말하라.

- 질질 끌지 말고 곧바로, 그게 힘들다면 최대한 빨리 얘기를 끝내라. 수일을 넘어 수주, 수개월 동안 문제가 곪아 터지도록 놔두지 마라.

- 상대를 파악하라. 직접 말하기 곤란하면 문자 메시지나 이메일을 통해 당신의 생각을 전하라. 엄밀히 말하자면 대화란 직접 나눌 때 가장 효과적이지만 얼굴을 마주한 상태로 도저히 바운더리를 설정할 자신이 없다면 어떤 수단이든 동원하라.

6. 연락을 끊고 잠적한다

아무 설명 없이 관계를 정리하거나 사라져버리는 것을 '잠적'이라고 한다. 이는 수동공격형인 사람들이 주로 보이는 건강하지 못한 반응이다. 반대 의견을 토로하지 못하고 대신에 자신의 기분을 행동으로 드러내는 것이다. 그들이 연락을 끊고 잠적하는 시기는 당신이 바운더리를 전달한 직후나 며칠 후가 보통이다. 대체로 잠적은 처벌의 한 형태로 이루어진다.

예를 들어서 킴이 이렇게 말한다고 가정해보자. "이번 주말에 못 도와줄 것 같아." 그리고 며칠 후 주말이 오기 전 여느 때처럼 안부도 묻고 대답도 확인할 겸 문자 메시지를 보낸다. 하지만 여러 번에 걸친 문자에도 불구하고 킴의 친구는 응답이 없다. 메시지를 읽으면 읽었다는 표시가 남기 때문에 친구가 메시지를 읽은 건 확실하다. 잠적의 양상은 다음과 같다.

- 전화를 받지 않거나 문자 메시지에 답이 없다.
- 약속을 취소한다.
- 다른 친구들과는 계속 연락하고 만나면서 당신은 제외한다.

상대가 잠적하면 어떻게 해야 할까? 문자 메시지나 이메일로 당신이 상대의 행동을 눈치채고 있음을 언급한다. 사람들은 설사 화가 났더라도 티를 내고 싶어 하지 않기 때문에 아무렇지 않은 척 응답해올 가능성이 크다. 상대의 행동 때문에 당신이 어떤 기분이 드는지, 그리고 서로의 관계에 대해 어떤 점이 걱정되는지 표현하라. 며칠이 지나도 답이 없다면, 상대의 잠적으로 당신이 어떤 기분을 느끼는지 분명하게 다시 말하라. 그래도 답이 없다면 상대의 반응은 당신이 아니라 그 상황에 대한 것임을 기억하라.

7. 완전히 무시한다

이 반응은 잠적보다는 덜 극단적이지만 고통을 유발하는 정도는 비슷하다. 또한 바운더리를 설정하려는 당신을 벌주려는 일종의 수동공격으로도 볼 수 있다. 이런 사람은 원하는 바를 강력하게 주장하면 눈에 띄게 관계가 멀어진다. 말을 걸어도 단답형으로 짧게 대답할 가능성이 크다. 자신을 완전히 무시하는 사람을 상대하려면 외롭고 혼란스러울 것이다. 분명 세상에 존재하는 사람인데, 당신에게는 실재하지 않는 것이다.

킴의 친구가 만일 완전히 무시하는 식으로 반응하는 사람이라면 상황은 다음과 같이 전개된다. 두 사람은 사전에 점심 약속이 되어 있었고 다음 주에 예정대로 만난다. 하지만 킴의 친구는 여느 때와 다르게 행동한다. 별로 말도 없고 딴 데 정신이 팔린 듯하다. 킴이 아무리 친구를 대화에 끌어들이려 노력해도 친구는 단답형의 대답으로만 일관한다. 완전히 무시하는 반응은 다음과 같이 나타난다.

- 여러 시간, 여러 날이 지나도록 말을 걸지 않는다.
- 뭔가를 물어도 단답형으로 일관하면서 마음이 상했다는 것을 수동 공격적으로 표현한다.

상대가 당신의 말을 완전히 무시할 때는 어떻게 해야 할까? 당신이 알아챈 부분을 말로 표현하라. "기분이 상했나 본데, 전에 내가 말한 것 좀 이야기 나눌 수 있을까?" 하는 식으로 당신이 인식하고 있는 문제를 분명하게 밝히고, 상대의 행동이 잘못되었음을 지적하라. 상대방이 굳이 왜 바운더리를 설정하려 하는지 묻는다면 이렇게 대답하라.

"이미 꽉 찬 그릇에 뭔가를 더 담으려니 어떻게 해야 할지 모르겠더라고."

8. 받아들인다

당신이 요구하는 바운더리를 상대가 받아들인다면, 그것은 건강한 반응이자 둘의 관계가 제대로 기능하며 상호적임을 알려주는 징후다. 킴의 친구가 이런 유형의 사람이라면 다음과 같이 말할 것이다.

"그랬구나, 말해줘서 고마워."

킴 역시 친구의 행동을 눈감아주고 관계 개선을 위해 노력하며, 누구도 해를 입거나 불쾌하지 않다. 바운더리 설정을 앞두고 상대의 반응에 대해 많은 두려움이 있겠지만, 내 경험상 확신컨대 대부분 당신의 요구를 친절하게 받아들여줄 것이다. 만일 건강하지 않은 방식으로 반응하는 사람이 있다면, 그와의 관계는 이미 오래전에 거리를 두었어야 할 관계이며 과연 당신에게 만족스러운 관계인지 재평가해야 할 신호라고 보면 된다. 아마도 당신은 문제 있는 관계들을 아주 오랫동안 눈감아오고 있었을 것이다. 남들로부터 계속 뭔가를 해달라는 요구를 받았을 것이고, 그 요구에 긍정적으로 대답했을 것이며, 그런 요구를 해오는 게 원망스러웠을 것이다. 그리고 누군가 심기를 건드리는 말을 해도 그냥 듣고 있었을 것이다.

인간관계 문제는 대부분 바운더리가 해결책이 될 수 있다. 하지만 진정한 해결책이 되려면 모두 동참해 상대의 바운더리를 존중해야 한다.

건강하지 못한 관계의 징후

- 상대가 들으려 하지 않아서 뭔가를 요구하고 싶어도 할 수가 없다.
- 합리적인 요구에도 상대는 응하려고 하지 않는다.
- 정서적, 신체적, 성적 학대가 이루어진다.
- 대화를 나눈 후 슬프거나 화가 나거나 진이 빠지거나 실망스러운 기분이 들 때가 대부분이다.
- 일방적으로 당신은 늘 주기만 하고 상대는 늘 받기만 한다.
- 서로 신뢰하지 않는다.
- 상대가 건강하지 못한 행동을 고치려 하지 않는다.
- 당신에게 해를 끼칠 만한 중독 증상을 상대가 갖고 있다.

가까운 사이일수록 거리가 필요하다

사이가 가까울수록 좋지 않으냐고 묻는 내담자들이 있다. 나는 그때마다 "적당한 게 최고!"라고 말해준다. 모든 것을 공유할 정도로 가까웠는데, 어느 순간 뒤도 안 돌아보는 사이가 된 경험을 누구나 한 번쯤 겪지 않았는가?

일단 바운더리 문제를 인식하고 자신의 욕구를 표현하여 행동으로 옮길 수 있게 되면, 삶의 다양한 영역에서 바운더리를 시행할 수 있다. 어떤 상황에서도 바운더리는 매우 유용하다. 지금부터 일반적으로 가장 어려움을 겪는 관계 유형을 살펴보자. 각 영역에 대한 자세한 내용은 책의 후반부에서 상세히 다룰 예정이다.

가족

가족은 사람들이 바운더리를 설정할 때 제일 큰 도전을 받는 영역이다. 특히 부모자식 관계가 그렇다. 성인이 된 자녀들은 나이 들어가는 부모와 어떻게 소통해야 할지 혼란스러워할 때가 많다. 하지만 부모는 자녀의 한계와 욕구를 존중해야 한다.

자녀가 어려도 마찬가지다. 아무리 어린아이라도 고기를 먹지 않겠다거나 특정 사람들과 있으면 불편하니까 만나지 않겠다는 정도의 요구는 할 수 있다. 아이의 이런 바운더리를 존중하는 부모는 자녀가 안전하고 사랑받는다는 느낌을 받을 수 있도록 적당한 거리를 유지해준다. 그리고 아이가 원하는 바를 분명하게 표현하는 긍정적인 습관을 스스로 강화할 수 있게 도와준다.

부모가 이런 요구를 무시하면 아이들은 외롭고 방치된 기분과 함께 자신들의 욕구가 중요하지 않다고 느낀다. 그리고 어른들과 마찬가지로 바운더리 문제 때문에 어려움을 겪을 가능성이 크다.

형제자매들 또한 성장 과정에서 바운더리 문제로 힘들 수 있다. 손위 형제자매들은 자연스럽게 동생들을 돌보는 등의 특정 행동에 익숙해지는 경우가 많다. 하지만 이런 역할은 동생들이 적당한 나이가 되면 더 이상 필요하지 않다. 부모자식 관계와 형제자매 관계의 역할은 자녀들이 배우자를 얻고 자식을 낳음과 동시에 인척 관계가 확장되고 얽히면서 점점 더 복잡해진다. 가족 안에서 불거지는 바운더리 문제는 10장에서 깊이 알아보자.

직장

상담실에서 나는 주 40시간 이상 일하는 사람들을 너무 많이 봐왔다. 그들은 완전히 지치고 좌절한 상태에서 무력감에 젖어 상담실을 찾는다. 하지만 과로는 생각보다 통제가 쉽다. 상사나 팀원, 근무시간에 대해 자신이 허술한 바운더리를 설정해둔 것이 원인이므로, 한계를 정하면 일과 생활의 균형을 건강하게 유지하는 데에 도움이 될 수 있다.

제시간에 퇴근하지 못하고, 휴가 중에 직장에서 걸려오는 전화를 차단하지 못하며, 잠시 일을 멈춰야 할 때 그러지 못한다면, 당신은 바운더리를 애써 외면하고 있을 가능성이 크다. 그리고 그 대가는 자신의 행복은 물론 가족의 행복이 될 것이다. 직장에서의 바운더리 문제를 인지하고 해결하는 방법에 대해서는 13장에서 더 자세히 살펴보겠다.

연인

사랑하는 관계에서의 바운더리 문제는 보통 상대방에게 자신을 부풀려 말했다가 기대에 못 미치는 모습을 보일 때 발생한다. 대개 처음에는 모든 것을 다 허용하는 것처럼 굴다가 시간이 갈수록 그런 태도를 계속 유지하지 못하는 식이다. 그러다 결국 약속도 지키지 못하게 된다. 자신의 행동에 변화를 줄 수밖에 없을 때는 그 이유를 분명히 하라. "평일에는 문자 메시지를 자주 보내지 못할 것 같아. 새로 온 상사한테 좋은 인상을 주고 싶거든"과 같은 말도 괜찮다.

반대로 상대에게 지나치게 많이 기대할 때도 일어난다. 사랑에 관해서라면 어째서인지 우리는 말하지 않아도 상대가 자신의 마음을 읽어주기를, 그리고 묻지 않아도 원하는 것을 다 알아주기를 바란다. 하지만 이는 불가능하다!

당신이 상대에게 기대하는 것과 해줄 수 있는 것을 (가능하면 처음부터) 솔직하게 밝히면 많은 심적 고통과 언쟁을 줄일 수 있다. 장기적인 관계라면, 두 사람의 성장과 관계의 진전에 따라 바운더리도 달라져야 한다. 함께 살기로 하거나, 결혼하거나, 아이를 가지는 등의 변화가 있을 때 특히 그렇다. 관계 초기든 또는 수년이 지난 후든 바운더리를 표현하는 것은 두 사람을 새로운 방식으로 이어줄 것이며 솔직하고 적극적인 소통을 하게 해줄 것이다. 애정 관계에서의 바운더리 문제는 11장에서 자세히 소개한다.

친구

한 번쯤 해로운 친구를 만나본 적이 있을 것이다. 당신은 어느 날 주변을 둘러보다 생각한다. "내가 왜 여태 이 사람과 친구인 거지? 매번 ___하네('실망시키네', '너무 많은 걸 원하네', '죄책감이 들게 하네', '약속을 어기네' 등 뭐든 당신이 느끼는 대로 빈칸을 채워보라)." 건강하지 못한 친구 관계는 건강하지 못한 바운더리의 결과물이다. 받는 것보다 주는 것이 많다고 느껴지는 친구 관계는 해롭다. 대화가 종종 언쟁으로 끝나는 친구 관계도 마찬가지다.

친구는 당신이 선택한 또 하나의 가족이다. 당신은 그 친구와의 관계에서 너무 많은 감정을 소비할 것이 아니라 편안함과 위안, 지지, 즐거움을 느껴야 한다. 12장에서 건강한 친구 관계와 그렇지 않은 관계를 살펴볼 것이다.

기술

성인은 물론 청소년들까지도 포모 증후군(FOMO, 'Fear Of Missing Out'의 약자로 다른 사람은 모두 누리는 좋은 기회를 혼자 놓칠까봐 걱정하는 불안 심리_옮긴이)과 소셜 미디어로 인한 비교 심리 때문에 높은 수준의 불안과 우울 증상을 겪는 것으로 보고된다. 기술은 대인 관계와 관련한 인간의 경험에 새로운 도전이 되고 있으며 앞으로도 계속 그럴 가능성이 크다.

기술은 빠른 속도로 발전해나갈 것이고, 이런 속도에 발맞춰 자신의 행복과 관계를 지키려면 실제 상황에 적용할 수 있는 허용치를 정해야 한다. 기술을 적절히 이용하는 삶을 살기 위해 바운더리를 어떻게 확장할지 정해야 하며, 이는 가족 관계에서도 매우 중요하다. 자녀 문제에 있어서는 특히 더 그렇다. 14장에서 기술과 관련한 바운더리에 대해 알아보자.

- 누군가에게 거절당한 적이 있는가? 그때 당신은 어떻게 반응 했는가? 더 건강한 방식은 없었을까?
- 거절하고 싶었지만 그러지 못했던 적이 있는가? 다시 그때로 돌아간다면 바운더리를 어떻게 표현하겠는가?
- 바운더리를 요구하면 주위 사람들이 어떻게 반응할 것 같은 가? 사실에 근거한 것인가, 아니면 당신만의 생각인가? 과거의 어떤 일이 그런 생각을 하게 만들었는가?
- 지금 당장 바운더리 설정이 필요한 영역이 있는가? 바운더리를 설정하고 싶은 장소나 사람이 있다면 3가지만 적어보라.

본문으로 들어가기에 앞서 '바운더리 자기평가표'에서 자신이 어느 바운더리 유형에 가까운지 확인했을 것이다. 긍정적인 변화는 나를 아는 것에서 시작된다. 나를 알아야 나를 잘 표현할 수 있다.

02

바운더리가 건강하지 못할 때
생기는 일들

"분노 대신 불편을 선택하라."

- 브레네 브라운(BRENÉ BROWN)

에리카는 스스로 일 잘하는 직장인이자 좋은 친구, 만능 엄마가 되어야 한다고 생각했다. 동시에 하루에 8시간을 숙면한 사람처럼 활기 있어 보이고 싶었다. 그녀는 주당 40시간을 일하는 회계사이자 일곱 살, 아홉 살인 두 딸을 홀로 키우는 엄마였다. 일하지 않는 시간에는 딸들을 이런저런 활동에 데리고 다녔다. 큰딸은 축구, 작은딸은 댄스 교습을 받았으며 둘 다 걸스카우트 활동에도 열심이었고 개인 교습까지 따로 받고 있었다.

아이들의 아빠는 경제적인 부분을 제외한 양육 문제에는 그다지 도움을 주지 않았다. 하지만 에리카는 아이들에게 가능한 한 최고의 삶을 살게 해주고 싶었다. 누구의 도움 없이 모든 일을 척척 해내는 것 같은 주변 엄마들의 모습을 보며 자신도 마땅히 그럴 수 있으리라 생각했다. 그래서 대학 졸업 후 가족과 1,200킬로미터나 떨어진 곳으로 이사하는 것에 별다른 생각을 하지 않았다.

그러나 한창 일이 몰리는 납세 기간이 되면서 곧 자신의 선택을 후회했다. 낮도 밤도 너무 길었고, 혼자 감당해야 할 짐이 끝없이 늘어났다. 주방 싱크대에는 설거짓거리가 한가득이고, 빨래는 2주 치나 쌓여가는 지경에 이르렀다. 무서운 속도로 불어나는 집안일만큼 그녀가 휴대전화로 SNS를 들여다보는 시간도 길어졌다. 직장에 지각하기 일쑤였고, 아이들의 식사도 신경 쓰지 못해 간편식과 냉동식품을 먹여야 했다. 의도치 않게 에리카는 집안일을 '파업'하고 있는 셈이었다. 그녀는 이렇게 생각했다.

"어쩔 수 없지. 어떻게 일과 엄마 역할을 동시에 환상적으로 다 해낼 수가 있겠어!"

현실적으로 모든 일을 완벽하게 해내기는 쉽지 않은 일이었다. 그래서 그녀는 최소한의 집안일만 했고 친구들도 거의 만나지 않았다. 집이 변했다고 아이들이 불평했지만, 에리카는 아무 문제없다며 받아들이지 않았다. 그러고 나서는 며칠간 예전처럼 활기찬 리듬을 되찾아 설거지와 청소를 해치우고 아이들을 학교에 태워다주고 데려오는 일까지 척척 해냈다. 모두가 짐작하듯이 이런 생활을 계속할 수는 없다. 아니나 다를까 며칠 뒤 그녀는 다시 만사 될 대로 되라는 듯 집안일을 방치했다.

결국 에리카는 친구들의 재촉에 못 이겨 심리 상담을 받기 시작했다. 친구들이 볼 때 그녀는 탈진해 쓰러지기 직전이었다. 몇 시간씩 SNS에 매달리고 점점 소극적이며 비사교적으로 행동하고 있다는 사실을 알면서도, 에리카는 자신이 정말 번아웃 상태인지 의심했다. 무엇보다 직장에서는 일을 잘하고 있었기 때문이다. 하지만 회사에서는 합리적인 기대치가 주어지고, 자신이 한 일에 대해서 지지와 칭찬이 뒤따른다는 사실을 뒤늦게 깨달았다.

그녀의 말에 따르면 집안일은 아무리 해도 끝이 없고 힘들며 보람도 재미도 없었다. 직장과 다르게 집에서는 자신을 지지해주는 장치가 하나도 없었다. 좌절감을 토로하고 지원받을 수 있는 통로도 없었다. '좋은' 엄마가 되고 싶은 마음은 절실했지만, 자신은 절대 그 기준을 충족시킬 수 없다고 스스로 결론지었다.

에리카는 엄마라는 역할에 맞는 현실적인 기대치를 정해야 했다. 건강한 바운더리를 설정할 시간이었다. 나와 상담을 한 지 얼마 되지 않았을 때, 에리카는 종종 다 버리고 떠나는 상상을 한다고 말했다. 아이들을 사랑하지 않아서는 아니었다. 그녀는 딸들을 사랑했지만 무척이나 지친 상태였다. 아이들의 아빠에게 매번 아이들을 학교나 학원에서 데려와달라고 부탁해야 하는 현실이 억울했다. 누구에게도 의지할 수 없다는 것에 좌절감을 느꼈다. 에리카는 딸들이 행복한 인생을 살기를 간절히 원했지만, 그렇게 만들 책임을 오롯이 혼자 다 짊어져야 한다는 사실에 힘들어했다.

상담 중 에리카는 친구들이 엄마 역할에 대해 자신처럼 부정적인 방식으로 얘기하는 것을 들어본 적이 없다고 말했다. 그래서 자신이 감사할 줄 모르는 인간처럼 느껴진다고 했다. 그토록 엄마가 되고자 했으면서 왜 엄마라는 역할을 즐기지 못하는 것일까? 그녀가 말했다.

"아이들이 커갈수록 멀어지는 것 같아요. 그러다 어느 순간 엄마라는 역할에 끝이 없다는 것을 깨달았죠"

편안하게 이야기할 수 있는 자리를 마련해주자, 에리카는 자신이 그동안 회피해왔던 감정에 대해 솔직하게 털어놓았다.

에리카는 전남편에 대한 분노가 아이들에게 전가되고 있음을 불현듯 깨달았다. 자신의 진짜 감정을 발견한 다음부터 그녀는 가정에 좀 더 충실하기 위한 작은 발걸음을 내디뎠다. 우선 현실을 불평하는 대신 한 달에 몇 번 집안일을 도와줄 사람을 고용했다. 친구들에게는 자신이 홀로 시간을 보내는 몇 시간 동안만 아이들을 돌봐줄 수 있는지 물어봤다. 아이들에게도 단순한 집안일을 배분해줬다. 이제 모든 일을 혼자 짊어지지 않게 되었다. 에리카는 멋진 만능 엄마가 되어야 한다는 의무감을 내던지고 필요할 때는 도움을 요청함으로써 번아웃에서 벗어났다.

혹시 나도 번아웃일까?

바운더리 설정을 피할 때 발생하는 가장 큰 문제 중 하나가 '번아웃 증후군'이다. 번아웃은 사람들이 감정적으로나 정신적, 신체적으로 완전히 지쳤을 때 나타나는 증상으로 너무 지쳐 아무것도 할 수 없는 상태에 빠지는 것이다. 바운더리가 그 해결책이 될 수 있다. 많은 경우 에리카처럼 만성적인 좌절감에 빠지거나 해야 할 일을 게을리하고 우울, 회피 등의 감정에 휩쓸린다.

하버드대 신문 〈하버드가제트(Harvard Gazette)〉의 기사에 따르면, 의사들의 번아웃 증후군으로 인해 매년 헬스케어 시스템에 46억 달러(약 5조 1,000억 원)의 비용이 투입되고 있다.[1] 번아웃 증후군 때문에 진단명을 잘못 판단하거나 잘못된 약 처방을 내리고 필수적인 항목에 주의를 기울이지 못하는 등 치명적인 의료상의 실수를 저지르기 때문이다.

《번아웃: 반복되는 스트레스를 끊는 비결(Burnout: The Secret to Unlocking the Stress Cycle)》의 저자 에밀리 나고스키(Emily Nagoski)와 어밀

리아 나고스키(Amelia Nagoski)는 번아웃 증후군의 원인을 과도한 스트레스 때문이라고 지적했다.[2] 그들은 스트레스를 '어떤 계기를 만났을 때 몸에서 일어나는 신경학적, 생리학적 변화'라고 설명한다.

✦ 번아웃을 만드는 7가지 원인

1. 거절할 때를 모른다.

2. 어떻게 거절해야 하는지 모른다.

3. 자신보다 다른 사람을 우선시한다.

4. 사람들의 비위를 맞추기에 바쁘다.

5. 자신이 다 해결할 수 있다는 슈퍼히어로 신드롬에 빠져 있다.

6. 현실에 맞지 않는 기대를 한다.

7. 하는 일을 제대로 인정받지 못한다.

에리카의 사례로, 번아웃의 원인을 하나씩 분석해보자.

1. 거절할 때를 모른다

회사 일이 바쁜 시기가 다가오고 있다는 것을 알면서도 에리카는 다른 일을 줄일 준비를 전혀 하지 않았다. 대신에 여느 때와 같은 수준으로 모든 일을 유지하려고 했다. 심지어 1년 중 가장 바쁜 시기임에도 아이의 학원 일정을 추가하기까지 했다. 누군가 도와주지 않는다면, 에리카는 어떻게 될까?

자신의 출근 준비와 아이들의 등교 준비를 마친다. → 아이들을 학교에 태워다준다. → 오전 9시부터 오후 5시까지 직장에서 일한다. → 학교에 가서 아이들을 태워 학원에 데려다준다. → 저녁 식사를 준비한다. → 집을 청소한다. → 아이들이 돌아오면 숙제하는 것을 도와준다. → 직장에서 미처 끝내지 못한 일을 처리한다. → 다음 날을 준비하고, 5~6시간 정도 잠을 잔다. 다음 날이 되면 이 모든 과정은 다시 반복된다.

→ 해결책 대부분의 부모는 자녀가 다재다능하기를 바라지만, 분별력을 잃어서는 안 된다. 에리카의 경우 카풀이 가능한지 이웃 부모들에게 물어보거나 아이들에게 한 학기당 1가지 이상의 활동은 어렵다고 말한다면 부담을 줄일 수 있을 것이다.

2. 어떻게 거절해야 하는지 모른다

"안 돼"라고 말하기는 정말 힘든 일이다. 모든 일을 다 해내고 싶을 때는 특히 더 그렇다. 에리카는 모든 일을 직접 하지 않아도 괜찮다는 것을 알았어야 했다. 엄마가 모든 걸 다 해주는 상황을 딸들이 당연히 받아들이게 놔두지도 말았어야 했다.

→ 해결책 자녀들이 하고 싶다는 방과 후 활동을 매번 허락해주는 대신, 다음 학기까지 기다렸다가 딸들이 여전히 관심을 보이면 그때 허락해주는 방법이 있다. 아이들에게 시간을 주면 자신의 선택을 숙고하는 데 도움이 된다.

3. 자신보다 다른 사람을 우선시한다

에리카가 매일 해야 할 일 목록에는 휴식이나 자신과의 대화가 포함되어 있지 않다. 그녀가 종일 관심을 두는 대상은 일과 가정, 그리고 아이들이다. '자신'은 철저히 그 목록에서 빠져 있다.

→ **해결책** 하루 10분이라도 매일 자신만을 위한 시간을 낸다. 예로 아래와 같은 것들이 있다.

- 잠자리에서 일어나면서 스트레칭을 한다(2분).
- 명상을 하거나 조용히 앉아 있는다(2분).
- 뭔가 기분을 고무시켜줄 만한 것을 읽는다(2분).
- 내면의 생각이나 감사할 일 1가지를 적는다(2-3분).
- 긍정적인 말이나 그날의 마음가짐을 큰 소리로 말한다(1분).

이런 의식은 잠자리에 들기 전에 해도 도움이 된다. 아침이나 저녁마다 꾸준히 한다면 에리카는 매일 자신의 내면과 만나는 시간을 확보할 수 있을 것이다.

4. 사람들의 비위를 맞추기에 바쁘다

에리카는 아이들은 물론 직장 상사, 친구 등 많은 이들의 비위를 맞추고 싶어 했다. 자신의 엄마보다 좋은 엄마가 되고 싶어 했다. 하지만 모두의 비위를 맞추려 애쓰는 동안 자신을 돌볼 에너지는 거의 남지 않았다.

→ **해결책** 나는 에리카에게 "지금 이 문제가 나한테 왜 중요하지?"라는 질문을 이제부터 자신에게 던질 것을 제안했다. 그리고 정말 중요한 일만 하라고 권했다. 때로 우리는 '좋은 부모'나 '모든 걸 다 가진 사람'과 같은 특별한 이미지를 줄 것 같다는 이유로 별로 중요하지도 않은 일들을 떠맡는다.

5. 자신이 다 해결할 수 있다는 슈퍼히어로 신드롬에 빠져 있다

만사를 척척 해결할 수 있는 사람은 없다. 자신이 그런 사람이라고 믿었다가는 곧 번아웃 상태가 되고 말 것이다. 에리카의 경우, 예쁜 옷을 입은 아기를 안은 멋져 보이는 엄마 블로거들의 사진을 본 것이 문제였다. 오랫동안 그녀는 모든 일을 다 처리하면서 매일 세심하게 차린 밥상을 준비하는 게 가능하다고 믿었다. 에리카는 일반적인 여성들이 직장생활과 자신의 삶, 관계를 어떻게든 유지해나가기 위해 고군분투한다는 사실을 짐작하지 못했다. 정작 자신이 그런 삶을 살고 있으면서도 말이다.

→ **해결책** SNS에서 항상 모든 일을 잘해나가고 있는 것처럼 과시하는 사람들에 대한 팔로우를 중단하라. 일상에서 겪는 어려움을 솔직하게 털어놓는 엄마들을 만나고 스트레스를 관리하는 방법을 공유하라.

6. 현실에 맞지 않는 기대를 한다

에리카는 매일 상당량의 세탁과 저녁 식사 준비, 일, 차량으로 아이들 등하원해주기, 그리고 또 얼마간의 추가적인 일을 도맡았다. 그녀는 자신이 가진 능력에 비해 비합리적이고 비현실적이며 계속 유지할 수도 없는 기대치에 맞추려 했다. 나는 에리카에게 몇 가지 질문을 스스로 던져보라고 제안했다.

'내가 지금 누구의 기대치에 맞추고 있는 거지?', '우리 아이들은 내가 자신들의 요구를 다 받아줄 거라고 믿고 있나?', '우리 가족은 정말 매일 저녁 1시간은 족히 걸리는 요리를 원하나?'

질문을 통해 에리카는 자신의 기대치가 비합리적일지도 모른다는 생각을 했다. 현실적인 기대는 스트레스를 유발하지 않는다.

→ 해결책 에리카는 본인이 직접 하지 않아도 되는 일까지 다 해왔다. 이제는 기꺼이 도움을 요청하거나 도와줄 사람을 고용함으로써 자신의 일을 줄일 생각을 하게 되었다. 우리는 시간을 더 늘릴 수는 없지만 하는 일을 줄이고, 다른 사람에게 위임하고, 도움을 요청할 수는 있다.

7. 하는 일을 제대로 인정받지 못한다

에리카의 번아웃 증후군은 다행히 직장으로까지 확대되지는 않았다. 직장에서는 자신의 노력을 인정받았고 가치를 존중받았으며, 이는 일을 더 잘하고 싶게 만드는 자극으로 이어졌다. 집에서는 자신이 하는 노력에 대해 그 어떤 칭찬도 받지 못했다.

→ 해결책 당신에게 필요한 것을 사람들에게 말하라. 에리카는 자신이 긍정적인 피드백과 인정을 받고 싶어 한다는 사실을 깨달았다. 가족에게 요청한다면 당신이 원하는 격려를 받을 수 있을 것이다.

다음은 지금까지 살펴본 문제 외에 흔히 번아웃을 유발하는 문제들이다.

- 똑같은 문제를 놓고 불평하는 소리를 반복해서 들어줘야 한다.
- 직장에서 최선을 다하고 있는데도 인정해주는 사람이 거의 없다.
- 나의 충고를 상대방이 중요하게 생각하지 않는다.
- 감정적으로 타격을 주는 사람과 소통해야 한다.
- 하는 일에서 행복을 느끼지 못한다.
- 역할과 의무가 균형(조화)을 이루지 못하고 한쪽으로 치우쳐 있다.
- 직장이나 가정, 인간관계에 설정해놓은 기대치가 높다.
- 통제할 수 없는 상황을 통제하고 싶은 지속적인 충동을 느낀다.

거절하지 못하면 내가 아프다

불합리한 상황을 거절하지 못하거나 적극적으로 자기주장을 하기 어려워하거나 자신을 옹호하지 못하는 것이 전부 정신건강 문제 때문은 아니다. 하지만 정신건강 문제가 이런 상태를 악화시키는 것은 분명하다.

예를 들면 되새김질하듯 머릿속으로 같은 생각을 계속 반복하는 '반추'는 진단명이 따로 있다. 다른 사람들이 어떻게 반응할지를 신경 쓰는 것도 이런 반추의 일종이며 우리의 행동력에 악영향을 끼친다. 바운더리 문제와 뚜렷하게 연관이 있는 정신건강 문제는 다음과 같다.

✦ 불안

사람들이 상담실을 찾아올 때는 불안 아니면 우울, 또는 그 두 가지 증상을 모두 가지고 있는 경우가 많다. 미국의 불안 및 우울증 협회(Anxiety and Depression Association of America)에 따르면, 성인 중 약

4,000만 명이 불안증 진단을, 약 2,000만 명이 우울증 진단을 받았다. 두 증상 모두를 앓고 있는 이들도 많다.[3]

우선 불안부터 살펴보자. 불안은 종종 기대치를 비합리적으로 설정하거나 타인의 부탁을 거절하지 못할 때, 또는 단호하게 대처하지 못하고 비위를 맞추려 할 때 일어난다. 내담자가 상담실을 찾은 원인이 불안일 때, 우리는 그 내담자가 살아온 삶을 여러 측면에서 파헤쳐보며 불안을 유발한 원인을 최소화할 방법을 함께 모색한다.

내담자들과의 경험을 바탕으로 볼 때, 불안을 일으키는 가장 큰 원인은 거절하지 못하는 성격이다. 따라서 불안증에 시달리는 이들을 돕는 것은 바운더리 설정을 돕는 것과 같다.

거절은 일단 바운더리를 설정하는 가장 확실한 방법이다. 문제는 우리는 종종 누군가를 실망시키거나 나쁜 사람처럼 보이는 상황을 모면하기 위해 원치 않는 일을 떠맡는다는 점이다. 할 시간도 없고 잘 알지도 못하는 일을 하겠다고 나서는 것이다. 그러고는 상대를 위해 함께하겠다고 약속한 모든 일에 대해 불안해한다. 다 끝낼 수는 있을지, 똑바로 해낼 수는 있을지 걱정한다. 이런 걱정이 머릿속을 꽉 채우면 불안이 시작된다. 따라서 자신이 할 수 있는 일에 합리적인 한계를 설정하는 것은 불안의 원인을 통제하는 하나의 방법이 될 수 있다.

자신과 타인에 대해 비현실적인 기대치를 갖는 것도 불안을 유발할 수 있다. 기대치가 높아지는 원인은 타인과의 비교 때문일 수도 있고 가족이나 문화 기준, 친구들 때문일 수도 있다. 불안을 자주 느낀다면 무엇이 합리적인 기대이고, 무엇이 그렇지 못한지를 깨닫는 것이 중요하다. 자신의 기대치가 합리적이라고 생각된다면, 아래의 질문을 떠올려보라.

1. 나는 지금 누구의 기준에 맞추고 있는가?
2. 나는 이것을 할 시간이 있는가?
3. 내가 이것을 하지 않았을 때 일어날 수 있는 최악의 상황은 무엇인가?
4. 이 상황에서 내 바운더리를 존중하는 방법은 무엇인가?

만성 불안에 시달리는 사람들에게 이 과정에서 가장 힘든 부분은 남들이 어떻게 생각할까 하는 두려움일 것이다. 불안한 상태일 때, 사람들은 바운더리를 설정하면서 반대되는 결과로 이끄는 이런 식의 시나리오를 상상한다.

"거절한다면 이기적이라며 앞으로는 나를 보려 하지 않을 거야."

최악의 상황이 벌어질 일은 거의 없음에도 불안할 때 사람들은 절대 그런 생각을 하지 못한다. 하지만 진짜 최악의 시나리오는 바운더리 설정을 하지 않는 것이다. 남들에게 "아니"라고 말할 수 있게 되면 자신이 진정으로 원하는 것에 "네"라고 말할 수 있게 된다. 불안으로 힘들 때는 긍정의 말을 되뇌어보자.

• "나는 다른 사람에게 기대할 자격이 있다."

72

- "건강한 관계라면 당연히 내 욕구를 인정하고 받아들일 것이다."
- "내가 거절해도 사람들은 나와의 관계를 끊지 않을 것이다."
- "조금 불편한 마음이 들더라도 나는 내가 원하는 기준을 설정할 수 있다."

✧ 우울

나는 우울을 희망이 없는 상태로 본다. 우울증을 앓는 내담자를 대할 때 내가 하는 일 중 하나는 그가 자신에 대한 믿음을 회복할 수 있도록 돕는 것이다. 그 믿음만 회복해도 훨씬 나은 삶이 펼쳐진다. 희망을 불어넣는 방법으로, 아주 간단한 바운더리를 설정하게 한다. 쉬운 바운더리를 하나 정해서 다른 이에게 그것을 지켜달라고 요구하면 된다. 걸음마 단계부터 천천히 시작하는 것이다.

예를 들면, 외식 때 주문한 음식이 제대로 나오지 않으면 다시 만들어달라고 요구한다. 먼저 잘 알지 못하는 사람을 상대로 별로 어렵지 않은 바운더리를 시도해보자. 우울증을 앓는 사람들은 어떤 상황에서도 자신의 권리를 제대로 주장하지 못한다. 그렇다고 해도 일단 이 과제를 끝내면, 우울증이 있는 사람이라도 자신의 요구가 관철되는 경험을 하게 된다. 그 지점에서 좀 더 도전적인 과제에 돌입할 수 있다. 쉬운 것부터 시작하자.

- 식료품점에서 구매한 물건을 차에 실어주면 감사 인사를 한다.
- 누군가가 자신의 이름을 잘못 부르면 곧바로 정정한다.
- 잘 모르는 전자제품을 살 때 혼자 알아보기보다는 사람들에게 정보

를 구한다.

- 궁금한 것이 생기면 다른 사람에게 물어본다.

우울증을 겪을 때는 자신이 할 일에 한도를 정하는 것이 좋다. 일이 많은데 의욕이 없으면 실패는 불 보듯 뻔하다. 일을 벌여놓기만 하고 끝을 내지 못하면 우울감이 커진다. 그러니 '작은 성취'에 집중하자! 예를 들면 주말에도 깨끗하게 씻는다든지, 헬스클럽에 간다든지, 친구를 만나러 나가는 것이다. 우울증으로 고생하고 있다면 다음과 같은 긍정의 말이 도움이 될 수 있다.

- "조금씩 나는 스스로 다짐한 일들을 해나갈 것이다."
- "작은 성취가 곧 큰 성취다."
- "하나라도 하는 게 아무것도 안 하는 것보다 낫다."

✦ 의존성 인격장애(DPD)

의존성 인격장애의 특징은 혼자 있지 못한다는 것이다. 의존성 인격장애를 앓는 사람들은 누군가 다른 사람의 돌봄을 받지 못하면 무기력함을 느끼며, 인간관계에서 바운더리를 설정할 여지를 주지 않는다. 끊임없이 다른 사람들의 관심과 조언을 구하며 사람들에게서 위안을 얻는다. 혼자서는 의사결정을 하지 못하고 상대에게 계속 조언해주기를 요구함으로써 관계에 문제가 생기는 경우가 많다.

✦ 경계선 인격장애(BPD)

경계선 인격장애를 겪는 사람들은 관계에 비정상적으로 집착하는 특징이 있다. 이들의 인간관계는 대체로 불안정한데, 그 이유는 타인과의 상호작용을 과도하게 개인화하고 억측이 심하며 과잉 반응을 보이기 때문이다. 경계선 인격장애가 있는 경우 시작과 끝을 구분하기 힘들어하므로 바운더리가 결핍되어 있을 때가 많다. 자신과 타인의 경계 또한 모호하다.

또한 약물 남용과 정신장애, 식이 문제를 겪는 이들 또한 바운더리 문제를 가지고 있을 가능성이 크다. 이런 문제들이 대인관계에서 어떤 양상으로 나타나는지 살펴보자.

내가 정하는 심리적 경계선

카를로스는 자신이 좋은 친구라고 생각했다. 룸메이트가 차를 빌려달라고 했을 때, 그는 즉시 그러겠다고 대답했다. 아무것도 묻지 않았고, 룸메이트가 자신의 차를 조심히 다뤄줄 거라고 믿어 의심치 않았다. 룸메이트가 돌아왔을 때, 카를로스는 곧바로 차에서 담배 냄새를 맡았다. 연료도 거의 동나 있었다.

'대체 어떻게 남의 차에서 담배를 피우고 연료도 거의 다 떨어진 상태로 돌려줄 수 있는 거지?'

그는 룸메이트의 행동에 실망했다. 바운더리를 다른 사람에게 설명하는 일은 쉽지 않다. 그러나 수용할 수 있는 점과 아닌 점을 상대방에게 말하지 않는다면 건강한 관계를 맺을 수 없다. 관계를 맺을 때 이런 점을 미리 생각해보지 않는다면 상대방이 바운더리를 먼저 설정할 것이다. 그렇게 되면 오로지 상대가 정한 규칙만을 따르게 될 수 있다.

"바운더리는 '암암리에 합의된' 규칙이 아니다."

반드시 알아두어야 할 점은 내가 바운더리를 말한 적이 없다면 상대는 아마도 모를 가능성이 크다는 것이다. 바운더리는 '암암리에 합의된' 규칙이 아니다.

암암리에 합의된 규칙은 명확하지 않으며, 종종 "그러지 말았어야지" 또는 "상식이 있는 사람이라면…" 등의 말로 표현된다. 상식이란 경험에 기초한 것이므로 각자 갖고 있는 상식은 다르다. 그래서 반드시 소통이 필요하며, 관계에 대해 내가 기대하는 바를 사람들이 알고 있으리라는 가정을 하면 안 된다. 우리는 어디까지 허용할 수 있는지를 타인에게 알려야 하고 책임감 있게 그 원칙을 고수해야 한다.

건강한 관계로 발전할 가능성이 있는데도 종종 경직된 바운더리나 허술한 바운더리 때문에 건강하지 못한 관계가 되기도 한다. 너무 엄격하게 지키려 하거나 무제한의 자유를 허용하는 경우가 그렇다. 이런 경우 관계 유지를 위해 어느 한쪽이 대부분의 노력을 하는 일방적인 관계가 만들어진다. 건강한 관계는 두 사람이 서로를 위해 함께 노력하는 관계다. 일방적인 관계가 적절한 경우는 부모와 자식 관계뿐이다.

다시 말해서 바운더리가 없는 관계는 역기능적이고, 비합리적이며, 오래 지속되기 어렵다. '마법' 같은 일이 일어나 관계에 변화가 있을 거라 생각한다면 큰 오산이다. 세상에 저절로 관계가 좋아지는 일은 없다.

바운더리가 없으면 나를 건강하게 돌보기도 어렵다. 건강한 경계가 없는 사람들 대부분은 자신을 돌보는 일을 이기적이라고 생각하며, 따라서 스스로를 돌보려고 할 때마다 끔찍한 기분을 느낀다. 그들은 자신을 돌보면 그만큼 상대를 도울 기회를 잃게 된다고 믿는다. 내가 돕지 않으면 상대가 위기에 처할 거라는 생각으로 자신을 돌보는 일에 죄책감을 느낀다.

이런 관계에서 그들은 조력자 역할을 한다. 자신이 돕지 않으면 상대가 일을 해내지 못할 것으로 여기며 걱정한다. 또한 그들은 주의가 산만하다. 자신의 욕구와 타인의 욕구 사이에서 균형을 잡으려고 끊임없이 애쓰기 때문이다. 오로지 자기 자신에게 집중하지 못하고 남들이 어떻게 생각할지 늘 신경 쓴다.

바운더리가 없는 관계는 대부분 끝이 나거나 일방적으로 희생한 쪽이 부당한 대우를 견디지 못하게 된다. 우리는 때로 견딜 수 없을 때까지 부당한 대우를 허용하곤 하는데, 그동안 얼마나 힘든지 분명하게 밝힌 적이 한 번도 없었기 때문에 상대는 나중에 우리가 얼마나 고통스러웠는지를 알았을 때 충격을 받는다.

"네가 ___ 하면 좋겠어"라는 식으로 기대치를 명확히 말할 수 있게 되면, 적어도 우리가 원하는 바와 필요로 하는 바를 기꺼이 존중해주는 사람과 그렇지 않은 사람을 분명하게 구분할 수 있다.

주변 사람들은 내가 어떤 대우를 원하는지 명확하게 알고 있는가? 나는 나 자신을 어떻게 대하는가? 사람들은 내가 스스로를 대하는 태도를 지켜보면서 나에 대해 많은 것을 알게 된다. 사람들은 내가 자신과 어떻게 대화하는지, 나에 대해 어떻게 말하는지, 자신을 행동으로 어떻게 대하는지를 보면서 자존감이나 정서적 결핍 여부를 파악한다. 자신에게 친절하게 대하라. 옆에 있는 사람들이 나를 지켜보고 있다. 하지만 지금까지 그렇게 하지 못했다고 해서 사람들이 나에게 나쁘게 구는 게 당연한 것은 아니다.

✧ 그 사람만 만나고 오면 왜 늘 기분이 안 좋을까?

하고 싶지 않은 일을 하려고 할 때, 어쩐지 몸 상태가 '안 좋게' 느껴진 적이 있을 것이다. 다른 사람이 나를 이용하도록 두거나 내키지 않는데 억지로 뭔가를 줄 때, 잘못되었다는 것을 몸으로 느끼게 된다.

내 몸에 관심을 가지면 언제 바운더리를 설정해야 할지 몸으로 알 수 있다. 예를 들면 전화를 받기 전에 한숨이 나온다거나, 특정한 누군가를 피하고 싶은 마음이 든다거나, 대답하기가 망설여진다거나 하는 것들이다. 복부에 긴장감이 들거나, 어깨에 통증이 느껴지고, 또는 목이나 관자놀이가 지끈거릴 수도 있다. 몸이 보내는 신호를 알아갈수록, 내가 얼마나 자주 타인을 돌보고 그들의 비위를 맞추느라 내 욕구를 등한시했는지 깨닫게 될 것이다.

사람들이 바운더리 설정을 안 했을 때 가장 흔히 느끼는 감정은 억울함과 분노, 좌절감이다. 다음은 인간관계에서 이런 감정을 유발하는 원인이다.

- 아무도 내 말에 귀를 기울이지 않는다.

- 바운더리를 설정했음에도 원하는 결과를 얻지 못하고 있다.

- 하고 싶지 않은 일에 헌신하고 있다.

- 이용당하는 느낌이 든다.

- 바운더리 설정을 회피하고 있다.

이런 감정들을 조금 더 자세히 하나하나 살펴보도록 하자.

억울함

억울한 감정의 중심에는 실망이 있다. 실망 다음에는 화와 두려움이 뒤섞이며 찾아온다. 억울함은 인정하거나 표현하기 불편한 감정이므로 많은 이들은 자신이 억울함을 느낀다는 사실을 인정하고 싶어하지 않는다. 대신 수동공격 방식을 보이는 경우가 대부분이다. "억울하다"라고 인정하는 대신 짧고 간결한 대화를 통해 내 기분을 넌지시 암시한다. 또는 문제의 인물과 시간보내기를 꺼리거나 억울함을 유발하는 그 문제 행동의 영향을 무시하기도 한다. 그러고는 나의 억울함을 상대방이 알아채주길 바란다.

분노

분노는 적대감이나 불쾌감을 느낄 때의 감정이다. 분노는 내적, 외적으로 표출된다. 내적으로 표출되는 경우, 건강하지 못한 바운더리를 가진 사람들은 부정적인 혼잣말이나 자기 태만, 자기 비난 또는 낮은 자존감을 보인다. 분노는 다른 사람의 책임이 아닌 내면의 문제다. 이는 종종 불안과 우울 같은 문제를 일으킨다.

외적으로 표출되는 경우, 개인적 책임 없이 비난하거나 대놓고 화내거나(고함이나 욕, 격한 분노, 울부짖음, 기물 파손, 언어 폭력 등), 대체로 타인을 무심하게 대하는 모습으로 드러난다. 내적으로든 외적으로든 분노가 표출되면 관계에 부정적인 영향을 준다.

좌절감

목표를 성취할 수 없거나 욕구가 충족되지 않을 때, 또는 무언가를 위해 노력했지만 실패했다는 느낌을 받을 때 사람들은 좌절감을 느낀다. 예를 들어 용기를 내서 바운더리를 설정하고 전달했는데 사람들이 존중해주지 않는다면 좌절감이 들 수밖에 없다.

기대하는 바를 상대방에게 말했다가 좌절감을 느낀 경험이 있다면 "글쎄요, 어쨌든 들으려고 하지 않을걸요" 또는 "벌써 해봤는데, 소용없었어요"라는 식의 말을 하게 된다. 좌절은 희망과 의욕을 사라지게 만든다.

좌절감이 든다고 해서 바운더리를 세우는 노력을 그만두어야 할 이유는 전혀 없다. 바운더리 설정에는 인내가 필요하다. 바운더리를 설정해도 효과를 제대로 보지 못하는 이유는 수없이 많다. 몇 가지 예를 살펴보자.

• 상대가 내 말을 들을 준비가 되어 있지 않다.

- 바운더리를 설정해놓기만 하고 이행하지 않아서 상대가 나의 말을 곡해했다.
- 자신이 설정한 바운더리를 지키지 못해서 사람들이 내가 진지하다는 것을 알지 못했다.
- 원하는 바를 요청했지만 바운더리를 확실하게 설정하지는 않았다.

이유야 어찌 됐든, 다시 시도하면 된다. 좌절감 때문에 자신의 욕구를 충족시키는 것을 포기하지 마라.

✦ 바운더리를 회피할 때 나타나는 행동들

바운더리 설정이 쉽지 않은 일이다 보니, 사람들은 이를 피하기 위해 상대적으로 편한 방법을 찾아 대신한다. 흔히 험담, 불평, 회피, 절교, 이사와 같은 것들이 있다.

험담

해를 가하려고 비판적인 태도로 뒷담화하는 것을 험담이라고 한다. 직접적인 바운더리를 설정하는 대신 종종 우리는 좌절감을 없애는 방법으로 험담을 이용한다. 하지만 험담은 더 큰 분노만을 불러올 뿐 관계가 좋아지게 이끌어주지도, 우리를 괴롭히는 행동을 멈춰주지도 못한다.

불평

남들에게 불평한다고 해서 건강하지 못한 바운더리가 바뀌지는 않는다. 불평은 험담과 비슷하며 좌절감을 처리하는 방법의 하나일 뿐이다. 하지만 불평을 할 때 보통 우리는 희생자 역할을 자처하며 이렇게 말한다.

"왜 다들 나한테 기대하는 게 이렇게 많은 거야? 남편은 내가 도움이 필요하다는 걸 알면서도 도와주겠다는 말을 안 해. 왜 사람들이 자기 일을 스스로 알아서 못 하는지 이해할 수가 없어."

불평은 험담과 마찬가지로, 해결책이 되어줄 수 없을 뿐만 아니라 분노를 일으킨다. 불만을 표출하면 좌절감과 분노는 더욱 커지며 다른 사람들이 자신을 힘들게 한다는 믿음 또한 더욱 강화된다. 그리고 자신이 바운더리를 분명하게 설정하지 않음으로써 어떤 문제가 일어나도록 허용하고 있는지 끊임없이 생각하게 된다.

회피

새 차를 샀을 때, 나는 사람들에게 새 차를 빌려주지 않겠다는 말을 굳이 하고 싶지 않았다. 빌리는 일을 어렵게 만들면 될 줄 알았다. 그러자 사람들이 차를 태워달라고 부탁해왔다. 바운더리를 설정하지 않아서 문젯거리를 만들어낸 것이었다.

곤란한 말을 쉽게 하는 방법은 없다. 누구의 감정도 상하게 하고 싶지 않다보니 문제가 곪아 터질 때까지 놔두게 된다. 그러곤 어쩔 수 없는 억울함, 분노, 좌절감 등을 느낀다. 우리는 사람들이 우리가 회피하는 행동을 보고 그것이 의미하는 바를 알아채기를, 그리고 자신들의 의향을 바꿔주기를 바란다.

내 대학 시절을 예로 들자면, 나는 당시 사귀던 남학생에게 흥미를 잃었다. 그가 계속 전화했지만 잘 받지 않았다. 그렇게 하면 결국 내 마음을 눈치채고 그만 전화하리라 생각했다. 어쩌다 전화를 받을 때면 "직장과 학교를 병행하려니 놀 시간이 없어" 또는 "과제를 해야 해" 같은 변명을 하곤 했다. 사실은 그저 그를 좋아하지 않는 것뿐이었다.

몇 주가 지나자 나는 더 이상 참을 수 없어 그의 전화를 받고 이렇게 말하고 말았다.

"네가 나를 좋아하는 것만큼 나는 너를 좋아하지 않아. 전화 그만했으면 좋겠어."

어떻게 됐을까? 그는 더 이상 전화하지 않았다. 나는 전화벨이 울려도 짜증이 나지 않았고, 그는 정말로 자신에게 관심 있는 사람에게 전화할 자유를 얻었다. 모두가 행복해진 셈이다.

회피는 내게 전혀 효과적인 전략이 아니었다. 누구에게나 마찬가지다. 가능한 한 조심스럽게 말하라.

"아니, 고맙지만 나한테는 별로야. 흥미가 없어."

"아니, 차를 빌려줄 수 없어."

사람들이 속마음을 알아주길 기다리느라 나의 시간과 다른 사람의 시간을 낭비하지 마라.

절교

절교란 (때때로 이유에 대한 설명 없이) 갑자기 연락을 끊는 것이다. 누군가와 절교하고 싶을 때 미리 다음의 질문을 생각해보자.

1. 내가 느끼는 문제를 상대도 알고 있나?
2. 바운더리를 설정하려고는 해봤는가?
3. 내 바운더리를 지키며, 상대방에게도 지켜달라고 말했는가?

절교는 상대가 변하지 않을 것 같을 때, 상대가 내 바운더리를 존중해주지 않을 것 같을 때, 또는 서로가 관계 개선에 관심이 없어질 지경까지 상황이 악화됐을 때 이루어진다. 절교가 관계 문제를 쉽게 해결해줄 방법처럼 보일 수도 있지만, 건강한 관계를 원한다면 바운더리 설정을 피해서는 안 된다.

이사

"사람들의 요구를 더는 듣기 싫어서 그냥 이사해버렸어요."

이렇게 말하는 내담자들을 정말 많이 만났다. 이사는 쉽게 모든 것을 상대의 탓으로 돌리고 물리적 거리를 두기에 좋은 방법처럼 보일 수 있다. 하지만 곧 새로운 관계에서도 똑같은 문제를 겪을 가능성이 크다. 게다가 발전된 기술 덕분에 큰 비용을 들이지 않아도 통화하고, 이야기를 나누고, 문자를 보낼 수 있다. 어디로 이사했는지에 따라 상대방이 곧 우리 집에 방문할 수도 있다. 이사한다고 해서 곧바로 문제가 해결되는 것은 아니다. 물리적 이동은 절대 해결책이 될 수 없다.

필요한 것은 마음의 변화다. 그래야만 자신이 원하는 것에 맞춰 행동할 수 있다. 확실한 것은, 바운더리를 말로 표현하는 방법을 배우지 않는 이상 어딜 가도 건강하지 못한 바운더리가 계속 따라다닌다는 사실이다.

많은 내담자들에게 "당신 접시 위에는 무엇이 있나요?"라는 활동을 소개했다.[4] 사람들에게 더 많은 것을 원하기 전에 우선 내 접시에 무엇이 담겨 있는지를 살펴보는 건설적인 방법이다.

종이 한 장을 준비한 후 자신이 수행하고 있는 역할에 따르는 의무와 활동, 책임을 모두 적는다. 아래의 기호를 이용해서 각 항목 옆에 해당하는 기호를 표시한다(항목에 따라 1개 이상의 기호가 필요할 수도 있다).

☺	즐겁다
◑	더 많은 시간을 할애해야 한다
★	대부분의 시간을 할애하고 있다
♪	힘이 난다
♥	나를 위한 일
🎁	다른 이들을 위한 일

활동을 마쳤다면 다음의 질문에 답해보자.
- 작성한 목록 중 의외의 결과를 보이는 것이 하나라도 있는가?
- 목록에서 빠진 것은 무엇인가?
- 즐거운 일에 더 많은 시간을 쓰려면 그만둬야 할 일은 무엇인가?

03

왜 나는 이토록
네가 힘들까?

바운더리는 모든 관계의 핵심이다.

"이제부터는 네가 우리 집 가장이다."

저스틴은 부모님이 이혼한 직후 엄마로부터 이런 말을 들었다. 저스틴이 열두 살 때의 일이었다. 저스틴은 남동생들에게 책임감을 느껴 방과 후에 동생들을 돌보고 저녁 식사를 준비했으며 취침 준비를 돕기 시작했다. 심지어 친구들과 놀러 나갈 때도 동생들을 데리고 다녔다.

저스틴의 엄마는 몸도 마음도 부재할 때가 많았다. 일하지 않을 때는 이혼으로 인한 우울감에 시달렸다. 아빠는 거처를 옮겼고, 자녀가 있는 다른 여자를 만났다. 그래서 아직 어린아이에 불과한 저스틴이 가족의 보호자이자 정서적 지지자 역할을 해야 했다.

엄마는 동생들을 돌보는 문제에 대해 저스틴의 의견을 물었고 이혼으로 생긴 자신의 감정적 문제를 저스틴과 공유했다. 또래들 사이에서 저스틴은 나이에 비해 '성숙한' 아이로 여겨졌다. 친구들이 생각하기에 저스틴은 지혜로웠고, 따라서 그에게 쉽게 마음을 터놓았다.

상담실을 찾아왔을 때 저스틴은 스물아홉 살이었다. 하지만 여전히 동생들을 보살피는 문제에 깊이 관여했다. 사실 저스틴은 주위 사람들이 도움이 필요할 때 찾는 그런 사람이었다. 친구들은 믿을 만한 조언이 필요할 때 그에게 의지했고, 부모는 두 사람 모두 남동생들과 문제가 있을 때마다 각자 그에게 전화를 걸었으며, 동생들은 금전적·정서적 도움을 얻기 위해 그를 찾았다. 스물아홉 살이 되면서 그는 늘 책임감 있는 해결사 역할을 해야 하는 현실에 신물이 났지만, 빠져나올 방도를 찾을 수 없었다. 무엇보다 모두가 그를 '필요로' 했다.

이런 환경은 저스틴의 연애 관계에도 안 좋은 영향을 끼쳤다. 그는 늘 도움이 필요한 '목표' 대상을 찾아내 사귀었다. 가장 오래 지속된 연애 기간은 9개월이었다. 상대에게 그가 더는 필요하지 않게 되면 관계는 곧 흐지부지해졌다. 도움이 필요한 사람에게 끌리는 경향이 있다는 것을 그도 알고는 있었다. 누군가를 돕는 일을 특별히 좋아하지는 않았지만, 누군가에게는 반드시 자신의 도움이 필요할 거라고 믿었다.

다른 사람들에게 끊임없이 베풀면서도 그는 누군가에게 자신을 도와달라는 말은 절대 하지 않았다. 그는 자부심이 강했고, 독립적이었으며, 무력한 기분이 드는 것을 불편하게 여겼다. 심지어 여자 친구가 그를 위해 뭔가 좋은 일을 하려 해도 좋아하지 않았다. 저스틴은 결혼하고 아이도 낳고 싶었지만, 가족과 친구들 외에 다른 누군가와 애착 관계를 지속하는 일은 그에게 일종의 도전이었다.

저스틴은 자신의 감정적 욕구를 인정하고, 욕구를 충족하기 위해 다른 이들의 도움을 받아들이는 법을 배워야 했다. 부모의 이혼 과정에서 그는 자신의 욕구가 다른 이들이 받아들이기에는 너무 복잡하다는 것, 따라서 도움을 '받기'보다는 '주는' 것이 낫겠다는 결론에 이르렀다. 그의 관계 문제는 어린 시절 경험한 '정서적 방임'의 결과가 분명했다.

정서적 방임은 부모나 양육자로부터 정서적 지지를 충분히 받지 못했을 때 일어난다. 부모나 양육자가 아이의 욕구를 이해하지 못하는 경우, 또는 아이를 정서적으로 충분히 보살펴야 할 필요성을 느끼지 못하는 경우가 이에 해당한다. 정서적으로 방치된 채 성장한 이들은 자신의 경험을 혼란스러워할 때가 종종 있다. 하지만 정서적 방임은 정서적 학대와는 다르다. 정서적 방임은 의도치 않게 일어나는 반면, 정서적 학대는 다분히 고의적이다.

정서적 방임을 경험한 사람들은, 관계를 열망하든 회피하든 상관없이 타인과 건강한 애착 관계를 쌓아가는 데 어려움을 겪는다.

우리는 저스틴이 자신의 부모와 형제에게 감정적 바운더리를 설정하는 방법을 배움으로써 정서적 회복을 하는 데 치료의 초점을 맞췄다. 처음에 그는 남동생의 문제를 두고 자신이 직접 해결하겠다고 뛰어드는 대신 "엄마한테는 물어봤어?"라고 반응하는 것을 불편해했다. 그리고 엄마에게 더는 정서적 친구 역할을 해줄 수 없다고 말하는 것도 너무 잔인한 일이라고 생각했다.

하지만 시간이 가면서 저스틴은 가족들이 자신을 달리 보기 시작했다는 사실을 깨달았다. 가족들은 물론 사귀는 여자친구들에게도 자신에 대해 더 많이 이야기했다. 그들이 자신에 대해, 또한 자신의 기분에 대해 알고 싶어 한다고 믿었다.

그리고 드디어 몇 개월의 기간을 훌쩍 뛰어넘는 긴 연애를 하게 되었다. 저스틴은 부모를 돌보는 보호자가 아니라 다시 그들의 아들이 되었다. 물론 처음에는 불편한 기분이었다. 하지만 점차 자신의 바운더리에 대해 사람들에게 말하고 지켜나갈 수 있게 되었다.

관계의 중심에는 내가 있다

자신이 관계를 얼마나 버겁게 느끼는지를 사람들에게 말하는 일은 자신의 몫이다. 저스틴은 형제들을 돌보는 역할을 그만하고 싶다는 자신의 마음을 잘 알았다. 부모를 정서적으로 지원하는 것도 넌더리가 났고, 연애도 잘 안되었다. 하지만 그는 바운더리 설정을 통해 문제를 해결할 수 있다는 사실을 알지 못했다.

"그들 탓이지, 내 탓이 아니에요"

우리는 관계가 나아지려면 '상대'가 바뀌어야 한다고만 생각하면서, 바운더리 설정처럼 자신이 통제할 수 있는 부분을 놓치고 만다. 하지만 바운더리를 설정하면 기꺼이 참고 견디려 했던 문제들이 바뀌면서 관계도 바뀌게 된다.

"시도는 해봤는데 잘 안됐어요"

바운더리를 설정했는데 곧바로 바뀌는 것이 없으면 우리는 종종 실패했다고 착각한다. 하지만 사람들이 우리의 요청에 곧바로 따라주지 않는 데는 많은 이유가 있을 수 있다. 이때 소통방식과 더불어 원하는 바를 말한 후 우리가 어떻게 하는지가 아주 중요하다.

바운더리에 대해 흔히 하는 오해는 거절하면 된다고 생각하는 것이다. 바운더리를 설정하는 방법은 다양하며, 거절은 그중 하나일 뿐이다. 저스틴은 동생들에게 자신이 아닌 부모와 문제를 상의하라고 이야기함으로써 바운더리를 설정했다. 또한 다른 이들과 대화할 때 자신의 감정에 조금 더 솔직해지기로 마음먹으면서 자신과의 바운더리도 설정했다. 저스틴은 부모가 그에게 감정적 지원을 요구해와도 거절하지 않았다. 다만 이떤 특정한 주제는 대화하기가 불편하다고 계속 말했을 뿐이다.

✦ 왜 우리는 문제를 알면서도 버티고 있을까?

선 긋기의 필요성을 모른다

1장에서 바운더리 설정이 필요할 때의 징후를 살펴봤다. 가장 중요한 징후는 '불편함'이다. 불편한 느낌은 분노와 억울함, 좌절, 번아웃으로 나타난다. 이 중 하나라도 느낀다면 바운더리 설정이 필요한 상황일 수 있다.

우리는 자신의 감정을 잘 모르고 불편함도 인지하지 못하기 때문에 건강하지 않은 관계를 계속 유지하게 된다. 뭔가 '잘못된' 느낌이긴 한데 그 불편한 느낌이 무엇 때문인지를 알아채지 못하는 것이다.

이를 잘 보여주는 〈길버트 그레이프〉라는 영화가 있다. 조니 뎁이 연기한 길버트는 청소년이지만 마치 부모처럼 동생들을 돌본다. 그중에는 리어나도 디캐프리오가 연기한 자폐증을 앓고 있는 어니라는 동생도 있다. 길버트는 엄마도 돌봐야 한다. 엄마는 심한 비만 환자로, 바깥출입을 못 할 정도다. 남편이 자살한 이후 엄마의 체중은 계속 늘어났다.

길버트는 가족을 벗어나 사회생활을 하기가 어렵다. 형제자매 중하나는 빵집에 취직하고 나머지 하나는 대학에 진학하면서 가까스로 자신의 삶을 찾아가지만, 가족과의 바운더리를 전혀 설정하지 못한 탓에 마을을 방문한 한 소녀와 사랑에 빠지면서도 아무런 결과를 얻지 못한다. 길버트는 뭔가 잘못되었다는 것을 알고는 있지만, 건강한 바운더리를 설정하면 새로운 삶을 시작할 수 있다는 사실을 깨닫지 못한다.

최악의 상황을 가정한다

최악의 상황이 벌어질 가능성이 거의 없는데도 그럴지도 모른다는 두려움 때문에 바운더리 설정을 하지 못하는 경향이 있다. 다음은 최악의 상황을 가정하는 전형적인 사고방식의 예다.

- **"나한테 화내면 어떡하지?"**

- "나랑 아무것도 같이하고 싶어 하지 않으면 어떡하지?"
- "가족(친구)을 잃게 되면 어떡하지?"
- "엉뚱한 소리를 하면 어떡하지?"
- "바운더리를 설정하는 게 속 좁은 행동은 아닐까?"
- "나를 보고 이기적이라고 하면 어떡하지?"
- "아무도 내 말에 귀 기울여주지 않을 것 같아."

최악의 상황을 가정하는 사고방식의 밑바닥에는 두려움이 자리하며, 두려움을 느낄 때는 앞으로 일어날 수 있는 상황을 잘못 추측한다. 우리는 앞날을 알 수 없기에 바운더리에 대해 사람들이 어떤 반응을 할지도 예측할 수 없다. 통제할 수 있는 것은 오로지 자신의 행동뿐이다. 우리는 사람들을 잃을지도 모른다는 가장 큰 두려움 때문에 바운더리 문제를 참고 견딘다.

바운더리가 불편하다

한계를 정할 때의 불편감은 바운더리 설정을 어렵게 한다. 우리는 곤란한 대화를 나눠야만 할 것 같은 불편함을 피하기 위해 침묵을 선택한다. 또다시 최악의 상황을 가정하는 사고방식이 나오는 것이다. 나는 사람들에게 바운더리를 설정할 때 따라오는 불편함을 다루는 방법도 같이 가르쳐준다.

껄끄러운 대화를 나누는 게 불편할 수도 있지만 우리는 해낼 수 있다. 잠깐의 불편함 때문에 인간관계에서 불가피하게 발생하는 불편함을 오랫동안 참고 견딜 이유는 없다. 건강하지 못한 바운더리는 장기적으로 볼 때 우리의 행복을 방해하고 해를 끼친다. 반복하다 보면 바운더리 설정이 더 이상 어렵지만은 않을 것이다.

모든 것은 가족에게서 시작된다

막상 바운더리를 세워보려고 하면, 어디에서 바운더리를 배워야 할지 막막할 것이다. 그럴 때면 자신과 가장 가까운 관계인 가족을 돌아보라. 거기에서 바운더리의 뿌리를 찾을 수 있다.

우리는 모두 욕구를 충족하고자 하는 욕구를 가지고 태어난다. 이것이 바로 우리가 원하는 것이 있을 때 울고 화내고 반항하는 이유다. 우리는 부모나 양육자들이 보이는 반응을 기준으로 자신의 욕구 충족 가능 여부를 판단한다. 우리의 바운더리가 건강하고 아니고는 부모(양육자)에 달렸다고 할 수 있다.

태어난 순간부터 가족은 우리에게 최초의 선생님이 된다. 제일 먼저 엄마 아빠로부터 배우고, 그다음에는 형제자매와 친척과 확대 가족까지 포함하는 가정환경 내의 사람들로부터 배운다.

많은 이들이 가족 내의 바운더리를 생각하라고 하면 부모가 정한 규칙을 떠올린다. 하지만 바운더리가 꼭 규칙의 형태는 아니다. 부모가 자녀들을 상대로 정한 한계에는 기대치와 선호도, 때때로 규칙이 포함된다. 부모와 양육자들은 전형적으로 아이들에게 자신들의 기대치를 전하면서 편안하게 느낀다. 반면 아이들은 종종 스스로 바운더리를 세울 권리가 없다고 느낀다.

✧ 아이도 한 사람으로서 존중받아야 한다

첫째 딸이 4개월쯤 되었을 때, 아이는 지역의 가족 피트니스 센터의 보모에게 거부감을 보였다. 일반적으로 딸은 안기는 걸 좋아했지만 유아실에서 그 사람이 안아주는 것은 싫어했다. 유아실에 두고 나올 때마다 아이가 너무 울어서 결국 나는 운동을 하다 말고 아이를 데리러 나와야 했다. 며칠이 지나서야 딸이 특정한 사람과 있을 때만 운다는 사실을 깨달았다.

그 후로는 미리 전화를 걸어 그날 유아실에서 근무하는 사람이 누군지를 반드시 물었다. 만일 우리 딸이 불편해하는 사람이 근무하는 날이면 나는 다른 사람으로 교대되는 시간까지 운동하러 가는 걸 미루곤 했다. 4개월인 내 딸은 자신이 좋아하는 사람과 아닌 사람에 대한 선호도를 표현했다. 나는 아이를 불편한 사람과 억지로 함께 두지 않음으로써 아이의 선호도를 존중했다.

아이들도 나름의 바운더리를 갖고 있다. 음식에 대한 선호도는 아이들이 자신의 한계를 설정하고자 하는 하나의 시도다. 영양 면에서 어떤 음식이 좋은지는 몰라도 자신이 싫어하는 음식은 안다. 아이들의 음식 선호도를 가르는 기준은 질감과 냄새, 색깔, 맛이다. 아이가 특정한 유형의 음식을 먹지 않겠다고 하는 등 바운더리를 설정하고자 할 때, 부모는 어떻게 반응할까?

1. 다른 음식을 권한다(역시나 아이가 원하지 않는 음식일 가능성이 크다).
2. 아이가 싫다고 말해도 그냥 먹으라고 강요한다.
3. 아무 음식도 주지 않음으로써 아이를 벌한다.

이런 경우 부모의 바운더리 설정 능력을 자녀가 어떻게 받아들이는지를 표현해보았다.

선택 1: "그렇구나. 그래도 뭔가 먹었으면 좋겠으니까, 네 요청을 받아들여서 다른 음식을 줄게."

선택 2: "네 바운더리는 내게 중요하지 않아. 그리고 너한테 제일 좋은 게 뭔지는 내가 잘 알아."

선택 3: "좋다 싫다 투정하면 벌줄 거야. 하라는 대로 해."

"엄마 친구한테 안기기 싫어요"와 같은 바운더리를 아이가 설정한다면, 부모의 반응은 어떻게 나타날까?

1. 친밀감을 표하고 싶은 상대를 아이가 스스로 선택할 수 있게 한다.
2. 안기라고 강요한다.
3. "안아달라는 사람에게 싫다고 말하는 건 좋지 않은 태도란다" 또는 "저분들을 안아주지 않으면 맞을 줄 알아"라고 말하며 아이를 다그

친다.

이런 경우 부모의 바운더리 설정 능력을 자녀가 어떻게 받아들이는지를 표현해보았다.

> 선택 1: "그렇구나. 누군가에게 친밀감을 표현하는 게 불편하다면, 네 뜻을 존중하마."
>
> 선택 2: "네 바운더리는 내게 중요하지 않아. 그리고 너한테 제일 좋은 게 뭔지는 내가 잘 알아."
>
> 선택 3: "좋다 싫다 투정하면 벌줄 거야. 부모를 당황하게 만들지 마라. 다른 사람들의 감정이 네 감정보다 중요한 거야."

아이를 건강하게 양육하기 위해서는 건강한 바운더리를 가질 수 있도록 허용해주는 것이 무엇보다 중요하다. 이는 아이들이 무엇을 먹고 입을지, 그리고 무엇을 좋아하고 어떻게 느끼며 자신의 물리적 공간에 누구를 받아들일지 스스로 선택할 수 있게 해줄 때 가능하다.

✦ 모델링

아이들은 어른의 말에 귀를 기울이는 데는 절대 능하지 않지만, 그들을 모방하는 데는 실패하는 법이 없다.

— 제임스 볼드윈(James Baldwin)

부모는 모델링을 통해 자녀를 가르친다. 자녀에게 건강한 바운더리의 본을 보이지 않는 부모는 의도치 않게 건강하지 못한 바운더리를 가르치게 된다. 스스로를 돌보는 일을 힘들어하는 내담자들에게 "엄마가 자기 자신을 돌보는 모습을 본 적이 있나요?"라고 물어보면 예상대로 다들 아니라고 대답한다.

이런 여성들은 자신을 돌보는 방법을 모를 뿐만 아니라 자신을 돌볼 때 심한 죄책감을 느낀다. 자기 돌봄은 이기적인 행동이고 그러면 나쁜 사람이 된다고 배웠기 때문이다. 그들은 자신을 돌보지 않는 엄마를 보며 자랐기 때문에 자기가 본 것을 반복한다. 우리의 어머니 세대에서는 불만 없이 남들을 위해 모든 일을 해야 한다고 믿었기에 대부분의 어머니가 번아웃 상태였다.

오늘날에는 자기 돌봄의 필요성이 중요시되고 사회적으로도 용인되는 분위기지만 과거에는 그렇지 않았다. 불과 몇십 년 전만 하더라도 자기 돌봄을 다룬 문학은 보기 드물었지만, 2018년 미국 최대 서점인 반스앤노블의 매출 정보에 따르면 자기 돌봄을 소재로 한 책이 다이어트와 운동을 다루는 책보다 많이 판매되었다.[5]

최근 몇 년간 사람들은 체중 문제가 정신적·정서적 건강 문제로 인한 증상임을 깨닫기 시작했다. 하지만 열악한 자기 돌봄이 바운더리 문제와 관련 있다는 사실은 아직도 많은 이들이 모른다. 다른 이의 습관과 행동을 어느정도까지 수용할지를 규정하고 자신의 기대치를 설정할 수 있으려면 연습이 필요하다. 자기 자신에 대한 건강한 바운더리를 갖지 못한다면 우리는 운동하러 가거나 식사를 제대로 챙길 시간조차 내지 못할 것이다.

거절은 나쁜 게 아니다

아이들은 거절해도 괜찮은지 아닌지를 부모에게서 배운다. 배우는 과정은 간접적일 수도, 직접적일 수도 있다. 곧바로 아이들은 부모가 그들의 형제자매나 다른 가족 구성원들, 또는 가족 외의 다른 성인들에게 거절당할 때 어떻게 반응하는지 지켜본다. 거절당할 때 부모가 보이는 반응을 보며 아이들은 거절해도 괜찮다는 것을 배운다. 만일 "거절하면 안 돼"라는 메시지를 받는다면, 그 아이들은 거절할 줄 몰라 어려움을 겪게 될 것이다.

"넌 내 요구를 거절할 수 없어"라는 등의 거친 말로 전달하지 않더라도, 아이에게 말을 걸지 않는다거나 관심을 주지 않거나 아이의 욕구를 비웃는 식의 반응을 보이는 것 모두가 전부 "거절은 나쁘다"라는 메시지를 전달하는 행동이다.

타인으로부터 배우기

가족이 가장 우선적인 배움의 장이긴 하지만, 우리는 주변의 다른 사람들을 보면서도 배운다. 여기에는 선생님이나 또래 친구, 텔레비전과 영화 속 배우, 주변의 다른 어른들이 포함된다.

✦ 바운더리에 악영향을 미치는 유년기의 문제들

트라우마, 학대, 방임 등 유년기에 겪은 심각한 문제는 바운더리를 설정하는 능력을 크게 훼손시켜 이후의 삶에 악영향을 미친다.

트라우마

트라우마는 살면서 겪은 어떤 사건이나 경험으로 심한 정신적 고통을 느끼는 것이다. 반드시 직접적으로 겪은 일만 트라우마가 되는 것이 아니라 다른 이의 경험을 목격하는 것만으로도 트라우마를 겪을 수 있다. 예를 들어 집에서 가정 폭력을 목격했다면 나에게 전혀 물리적, 언어적 폭력이 가해지지 않았다 해도 영향을 받는다. 트라우마를 겪는 원인은 '사랑하는 이의 죽음', '끔찍한 사고', '학대 또는 방임', '괴롭힘', '유기', '이혼', '부모의 수감' 등 다양하다.

트라우마는 신체와 뇌를 생존 모드로 바꿔놓는다. 이때 건강하지 못한 바운더리가 생존의 도구가 된다. 생존이 달린 관계라고 믿게 되면 그 관계에서는 바운더리를 설정하기가 어렵다. 다른 선택의 여지가 없거나 특정 상황에서 벗어날 방도가 없다고 생각하면 한계를 설정하는 일이 비합리적인 행동으로 여겨질 수 있다.

학대

신체적 학대와 정서적 학대는 모두 바운더리 폭력이다. 이런 식으로 사람을 다루는 것이 잘못임을 깨닫지 못할 때, 사람들은 학대가 인간관계에서 충분히 있을 수 있는 일의 하나라고 생각한다. 신

104

체적 학대와 정서적 학대의 희생자들은 가해자들과 바운더리를 설정하기가 어렵다는 사실을 깨닫는다.

희생자들이 자신이 학대당하는 데는 자신의 탓도 있다고 믿거나 가해자들에게 연민을 느끼기 시작하면 '트라우마 유대(trauma bonding)'가 형성된다. 트라우마 유대는 가해의 원인이 피해자 자신에게 있다고 생각하므로 바운더리 설정 능력을 현저히 떨어트린다. 일반 가정보다 학대 가정에서 성장한 사람들이 트라우마 유대를 형성하게 될 가능성이 훨씬 크다.

또한 학대 관계가 오래 지속될수록 그 관계에서 벗어나기 어렵다. 트라우마 유대는 아이들이 자신에게 행해지는 말과 행동의 책임이 자신에게 있다고 믿는 가정에서 주로 일어난다.

> 언어 학대의 예: "내가 말을 잘 들었더라면 엄마가 나한테 소리 지르고 욕하지 않았을 거예요."
>
> 신체 학대의 예: "아빠는 늘 술을 마셔요. 아빠한테 뭐든 요구하지 말았어야 했어요. 술 마시고 있을 때 아빠는 나를 때려요. 아빠 눈에 띄지 말아야 해요."

성인의 관계에서라면 조금 다른 양상으로 나타나겠지만, 그 안에는 여전히 트라우마 유대가 자리할 수 있다.

> 언어 학대의 예: "남자친구는 내가 뭘 묻는 걸 싫어해요. 뭐라도 물으면 나

한테 소리를 지르죠. 이 문제를 해결하고 싶어요. 그 사
람과 헤어지는 건 원치 않아요."

신체 학대의 예: "아내는 화가 나면 물건을 던집니다. 그런 식으로 화나는
감정을 해결하는 거죠."

학대가 자신의 잘못 때문이라고 믿도록 조종당한다면, 이는 바
운더리 폭력에 해당한다. 이유가 무엇이든 학대는 옳지 않다. 가해
자가 부모든 애인이든 누군가든, 학대의 본질은 사람을 조종한다는
것이다. 학대받는 사람들은 자신도 남들처럼 기꺼이 기대치를 충족
할 수 있는 존재라는 점을 가장 믿기 힘들어한다.

신체적 방임에는 기본적으로 제공해야 할 생활필수품을 제공하
지 않거나 건강 유지에 필요한 관심을 주지 않는 것이 포함된다. 신
체적으로 방임된 아이들은 적절한 영양을 공급받지 못하거나 단정
하지 못한 모습을 보인다. 방임의 원인이 경제적인 문제라고 생각
할 수도 있지만, 늘 그런 것만도 아니다. 방임은 경제적 자원이 충분
한 가정에서도 일어날 수 있다.

정서적 방임은 '충분한' 정서적 관심이 결핍된 상태를 말한다. 정
서적 태만이 반드시 나쁜 의도를 전제로 하는 것은 아니다. 그래서
방임의 희생자들은 정서적 관심을 주는 데 태만한 가족 구성원에게
공감하는 경향이 있다. 모순적인 것처럼 보이지만, 정서적 방임은
때로 과도한 친밀감의 결과로 나타나기도 한다.

'밀착(enmeshment)'은 개별성 확립을 방해한다. 밀착 관계에 있는

사람은 상대의 감정에 책임을 느낀다. 따라서 바람직하지 않은 결과라고 짐작하면서도 상대를 보호하고자 한다. 하지만 부모의 정서적 욕구를 충족시키는 일은 자녀의 몫이 아니다.

집안의 가장이 되거나 부모의 친구 역할을 하거나 형제자매를 돌보거나 부모가 가르쳐주지 않아도 알아서 하거나 혼란스러운 가정의 평화를 유지하거나 정서적 지지 없이 만사를 해결하거나 어린 아이임에도 집안의 생활요금을 책임지는 등의 일. 이 모두는 절대 당신의 일이 아니었다.

아이의 바운더리는 아이가 어른의 역할을 해야 할 때 훼손된다. 그런 역할이 어쩔 수 없이 주어졌을 때도 마찬가지다. 저스틴의 사례에서는 누군가 그의 동생들을 돌봐주었어야 맞다. 아빠나 조부모 등 다른 어른이 그 책임을 맡을 수도 있었을 것이다. 부모나 형제들과의 관계에 가해진 악영향을 생각해보라. 그는 정상적인 형제 관계를 맺지 못했다. 오직 동생들의 필요를 처리하는 임무만 떠맡았을 뿐이다. 부모와의 관계에서도 저스틴은 부모의 친구 역할을 하느라 자신의 정서적 욕구를 부모에게서 채우지 못했다.

누군가가 자신을 방임할 때, 상대가 우리의 요구사항을 기꺼이 수용하거나 받아들여줄 거라고 상상하기는 힘들다. 바운더리를 설정하고 실행하는 능력에 따라 트라우마가 어떻게 악영향을 미치는지는 8장에서 더 깊이 살펴보자.

'아니요'에도 연습이 필요하다

바운더리를 설정하라고 하는데, 자꾸만 그만두고 싶은 생각이 들때가 있다. '이 불편한 순간들만 견뎌내면 되겠지', '나만 참으면 모두가 편할 거야'라는 안일한 생각을 하며 자꾸만 바운더리를 미루다가 포기하게 되는 경우가 있다. 왜 우리는 단호하게 말하지 못할까? 바운더리 설정을 방해하는 잠재적인 9가지 원인은 다음과 같다.

✧ 거절을 못하는 잠재적인 원인 9가지

- 나쁜 사람이 되기 싫다.

- 무례해지기 싫다.

- 늘 사람들의 비위를 맞춘다.

- 바운더리를 설정한 후 상대를 어떻게 대해야 할지 모르겠다.

- 무기력한 느낌이다(그리고 바운더리를 확신하지 못하겠다).

- 다른 사람들을 도울 때 가치 있는 사람이 된 기분이 든다.

- 거절당한 기분을 다른 사람들에게 투사한다.

- 어디서부터 시작해야 할지 모르겠다.
- 특정 관계에서는 바운더리를 설정할 수 없다고 믿는다.

나쁜 사람이 되기 싫다

우리가 가장 두려워하는 상황은 자신이 나쁜 사람이 되는 것이다. 하지만 '나쁜 사람'이 된다는 게 무엇일까? "나쁜 사람이 되고 싶지 않다"라고 말할 때, 당신은 상대도 그렇게 받아들일 거라고 짐작한다. 하지만 남들이 어떤 것을 나쁘다고 생각하는지 우리는 알 수 없다. 나쁜 사람이 되는 것에 대한 두려움은 남들이 우리 말을 어떻게 생각할지 알고 있다는 가정에 기초한다. 그러나 가정은 사실이 아니라 가설일 뿐이다! 이제는 반대로 우리 말을 다른 사람들이 완전히 이해할 거라고 가정해보자.

무례해지기 싫다

자신의 바운더리를 말로 표현하는 것은 중요하다. 이 책의 2부에서 정확히 어떻게 자신의 바운더리를 표현할지 더 자세히 알아볼 것이다. 우리는 자신이 기대하는 바를 남들에게 분명히 알리려면 소리를 지르거나 욕을 해야만 가능하다고 생각하는 경향이 있다. 일반적으로 이런 상황에까지 이르게 되는 경우는 한계에 도달했거나 너무 오랫동안 바운더리 설정을 하지 못했을 때다. 미리 대책을 세운다면 한계점에 이를 일은 없으며 자신의 한계를 정중하게 전달할 수 있을 것이다. 만약 이미 바운더리 한계에 도달했다면 소리를 지르거나 욕설을 내뱉지 않고도 자신의 기대치를 확실하게 전달할 말을 연습하는 방법도 있다.

늘 사람들의 비위를 맞춘다

많은 사람들은 자신이 요구한 바운더리를 남들이 싫어하고 이해하지 못하며 동의하지 않을 수 있다는 사실을 받아들이기 힘들어한다. 모두에게 사랑받을 수는 없다는 걸 인정해야 한다. 일단 사람들의 비위를 맞추는 것을 넘어서면 자신의 기준을 세우는 일이 조금은 쉬워진다. 이는 보다 건강한 관계라는 종합적인 보상에 비하면 아주 사소한 문제다.

사람들의 비위를 맞추는 성향이 있는 사람들은 남들이 어떻게 생각하고 느끼는지 신경 쓰는 데 사로잡히기 쉽다. 이들은 남들에게 좋은 사람, 잘 도와주는 사람, 매력적인 사람으로 보이고 싶어 한다. 남들의 비위를 맞추는 성향인 사람들에게 바운더리 설정은 특히 더 어려운 일이다. 나쁜 사람이 되거나 무례해지는 것보다 남들이 자신을 별로 좋아하지 않게 되는 상황을 가장 두려워하기 때문이다. 이런 두려움은 종종 심각한 영향을 끼쳐서, 이들은 두려운 상황에 직면하기보다는 차라리 바운더리가 없는 관계에서 고통받는 것을 택하기도 한다.

바운더리를 설정한 후 상대를 어떻게 대해야 할지 모르겠다

"바운더리를 설정하고 나면 관계가 어색해질 거야"라고 걱정하는 사람들이 있다. 글쎄다. 걱정을 말로 하면 정말 그렇게 된다. 다음에 만날 때 어색할 것 같다고 말로 내뱉고 나면, 정말 어색한 행동을 하게 된다. 그렇다면 아무 걱정도 미리 하지 말고 예전처럼 똑같이 관계를 지속하면 어떻게 될까? 자신의 바운더리를 솔직히 밝혀라. 그다음 평소처럼 행동하라. 내 요청을 상대가 어떻게 받아들일지는 내가 어떻게 할 수 있는 문제가 아니다. 하지만 바운더리를 전달한 후 서로 도움이 되는 방식으로 행동하겠다는 선택은 할 수 있다. 바운더리를 정한 이후의 만남을 건강하게 유지하기 위해서는 평상시의 모습을 지키는 게 도움이 될 것이다. 그냥 자신이 할 일을 하라! 그 관계에서 당신이 희망하는 행동을 그대로 실행에 옮겨라.

무기력한 느낌이다(그리고 바운더리를 확신하지 못하겠다)

당신은 온갖 문제에 다 신경 쓰면서 정작 건강한 바운더리가 결핍된 문제는 회피하는 경향이 있다. 바운더리를 설정해도 상대가 귀 기울이지 않을 거라고 짐작하며 늘 최악의 상황을 가정한다. 별 도움이 되지 않으리라 생각하겠지만, 스스로 바운더리를 정해 실제 행동으로 옮기고 계속 그 상태를 고수한다면 분명 효과는 있다. 사람들에게 바운더리를 존중받고 싶다면 반드시 스스로 일관성 있게 행동하라.

다른 사람들을 도울 때 가치 있는 사람이 된 기분이 든다

"저는 사람들을 잘 도와줘요." 여기에는 잘못된 점이 없다. 착해서 늘 손해라고 생각한다면 호구가 되지 않고도 얼마든지 사람들을 도울 방법이 있다. 도와주되 바운더리만 설정하면 된다. 한계를 정하는 것은 당신이 얼마나 기꺼이 도와줄 것이지, 얼마나 도와줄 수 있는지를 명확하게 만들어준다. 무엇보다 자신은 방치하면서 남들을 돕느라 갈피를 못 잡는 사람들은 바운더리가 꼭 필요하다.

거절당한 기분을 다른 사람들에게 투사한다

당신은 거절당하는 것을 죽도록 싫어한다. 얼마나 싫어하면 타인의 부탁도 거절하지 못할 정도다. 자신이 원하는 것을 못 얻는 상황을 싫어하는 건 당연하다. 하지만 거절당하는 것은 누구나 겪을 수 있는 평범한 일이다. 거절하는 상대가 건강한 바운더리를 갖고 있다는 암시일 가능성이 크다. 거절당하는 것에 대해 감정을 잘 다스리게 된다면, 좀 더 교감이 오가는 바운더리를 설정할 수 있을 것이다. 하지만 다른 사람들이 당신과 똑같이 느낄 거라고는 생각하지 마라. 그들이 어떻게 느낄지를 가늠하지 말고 그냥 당신이 하고 싶은 대답을 해라. 상대는 당신의 바운더리를 기꺼이 열린 마음으로 들어줄지도 모른다.

어디서부터 시작해야 할지 모르겠다

일단 시작하는 것부터가 당신에게는 어렵게 느껴진다. "뭐라고 말하지? 사람들이 싫어하면 어쩌지?" 이런 의문은 아주 좋다. 이 책에서 우리는 무엇을 말할지, 언제 자신의 바운더리에 대해 말할지,

상대가 잘 받아들이지 않는 경우 어떻게 할지를 다룰 것이기 때문이다. 매우 오랫동안 건강하지 못한 바운더리를 유지해왔다면 선택지를 생각하기가 어려울 것이다. 성장하는 동안 선택지가 없는 것에 익숙해졌기 때문이다. 이 책을 읽는 동안 당신은 다양한 상황에서 충족할 수 있는 바운더리에 대해 많은 아이디어를 얻을 것이다.

특정 관계에서는 바운더리를 설정할 수 없다고 믿는다

당신은 엄마한테는 "내가 ___를 싫어한다는 말을 못 하겠어"라거나 "내가 ___를 싫어한다는 말을 어떻게 엄마한테 해?"라고 생각할지도 모른다. 이런 때일수록 어느 관계에서도 당신은 바운더리를 설정할 수 있다는 점을 명심하라. 바운더리는 '어떻게' 설정하느냐가 문제지 설정 자체에는 문제가 없다.

많은 이들이 가족에게 자신의 기대치를 말하는 것을 가장 어려워한다. 생각해보면 어려울 뿐이지 불가능한 일은 아니다. 가장 어려운 일은 바운더리를 설정하고 가족에게 전하는 과정이 복잡할 것이라는 당신의 믿음을 극복하는 것일지도 모른다. 다시 말해서, 최악의 상황을 가정하기만 해도 아예 시도 자체가 어려워진다.

바운더리는 나쁜 일도 잘못된 일도 아니야

바운더리를 설정하려고 할 때 죄책감이나 슬픔, 배신감, 또는 후회를 느껴본 적이 있는가? 상대와의 관계나 상황과의 연관성, 그리고 얼마나 오랫동안 바운더리를 설정하지 않고 관계를 지속해왔는가에 따라 처음에는 불편한 감정이 나타날 수 있다. 이런 불편한 감정을 지속시키는 3가지 요인을 보자.

- 축소한다: 특별한 사건의 영향력을 부인하거나 그 의미를 축소하고자 할 때 일어난다. 예를 들면 이런 경우다.
  "데이트 바람맞았어. 괜찮아! 다른 할 일이 있었거든."
- 모른 체한다: 아예 감정이 없는 것처럼 행동한다.
- 너무 빨리 벗어나려고 한다: 고통스러운 경험을 했을 때, 제대로 감정을 느끼기도 전에 벗어나려고 하면 회복이 더 오래 걸린다. 치유과정을 너무 서둘러도 같은 실수를 반복하게 될 우려가 있다.

✧ 죄책감

많은 사람들이 "어떻게 하면 죄책감을 느끼지 않고 바운더리를 설정할 수 있을까요?"라고 물어본다. 이 질문을 들을 때마다 바로 "불가능합니다"라는 답이 떠오른다. 내가 할 수 있는 일은 그저 불편한 감정을 다스릴 수 있게 도와주는 것뿐이다. 거절을 좀 더 편안하게 느끼도록 도울 수는 있다. 불편한 감정에 대처하는 것 또한 바운더리를 확립해나가는 하나의 과정에 불과하다.

✧ 슬픔

때로 우리는 나쁜 사람이 되기 싫어서 슬퍼지기도 한다. 바운더리 설정을 나쁜 행동이라거나 무례한 행동이라고 생각한다면, 바운더리를 세운 후 슬플 수 있다. 이럴 때는 바운더리 설정 과정을 대하는 사고방식을 재구성하는 일이 꼭 필요하다. 재구성 방법 몇 가지를 살펴보자.

- 바운더리는 자신을 옹호하는 수단이다.
- 바운더리는 건강하고 완전한 관계를 유지하기 위한 수단이다.
- 바운더리는 "이봐요, 나는 당신이 정말 좋아요. 몇 가지만 같이 노력해봐요"라는 의중을 전하는 아주 훌륭한 수단이다.
- 바운더리는 "나는 나를 사랑해"라고 자신에게 표현하는 수단이다.

❖ 배신감

바운더리를 설정한다고 해서 가족이나 친구, 애인, 직장 또는 그 밖의 누구라도 배신하게 되는 것은 아니다. 오히려 바운더리를 설정하지 않으면 자신을 배반하는 일이 된다. 다른 사람의 기분을 맞추느라 자신을 배반하지 마라. 한계 설정에 대한 사고방식을 바꾸면 그 과정에서 일어나는 불편한 감정을 다스리는 데 도움이 될 것이다. 다른 사람의 기분을 맞추느라 자신을 배반하지 말자.

❖ 후회

"내가 그런 말을 했다고? 이런, 잘못했네."

뭔가를 제대로 하지 못했을 때 이런 기분이 드는 것은 자연스러운 일이다. 바운더리를 설정할 때도 뭔가를 잘못하고 있다고 생각하기 때문에 종종 이런 기분을 느낀다. 하지만 바운더리 설정은 잘못된 일도 나쁜 일도 아니다. 바운더리 설정에 대한 자신의 사고방식을 재구성하면 해결될 문제다. 그러면 관점에 변화가 일어나, 바운더리 설정으로 인한 불편한 감정을 최소화하는 데 도움이 될 것이다.

이번 장에서 감정과 생각, 자신이 스스로와 남에게 주는 제약 등 바운더리 설정에 방해가 되는 것들을 살펴보았다. 지속적으로 바운더리를 세워나가면서 그 리듬에 익숙해지면 이런 과정에서 발생하는 불편한 감정은 좀 더 자연스럽게 느껴질 것이다.

116

수첩이나 종이 한 장을 꺼내 다음의 질문에 답해보자.

- 가정에서 어떤 방식으로 바운더리를 배웠는가?
- 부모/양육자는 당신의 바운더리를 존중해주었는가? 만약 그렇
  다면 어떤 방식으로 존중해주었는가?
- 부모/양육자가 당신의 바운더리를 거부했는가? 그렇다면 어떤
  방식으로 거부했는가?
- 자신의 바운더리 설정에 문제가 있다는 사실을 언제 깨달았는가?
- 바운더리 설정에서 가장 어렵게 느껴지는 부분은 무엇인가?

04

바운더리의 6가지 유형

기준을 정하는 일은 당신 자신의 삶은 물론
당신이 삶에 받아들인 이들을 위해 필수적이다.

- 맨디 헤일(Mandy Hale)

알렉스에게는 '애정 결핍'이라는 꼬리표가 따라다녔다. 그녀는 만난 지 10분도 안 된 상대에게 자신이 살아온 이야기를 쏟아놓곤 했다. 자신의 삶에 상대를 초대했고, 상대도 자신과 똑같이 하길 기대했다. 상대가 화답하지 않으면 분명 뭔가 문제 있는 사람이라고 생각했다. 친해지고 싶은 상대에게 그녀는 조급하게 집착했다.

급기야 친한 친구 한 명이 알렉스에게 조금 거리를 두자는 말을 하기에 이르렀다. 또 다른 친구 하나는 알렉스에게 개인적인 얘기를 너무 많이 한다며 애정 결핍이라고 단언했다. 알렉스가 답을 찾기 위해 상담실을 방문한 것은 바로 이 시점이었다.

항상 첫 상담 때 작성하도록 되어 있는 설문지에 알렉스는 자신에 대해 몇 가지 참조할 만한 사실을 추가로 적어넣었다. 그러더니 빠르게 말을 이어갔다. 마치 그동안 살아온 이야기를 전부 다 쏟아내기라도 하는 것 같았다. 첫 상담이 끝난 후 나는 알렉스에게 물었다.

"왜 내가 질문한 것 말고 다른 얘기도 해준 거죠?"

그녀가 대답했다.

"저에 대해서 다 아셨으면 해서요."

이후 몇 번의 상담을 거치면서, 나는 알렉스가 서로에 대해 '모든 것'을 다 아는 게 교제에서 가장 중요한 요소라고 믿는다는 사실을 알게 되었다. 하지만 그녀는 일어났던 일들에 대해서만 논할 뿐 자신의 감정에 대해서는 자세히 얘기하지 않았다. 시간이 지나면서 그 이유를 알게 되었다.

"아빠는 제게 뭐든 다 얘기해주셨어요."

몇 번의 상담이 끝난 후 알렉스가 말했다. 알렉스의 아빠는 심지어 아내가 외도한 일까지 다 얘기했다. 그가 보인 본보기는 '우리 사이에는 비밀이 없다'라는 것이었다. 하지만 알렉스가 비밀을 공유하려 하자 그는 이야기를 들어주는 대신 알렉스의 기분을 마음대로 재단했다.

알렉스는 끊임없이 아빠에게 조언을 구했다. 그의 의견 없이 혼자서는 '옳은' 결정을 내릴 수 없다고 생각했기 때문이었다. 하지만 아빠는 그녀의 감정을 무시하고 비판적으로 대했다.

알렉스의 친구들은 그녀가 하염없이 연락하고 자신의 인생에 대해 의견을 구하는 행동을 보일 때마다 당황했다. 그리고 서서히 거리를 두었다. 알렉스는 자신이 다른 사람들의 바운더리를 침해한다는 사실을 전혀 몰랐다. 알렉스에게 관계란 친밀함을 의미했다. 그 친밀함에는 가까워지는 것, 자주 이야기를 나누는 것, 모든 것을 다 말하는 것, 그리고 친한 관계임을 확인하기 위해 서로에게 의존하는 것이 다 포함되었다. 부모와의 관계에서는 이런 것들이 이상하지 않았지만, 또래 관계에서는 오래 지속되기 힘들었다.

따라서 상담 목표는 알렉스가 자신의 감정을 올바로 인식하고,

자신의 실수를 용납하며, 자존감을 높여 스스로 건강한 결정을 내릴 수 있도록 돕는 일로 구성되었다. 알렉스는 자신이 살아온 이야기를 적절히, 그리고 알맞은 속도로 전달하는 방법을 배워야 했다.

이번 장에서는 6가지 바운더리의 유형, 즉 신체적 바운더리, 섹슈얼 바운더리, 지적 바운더리, 감정적 바운더리, 물질적 바운더리, 그리고 시간 바운더리에 대해 알아보자.

관계에 6개의 선을 그려보자

✦ 1. 신체적 바운더리

개인 공간과 신체 접촉에 해당한다. 여기서 신체적 바운더리란 당신의 몸을 둘러싼 주변을 말한다. 우리는 자신의 몸과 자기가 어떨 때 편한지에 대해 어느 정도 알고 있다. 이에 대한 욕구는 사람마다 다르며, 어느 정도까지가 적절한 신체 접촉인지에 대한 관점 또한 모두 다르다. 신체적 바운더리는 환경과 주위 인간관계, 개인적으로 편안하다고 느끼는 정도에 따라 달라진다. 개인 공간과 신체 접촉에 대한 자신의 호불호를 사람들에게 알리면 그 차이로 인한 갈등을 줄일 수 있다.

신체적 바운더리 침해의 예

- 신체적 학대를 가한다.
- 껴안거나, 입맞춤하거나, 악수할 것을 강요한다.
- 내가 허용하지 않았는데 가까이 접근한다.

- 사람들 앞에서 호감을 표시하는 것이 불편하다고 분명히 밝혔는데도 공개적인 자리에서 손을 잡는다.
- 상대가 부적절하게 느낄 만한 방식으로 신체를 접촉한다.
- 일기를 읽는 등 상대방의 사생활을 침해하는 행동을 한다.

신체적 바운더리 설정하기
- "저는 포옹보다 악수가 편해요."
- "조금만 떨어져서 서주세요."
- "사람들 앞에서 애정 표현을 하는 건 불편해. 집에 갈 때까지 참아주면 좋겠어."
- "이건 제 개인적인 글이니 보지 마세요. 사생활 침해입니다."

신체적 바운더리를 존중하는 방법
1. 자신이 편하게 느끼는 물리적 거리를 사람들에게 말로 표현한다.
2. 껴안는 것과 같은 특정한 신체 접촉이 불편하다는 점을 사람들에게 분명히 밝힌다.

바운더리는 계속 변한다. 살아가면서 욕구가 변하면 관계에 대한 기대치도 달라진다. 따라서 누군가를 만난 후 불편한 느낌이 든다면 신체적 바운더리 설정이 필요하다는 암시일 수 있다. 예전에는 지인이 껴안아도 괜찮았는데 지금은 꺼려진다고 가정해보자. 당신은 껴안지 말라고 말할 권리가 있다.

✧ 2. 섹슈얼 바운더리

합의 없이 누군가의 신체에 손을 대는 일은 절대 해서는 안 된다. 특히 아동은 성적 행동에 절대 제대로 합의할 수 없다. 신체 접촉이나 성적 발언, 명시적 동의 없는 성적 행동은 섹슈얼 바운더리를 침해하는 것에 해당한다. 아동은 성과 관련된 어떤 상황에도 놓여서는 안 되며, 아동 앞에서는 성적인 이야기를 나눠서도 안 된다. 아동은 성과 관련해 자신의 허용치를 제대로 표현할 수 없으므로 성인은 아동과 있을 때 적절한 행동만을 해야 한다.

이해받기 위해 말로 표현할 필요가 있는 다른 바운더리와 달리, 섹슈얼 바운더리는 암묵적인 사회 규칙이기 때문에 드러내어 말로 표현하지 않는 경우가 많다. 섹슈얼 바운더리 침해의 예로는 추행, 폭행, 강간 등이 있다.

섹슈얼 바운더리 침해의 예

- 성적 학대나 성추행, 또는 성폭행
- 외모에 대한 성적인 발언
- 선정적인 신체 접촉
- 성희롱
- 음담패설

섹슈얼 바운더리 설정하기

- "제 외모에 대해 말씀하시는 것 듣기 불편하네요."
- "당신이랑 성적으로 관계 맺을 생각 없습니다."
- "내 다리에서 그만 손 떼주세요."
- "하지 마세요."
- "지금 하신 말씀 하나도 재미 없고, 적절치도 않네요."

섹슈얼 바운더리를 존중하는 방법

1. 부적절한 성적 행동을 경험했거나 목격했다면 기록으로 남긴다.
2. 불량한 행동에 대해 변명하지 않는다.

✦ 3. 지적 바운더리

지적 바운더리에는 생각과 아이디어가 포함된다. 당신은 자신이 원하는 것에 대해 얼마든지 자유롭게 의견을 낼 수 있다. 그리고 그 의견은 무시당하거나 과소평가되거나 웃음거리가 되어서는 안 된다.

어떤 상황에서 어떤 주제가 적절하고 부적절한지를 늘 염두에 두면 지적 바운더리를 존중할 수 있다. 앞의 예시처럼 알렉스의 아빠는 어린 딸에게 아내의 외도 사실을 말했다. 설사 그 말이 사실이라 하더라도 알렉스에게 말한 것은 적절한 행동이 아니었다. 부모가 자녀와 나누는 이런 식의 부적절한 대화는 지적 바운더리 침해에 해당한다.

지적 바운더리 침해의 예

• 자신과 신앙이나 의견이 다르다는 이유로 욕을 한다.

• 다투는 중에 소리를 지른다.

• 자신과 관점이나 생각이 다르다는 이유로 조롱한다.

• 동의할 수 없다며 상대의 말을 일축한다.

• 자녀 앞에서 아이의 어머니(아버지)를 비하한다.

• 어린 나이에 정서적으로 감당하기 힘든 문제를 말한다.

지적 바운더리 설정하기

• "그런 식으로 무례하게 굴지 않고도 반대 의사를 표현할 수 있잖아
요."

• "아이랑 이런 얘기를 나누는 것이 적절한 행동 같지는 않네요."

• "목소리를 낮추지 않으면 당신이랑은 계속 얘기할 수 없어요."

• "농담이 지나치시네요. 불쾌합니다."

• "방금 제가 말을 했는데 완전히 무시하시네요. 왜인가요?"

지적 바운더리를 존중하는 방법

1. 부모라면 자녀가 있는 자리에서 어른의 문제를 거론하지 마라.

2. 자신과 의견이 달라도 존중하라.

✦ **4. 감정적 바운더리**

감정을 타인과 공유하고자 할 때 누구나 상대가 자신을 지지해

줄 거라고 기대한다. 하지만 감정을 표현하는 일이 쉽지 않은 사람들이 있다. 그런 사람들이 감정을 무시하거나 기분을 인정해주지 않으면 그들은 당신의 감정적 바운더리를 침해하게 된다. 이런 경험을 하고 나면 당신은 앞으로 감정을 표현하고자 할 때 불편한 마음이 들 수 있다.

알렉스도 아빠에게 자신의 기분을 표현하려고 했지만, 아빠는 반복해서 귀를 닫고 딸의 기분을 자기 마음대로 짐작했다. 결국 알렉스는 아빠와 감정을 전혀 공유하지 않게 되었고, 자신의 감정을 불신하게 되었다. 그녀는 궁금했다. "이럴 때 슬픈 감정이 드는 게 맞나?" 이를 확인하기 위해서 알렉스는 자신이 느끼는 감정이 옳은지 친구들에게 물었다. 감정적 바운더리가 이미 침해당한 상태였던 알렉스는 다른 사람들의 의견에 좌지우지되었다. 그녀는 다른 사람으로부터 확인받기 전에는 자신을 믿지 못했다.

감정적 바운더리가 건강한 사람들은 자신의 기분이나 개인 정보를 한 번에 다 쏟아내지 않고 천천히 시간을 두고 공유한다. 이는 적절한 상황에서만 개인사를 공유하며 친구를 주의 깊게 사귄다는 의미이기도 하다.

인스타그램 설문조사를 통해 "다른 사람에게 친구의 비밀을 이야기한 적이 있는가?"라고 물었더니, "그렇다. 비밀을 전한 적이 있다"라는 응답이 72%에 달했다. 쪽지를 통해 그 이유를 설명하는 사람도 여럿이었다. 쪽지 내용의 일부는 이렇다.

1. 혼자만 알고 있기에는 너무 부담스러웠다.

2. 안전과 관련된 부분이 있었다.

3. "저는 비밀 못 지켜요."

4. "저는 애인한테는 뭐든 다 말해요."

감정적 바운더리 침해의 예

• 너무 빨리, 너무 많이 공유한다(개인 정보의 과한 공유).

• 정서적으로 적절하지 않은 정보를 어린 자녀와 공유한다.

• 감정을 마구 분출한다(과도하게 고민을 털어놓는다).

• 공유하고 싶지 않은 정보를 알려달라고 압박한다.

• 다른 사람의 감정을 부정한다.

• "그런 걸로 슬퍼할 필요 없어"라는 등 다른 사람의 기분을 마음대로 정한다.

• "그렇게 대단한 일도 아니네"라며 충격을 마음대로 축소한다.

• 복잡한 기분인데 빨리 털어버리라고 떠민다.

• 다른 사람의 개인 정보를 얘기한다.

감정적 바운더리 설정하기

• "우리 둘이 있을 때 하는 얘기는 비밀로 해줬으면 좋겠어. "

• "나는 기분을 말로 표현하는 게 불편해. 그냥 고개만 끄덕여도 무슨 뜻 인지 알아주면 좋겠다. "

• "들어보니 고민이 정말 많은 것 같은데, 나는 도와줄 능력이 없네. 혹시

상담받아볼 생각을 해본 적은 없니?"

- "그런 얘기는 좀 불편한데."
- "내 기분을 마음대로 판단하지 말았으면 좋겠어. 내가 지금 이런 기분이 드는 건 당연한 거야."
- "기분을 가라앉힐 시간이 필요해. 빨리 털어버리라고 강요하지 마."
- "어떤 상황에서든 나는 내가 느끼고 싶은 대로 느낄 수 있어."

감정적 바운더리를 존중하는 방법

1. 그냥 들어줬으면 좋겠는지, 아니면 조언을 해줬으면 좋겠는지 상대에게 물어보라. 조언을 해줘야 할지, 말아야 할지 고민스러울 때 도움이 될 것이다.
2. 당신의 감정을 있는 그대로 인정해줄 것 같은 사람들하고만 감정을 공유하라.

✦ 5. 물질적 바운더리

물질적 바운더리는 소유와 관련이 있다. 당신의 물건은 당신의 것이다. 물건을 누군가와 함께 사용하기로 한다면, 그것은 당신이 결정할 일이다. 또한 타인에게 당신의 소유물을 어떻게 다루게 할지도 당신이 결정해야 한다. 친구에게 상태가 좋은 연장을 빌려주면서 돌려받을 때도 같은 상태이기를 기대하는 것은 당연한 일이다. 멀쩡한 물건을 가져가서 안 좋아진 상태로 돌려줬다면, 당신의 물질적 바운더리를 침해한 것이다.

물질적 바운더리 침해의 예

• 빌려 간 물건을 합의된 시간보다 오래 사용한다.

• 빌려 간 물건을 돌려주지 않는다.

• 빌려 간 물건을 허락 없이 남에게 빌려준다.

• 물건을 훼손하고 보상하지 않는다.

• 물건을 원래보다 안 좋아진 상태로 돌려준다.

물질적 바운더리 설정하기

• "돈 빌려줄게. 대신, 금요일까지 꼭 돌려줘."

• "이번 주에는 차를 빌려줄 수 없어."

• "원래 상태로 물건을 돌려주겠다고 약속해줘."

• "돈을 빌려줄 수 없어."

• "옷을 빌려줄게. 대신 더럽히면 꼭 드라이클리닝 값을 물어줘."

물질적 바운더리를 존중하는 방법

1. 물건을 소중히 다룰 것 같지 않은 사람에게는 빌려주지 않는다.

2. 빌려주기 전에 물건을 어떻게 사용해야 하는지 말한다.

✦ 6. 시간 바운더리

내 경험에 따르면 사람들은 이 6가지 바운더리 중 시간 때문에 가장 어려움을 겪었다. 시간 바운더리에는 시간을 어떻게 관리할지, 남들에게 얼마나 시간을 내줄지, 남들의 부탁을 어떻게 처리할지,

그리고 자유시간을 어떻게 구성할지가 모두 포함된다.

이와 관련해 문제를 겪는 사람들은 일과 여가생활의 균형을 잡는 일은 물론 자신을 돌보는 일, 자기 욕구를 우선시하는 일을 어려워한다. 다른 사람들 때문에 자신의 시간을 포기하다 보면 자신의 바운더리에 치명적이 될 수 있다. 정말 하고 싶은 일이 있는데 할 시간이 없다면, 건강한 '시간 바운더리'가 없다는 뜻이다.

시간 바운더리 침해의 예

- 급한 용무도 아닌 일로 연달아 여러 번 전화한다.
- 다른 사람이 열 일 제치고 자신을 도와주기를 기대한다.
- 상대가 자고 있을 시간에 문자 메시지를 보내거나 전화를 한다.
- 대가 없이 도와달라고 부탁한다.
- 무리한 약속을 한다.
- 감정적으로 지치게 만드는 사람들과 길게 대화한다.
- 상대가 해줄 수 없는 상황임이 분명한데도 부탁을 한다.
- 별도의 수당 없이 야근을 강요한다.
- 보답하지 않을 것 같은 사람의 부탁을 들어준다.

시간 바운더리 설정하기

- "오늘은 늦게까지 못 있을 것 같아요."
- "오전 9시부터 오후 5시까지는 근무시간이라서, 수다를 떨 수가 없어."
- "이번 주말에는 도와주지 못할 것 같아."

- "세금 문제 당연히 도와드릴 수 있지요. 제 수입료는 75달러입니다."

시간 바운더리를 존중하는 방법

1. 부탁을 수락하기 전에 혹시 무리한 약속은 아닌지 일정부터 확인하라. 또 다른 행사나 일에 관여하기 위해 시간을 쥐어짜지 마라. 일정 때문에 걱정할 일이 생길지도 모른다.

2. 바쁠 때는 편하게 응답할 수 있기 전까지 전화나 문자 메시지, 이메일을 확인하지 마라. 급한 용무라면 음성메시지로 남길 것이고, 그게 아니라면 나중에 확인해도 된다.

수첩이나 종이 한 장을 꺼내 다음의 질문에 답해보자.
바운더리를 침해당했을 때는 무슨 일이 있었고, 그 결과 어떤
기분이 들었는지 대화를 해보는 것이 아주 중요하다. 다른 사람
의 행동은 우리가 통제할 수 있는 범위가 아니므로, 바운더리
침해가 똑같이 반복된다면 어떻게 말하고 행동할지에 초점을
두어야 한다.
아래는 각 바운더리의 예를 정리한 것이다. 내가 그 상황이라면
어떻게 말하고 행동할지 생각해보자.

1. 신체적 바운더리의 예
맡은 업무를 마무리하느라 바쁜데 동료가 당신이 일하는 자리
로 온다. 별다른 반응을 보이지 않는데도 동료는 당신의 책상
위로 몸을 기울인 채 갈 생각을 안 한다. 이 상황에서 바운더리
를 설정하려면 어떤 말과 행동을 해야 할까?

2. 섹슈얼 바운더리의 예
친구의 남편이 자신의 성관계 능력에 대해 언급하고는 문자 메
시지로 자극적인 문구를 보내온다. 이 때문에 당신은 불편한 감
정이 든다. 이 상황에서 바운더리를 설정하려면 어떤 말과 행동
을 해야 할까?

3. 지적 바운더리의 예

당신은 방금 10년 된 친구와 절교했다. 슬픈 감정을 애인에게 말했더니 그는 "다른 친구들도 있는데 뭐 그렇게 슬퍼하고 그래. 그냥 잊어버려"라고 말한다. 이 상황에서 바운더리를 설정하려면 어떤 말과 행동을 해야 할까?

4. 감정적 바운더리의 예

친구에게 비밀 얘기를 했더니 그 친구가 자신의 다른 친구에게 말을 전했다. 이 상황에서 바운더리를 설정하려면 어떤 말과 행동을 해야 할까?

5. 물질적 바운더리의 예

친구가 당신의 셔츠를 빌려달라고 한다. 이 친구는 전에 옷을 빌려 갔다가 구멍을 내서 돌려준 적이 있다. 이 상황에서 바운더리를 설정하려면 어떤 말과 행동을 해야 할까?

6. 시간 바운더리의 예

맡은 일의 마감 시한이 코앞인데 동료 하나가 자신의 프로젝트를 도와달라고 부탁한다. 이 상황에서 바운더리를 설정하려면 어떤 말과 행동을 해야 할까?

05

무례하게
선을 넘는 사람들

상대방이 동의하든, 동의하지 않거나
이해하지 않든, 당신의 바운더리는
존중받아야 마땅하다.

제이미는 남자친구와 5년 내내 거의 매일 만나왔으며 앞으로의 미래도 함께 그리는 사이였다. 둘은 함께 여행을 다니면서도 한 번도 다툰 적이 없었고, 남자친구는 환상적일 정도로 제이미의 말에 귀를 기울여주었다.

하지만 일이 잘 안 풀리는 날이면 순식간에 남자친구는 완전히 다른 사람으로 변했고, 그럴수록 제이미는 더더욱 남자친구를 갈망하게 되었다. 그러다 며칠이 지나면 남자친구는 다시 제이미의 마음을 얻기 위해 온갖 달콤한 말들을 쏟아내었다.

"대체로 정말 좋은 사람이에요." 제이미가 말했다.

"하지만 가끔 기분이 안 좋을 때가 있고, 그럴 때는 온갖 트집을 잡죠. 원하는 걸 해주지 않으면 뿌루퉁해져서 나한테 아무 말도 하지 않아요."

제이미는 이러한 관계를 개선하려면 어떻게 해야 하는지 알고 싶어 했다.

5회에 걸쳐 상담을 하는 동안 제이미는 자신이 얼마나 그를 이해하고 싶고 그의 행동에 동요하고 싶지 않으며 관계 개선에 도움이 될 만한 대화법을 배우고 싶은지 얘기했다. 그래서 몇 가지 대화 기술을 가르쳐주기도 했지만, 그녀의 대답은 "아무것도 소용없어요"였다.

제이미는 남자친구가 무엇을 원하는지 모르겠다며 자책했다. 그녀는 남자친구와의 사이에서 논쟁이 벌어지는 것이나 해결책을 찾지 못하는 것이 모두 자신의 탓이라고 생각했다.

제이미가 상담을 편안하게 생각한다는 사실을 알게 된 후, 나는 물었다.

"두 사람의 소통에 문제가 있는 것이 남자친구 탓일 수도 있지 않을까요?"

제이미는 곧바로 남자친구를 옹호했다.

"그 사람은 정말 말을 잘해요. 자신이 필요한 것을 정확히 말하거든요. 하지만 난 그걸 잘 못하고요."

"어떻게 해줬으면 좋겠는지 남자친구가 정확히 예를 들어 말해주나요?"

"아니요, 하지만 그가 하는 말을 들으면 뭘 원하는지 알겠어요."

둘 사이의 전형적인 대화를 복기해본 후에야 제이미는 자신이 '무엇도 제대로 처리할 수 없는' 상황에 자주 놓였다는 사실을 인정할 수 있었다. 예를 들어 남자친구가 "집에서 음식을 더 자주 해줬으면 좋겠어"라고 해서 제이미가 음식을 만들어주면, 남자친구는 다시 "이렇게 늦은 시간에 식사하기는 싫은데, 좀 일찌감치 만들어주면 안 될까?"라고 말했다.

그래서 제이미가 좀 더 이른 시각에 식사를 준비하면, 남자친구는 이제 음식 타박을 하면서 "넌 내 말을 제대로 듣지 않는구나"라고 말했다.

제이미는 물론 남자친구의 말을 열심히 들었다. 하지만 혼란스러울 뿐이었다. 남자친구의 엇갈린 메시지 때문에 제이미는 늘 자신이 지금 무엇을 해야 하는지 앞서 고민했다. 남자친구의 비위를 맞추려 애쓰느라 정작 자신이 무엇을 원하고 기대하고 받아들일지는 생각하지 않았다.

이후의 상담은 모두 제이미와 남자친구의 관계에서 일어나는 바운더리 침해에 초점을 맞춰 진행되었다.

선은 넘지 말라고 그은 거야

누구든 바운더리를 존중받아야 한다. 가까운 사이든 처음 본 사이든 서로가 규정한 선을 함부로 넘는 것은 무례한 일이다. 이런 상황은 엄연한 '침해'다. 바운더리 심리학에서는 여기서 더 나아가 '작은 침해'와 '큰 침해' 2가지로 구분한다.

작은 바운더리 침해는 오랜 관계가 아닌 일상에서 자주 일어나는 사소한 침해를 말한다. 대개 감정에까지 악영향을 끼치지는 않으며, 별로 중요하지 않은 사소한 일로 여겨지기 때문에 하루를 전부 망치거나 하지는 않는다. 하지만 작은 침해라도 계속해서 반복된다면 오랜 시간이 흐른 후에 심각한 영향을 끼칠 수 있다.

작은 바운더리 침해의 예

1. 식료품점에서 계산하는 중에 계산원이 거슬리는 태도를 보인다. 말도 쌀쌀맞게 하고 당신이 구매한 물건도 거칠게 다룬다.

2. 파티에서 한 사람을 만났다. 30분쯤 얘기하다 보니 그 사람에 대해

너무 많은 것을 알게 되어 자서전도 대신 써줄 수 있을 것만 같다. 게다가 그는 한 번도 내가 말할 틈을 주지 않는다.

3. 동료의 생일 파티에 갈 수 없을 것 같다고 말했더니, 반드시 참석해야 한다며 다들 오기로 했다고 말한다. 동료는 정말 당신이 와주기를 바라서 그런 것일 수도 있겠지만, 당신이 파티에 오도록 하기 위해 당신의 죄책감을 자극하고 있다.

큰 바운더리 침해는 인간관계의 구조를 훼손하는 정도의 심각한 침해를 말하며, 오랜 시간에 걸쳐 끊임없이 반복된다. 침해의 빈도에 따라 관계의 구조 자체가 변할 수도 있다.

큰 바운더리 침해의 예

1. 언니나 동생이 일상의 모든 일을 돌봐주며 그들과 의논하지 않고는 아무것도 결정하지 못한다.

2. 친구의 음주 습관이 좋지 않아 늘 뒤처리를 도맡아 한다. 친구의 상태가 안 좋아질 때마다 도와줘야 할 것 같은 느낌이 든다. 외출 때도 결국 친구를 돌봐야 할 것만 같아 음주를 자제하게 된다.

3. 인간관계 문제가 다 자기 탓인 것처럼 느낀다. 문제점이 많은 애인을 자극하지 않으려면 자신이 더 잘해야 한다고 생각한다.

지금까지 몇 가지 예를 살펴보았다. 이제 흔히 나타나는 바운더리 공격 중 먼저 약한 공격의 양상을 알아보자.

✦ 별거 아니라 뭐라고 하긴 그런데 기분이 나쁘네?

바운더리 공격은 교묘하며 모든 관계에 일어난다. 아무리 약한 공격이라 하더라도 이런 공격에는 불만이나 숨은 의도, 상대에 대한 분노를 담은 수동공격적 행동이 포함된다. 의도했든 아니든, 이러한 사소한 공격은 부정적 반응의 표현이다.

관계 초반에 제이미의 남자친구는 제이미의 화법을 조금씩 비평하곤 했다. 제이미가 단어나 문구를 틀리게 발음할 때마다 지적한 것이다. 생각해보지도 못한 문제였다. 나중에 관계가 불안정해졌을 때, 제이미의 남자친구는 말이 안 통한다며 제이미의 그런 표현 습관을 꼬집었다.

미묘한 공격은 흔히 인종이나 성소수자에 대한 편견을 드러내는 데 사용된다. 하지만 이런 공격이 반드시 인종이나 성 구분, 성적 기호에만 제한적으로 가해지는 경멸적 행동이나 발언만을 뜻하지는 않는다. 그 외의 다른 예를 아래에서 살펴보자.

인종 차별

백인 여성이 타고 있는 엘리베이터에 흑인 남성이 탑승한다. 여성은 자신의 지갑을 움켜쥔다.

→ 숨은 문제점 특정 인종의 사람들을 부정적으로 판단하거나 경멸하는 태도.

외모 평가

레베카는 체중이 4.5킬로그램 늘었다. 어머니가 말한다. "사진 좀 보내줘봐." 그러고는 이렇게 대답한다. "얼굴이 아주 포동포동하고 귀엽네."

→ 숨은 문제점 레베카는 체중이 늘고 있고, 그녀의 어머니는 살찌는 것을 싫어한다.

인종에 따른 편견

흑인인 케빈은 백인이 대부분인 동료들과 함께 어느 회사의 홀리데이 파티에 초대받았다. 참가인 명부가 배부되는 중에, 누군가 케빈에게 닭튀김 좀 가져오라고 말한다.

→ 숨은 문제점 특정 인종에 대한 억측, 즉 인종적 편견.

성별에 따른 편견

티나는 CEO다. 그녀에게는 종종 '권위적'이라는 꼬리표가 달린다. 반면 남성 CEO들은 영향력 있는 리더라는 평을 듣는다.

→ 숨은 문제점 힘 있는 위치에 오른 여성들은 대체로 태도에 문제가 있다는 편견.

성소수자에 대한 편견

케빈은 동성 애인과 함께 회사 홀리데이 파티에 참석한다. 그런데 동료가 이런 말을 한다. "뜻밖이네요. 게이 같지는 않았는데."

→ 숨은 문제점 남성 동성애자는 행동이 여성스러울 것이라는 편견.

이처럼 약한 공격을 가하는 사람은 본인이 악의가 없다고 생각한다. 하지만 이런 공격적 발언은 깊은 믿음 체계에 악영향을 끼친다. 사소해 보이지만 그 영향력은 어마어마하다.

약한 공격에 대처하는 방법

1. 약한 공격이라고 생각되면 단호하게 지적한다. "제 말투가 흑인 같지 않다고 하셨는데, 무슨 뜻으로 하신 말씀인가요?"
2. 좀 더 적절한 생각을 제시한다. 티나의 경우를 예로 들자면, 다른 이들이 '권위적'이라고 하면 자신은 그저 적극적으로 회사를 이끌어나가고자 하는 것뿐이라고 말할 수 있다.

TMI와 이유 없는 죄책감

✦ 궁금하지도 않은데 제발 그 입 좀 다물어!

우리가 누군가에게 사생활 정보를 공유하는 것은 상대와 친해지고 싶기 때문이다. 그렇다고 맥락에 맞지 않는 정보를 말하거나, 다른 사람의 사적인 정보를 유출하거나, 어느 정도까지 공개해도 좋을지 확실치 않은 관계에서 내밀한 개인 정보를 말하는 것 모두 과잉 공유에 해당하는 바운더리 침해다.

사적인 정보를 지나치게 공유하는 사람들은 대개 자신의 행동이 정도를 넘었다는 생각을 전혀 하지 않는다. 아무래도 상담치료사라는 직업 때문인지 사람들은 내게 사적인 이야기를 과도하게 털어놓을 때가 많은 편이다. 내가 그들의 이야기에 관심을 보이기 때문이기도 하고, 편하게 이야기를 털어놓을 수 있게 배려해주기 때문이기도 하다.

더 정확히는 직업적으로 "힘든 얘기라도 들어줄 수 있다"라는 분위기를 풍기기 때문인 것 같다. 나는 사람들의 이야기를 듣는 것을 좋아하지만, 일반적으로 다른 사람들에게 이렇게 이야기를 털어놓는 것은 사회적으로는 불편한 감정을 불러일으킬 수 있다.

맥락상 부적절한 소재를 꺼낸다

당신은 신입 직원을 교육하는 임무를 맡았다. 그런데 새로 입사한 그 동료는 일을 배울 생각은 하지 않고 전 남자친구와 있었던 문제들을 시시콜콜 이야기한다.

→ 숨은 문제점 이런 사적인 이야기를 나누는 것은 신입 직원을 교육해야 하는 당신의 역할상 적절치 않다.

다른 사람의 정보를 유출한다

당신 친구의 기숙사 룸메이트가 찾아와 세 사람은 함께 시간을 보낸다. 그런데 친구가 잠깐 화장실에 간 사이에 그 룸메이트가 당신에게 친구의 낙태 이야기를 꺼낸다.

→ 숨은 문제점 당신 친구의 룸메이트는 다른 사람의 중대한 개인 정보를 유출하고 있다.

은밀한 사생활을 늘어놓는다

근무 중인 식료품 가게에서 물건 정리를 하다가 메건은 계산대 점원에게 묻는다. "오늘 하루 어땠어요?" 그러자 그 점원은 남자친구가 전 여자친구와 성관계를 가진 일 때문에 싸웠다는 이야기를 늘어놓는다. 메건은 일하다 말고 그 이야기를 들어주지만, 불안하고 불편한 기분이다.

→ 숨은 문제점 그 계산대 점원이 한 이야기는 지극히 개인적인 일로, 직장 동료와 나누기에는 부적절한 대화 주제다.

사적인 이야기를 과도하게 노출하는 사람들은 자신이 얼마나 타인에게 안 좋은 영향을 끼치고 그들의 바운더리를 침해하는지 전혀 알지 못한다. 말문을 트고 친밀감을 쌓으려다 보니 너무 많은 정보를 노출하게 되는 것이다. 이들은 종종 대화 내용이 너무 지나친 것에 대해 상대방이 보내는 무언의 신호를 못 본 척한다.

과잉 공유에 대처하는 방법

1. 조심스럽게 좀 더 적절한 주제로 전환한다.
2. "오, 그런 중요한 얘기는 따로 시간을 내야 할 것 같은데"라고 단호하게 말한다.
3. "이런 상황에서는 내가 도와줄 수 있는 게 없는 것 같아. 다른 이야기를 나누는 게 어때?"

✦ 내가 뭘 했다고 죄책감이 들까요?

제이미가 의사소통 문제를 제기할 때마다 그녀의 남자친구는 제이미가 본인이 원하는 것을 제대로 전달하지 못하기 때문이라고 비난했다. 과거에 그녀가 겪은 관계상의 문제들이 다 그런 대화 기술의 부족 때문이라는 것이었다. 문제가 있는 사람은 바로 자신이라고 확신하게 된 제이미는 남자친구에게 이런 문제를 언급하는 일이 끔찍하게 느껴졌다.

누군가를 기분 나쁘게 하려는 의도를 가진 사람들은 상대의 죄책감을 유도한다. 자신이 원하는 대로 상황을 조성하기 위해 사람의 감정을 조종하는 전략이다. 그들은 당신이 잘못을 했든 안 했든 죄책감을 느끼며 자신의 요구에 따르기를 바란다.

해로운 관계를 끝내려고 할 때

롭의 아버지는 폭력적이다. 그래서 롭은 아버지와의 관계를 끊어야 한다고 생각한다. 하지만 식구들은 그 결정을 말리려고 했다. 식구들이나 친구들 모두 그가 아버지와의 관계를 끝내는 것을 반대했다. 그의 누이는 "그래도 우리 아버지잖아. 진지하게 이야기를 나눠봐"라고 말하기까지 했다.

→ 숨은 문제점 롭의 누이는 바운더리 설정을 과소평가했다.

특정인과의 교제를 꺼릴 때

에이미는 자신의 상사가 '심술궂은' 사람이라는 것을 알고 있었다. 퇴근 후 상사가 회식을 제안할 때마다 에이미는 사양했다. 동료들은 이렇게 말했다. "최소한 한 잔 정도는 할 수 있잖아."

→ 숨은 문제점 에이미의 동료들은 회식을 거절할 정도로 그 상사가 심술궂은 사람이라고는 생각하지 않는다.

자신이 좋아하는 것을 고수할 때

당신은 가족 모임에 음식을 직접 준비해 가기로 했다. 가족들과 좋아하는 음식이 다르기 때문이다. 그런데 사촌이 이렇게 말한다. "왜 음식을 싸 오는 거야? 여기에 있는 음식이 형편없어?"

→ 숨은 문제점 사촌은 당신의 음식 기호에 의문을 제기하면서 당신이 다른 사람들에게 맞춰야 한다는 뜻을 넌지시 전하고 있다.

다른 사람들의 비위를 맞추지 않을 때

칼라는 고등학교 동창들과 식사를 하다가 "결혼을 하거나 아이를 갖고 싶지 않아"라는 말을 했다. 그러자 친구 팻이 받아쳤다. "왜 결혼이 싫다는 거야? 너 성노년 정말 괜찮아."

→ 숨은 문제점 팻은 자신의 가치관을 칼라에게 강요하려 한다.

아무 설명 없이 거절할 때

"저기, 나 이사해야 하는데 도와줄 수 있어?"

친구의 부탁에 당신은 거절한다. 그래도 친구가 다시 묻는다.

"왜 안되는데? 네 도움이 필요하단 말야."

이럴 때는 왜 못 도와주는지 설명하는 것도 괜찮다. 다만 과거에 그 친구가 당신이 하는 설명에 어떤 반응을 보였는지 염두에 둬야 한다. 그들이 당신의 설명을 듣고 부탁을 거두었다면 간단히 이유를 밝혀도 좋다. 하지만 당신이 설명했는데도 계속 도와달라고 요구한 적이 있다면 짧게 거절하고 끝내는 편이 낫다.

→ **숨은 문제점** 사람들은 거절의 이유를 알고 싶어 한다.

자신이 원하는 것을 얻기 위해 죄책감을 유발하는 사람들이 있다. 그들의 요구를 들어주다간 당신의 욕구가 침해당할 수 있다는 사실을 명심하라.

죄책감 유발에 대처하는 방법

1. 소리 내어 물어라. "내 결정을 후회하게 만들려고 하는 말이야?"
2. 대화의 중심을 상대가 아닌 자신에게 두어라. "개인적인 감정은 없어. 그냥 내 취향이야."
3. 이미 결정했음을 밝혀라. "너 지금 꼭 내 마음을 바꾸게 하려고 그러는 것 같아."

아닌 걸 알면서도 계속 만난다면

관계의 기본 구조를 붕괴시키는 큰 바운더리 침해는 심한 범주의 공격에 속한다. 작은 바운더리 침해가 일상적으로 일어나는 약한 공격인 것에 반해, 밀착이나 상호의존(codependency), 트라우마 유대, 역의존(counterdependency)과 같은 큰 침해는 장기적인 피해를 줄 수 있다.

✦ 밀착

밀착된 관계는 개인주의를 용인하지 않는다. 바운더리도 마찬가지다. 이런 관계는 서로가 비슷해야 유지된다. 누구 하나가 한계를 설정하려 하거나, 다른 역할을 하려 하거나, 관계의 흐름을 바꾸려 들면, 그 관계는 끝날 위기에 처한다.

밀착의 양상

• 관계를 맺고 있는 상대와 자신을 구분하지 못한다.

- 개인의 정체성이 결핍되어 있다.

- 상대와 자신은 다르다는 자의식이 모호하다.

- 바운더리가 설정되어 있지 않다.

- 함께 보내는 시간의 양과 질이 비례하지 않는다.

- 사생활을 과도하게 공유한다.

- 상대의 감정에 지나치게 몰입한다.

- 개인의 정체성을 확립하려 하면 상대가 거부한다.

밀착 관계에서의 바운더리 침해

- 감정적·신체적·개인적 공간이 거의 없다.

- 두 사람의 생각이 거의 구분되지 않는다.

- 반드시 상호협의를 토대로 삶의 중요한 결정을 내린다.

심리치료사인 샤론 마틴(Sharon Martin)은 밀착을 "바운더리가 약하고, 정서적으로 독립되어 있지 못하며, 지지나 관심을 서로에게 강압적으로 요구함으로써 강하고 독립적인 자존감의 발달을 저해하는 가족 관계"라고 정의한다. 밀착은 가족 관계뿐만 아니라 연인 관계, 직장 내에서의 관계 모두에서 일어날 수 있다.

예를 들어보자. 당신은 누군가와 사귀면서 모든 시간을 함께 보내기 시작한다. 상대가 좋아하는 것을 좋아하게 되면서 예전의 삶과 친구들이 갑자기 시시하게 느껴진다.

당신은 집을 사고 싶었지만 부모님과 의논하면서 마음이 바뀌었다. 부모님은 늘 무엇이 당신에게 최선인지 알고 있다.

당신의 친구는 애인과 문제가 생길 때마다 늘 당신에게 전화해서 해결책을 묻는다. 당신은 친구가 행복하기를 바라는 마음에 기꺼이 늘 그녀를 돕는다. 친구는 심지어 당신과 자신이 애인과의 관계에 무엇이 최선이라고 생각하는지 자기 남자친구에게 대신 얘기해달라고까지 한다.

밀착 관계에 대처하기 위한 바운더리

- 도와주기는 하겠지만 앞으로 어떻게 문제를 해결해나갈 계획인지 묻는다.
- 관계는 유지하되 물리적으로 거리를 둔다.
- 다른 사람과도 지속적인 관계가 필요하다는 것을 잊지 않는다.
- 다른 사람을 둘의 관계에 끌어들여 추가적인 지원을 받는다.
- 사적인 정보를 공유하기 전에 때와 장소에 적절한지 생각한다.
- 다른 사람과 분리된 자신만의 독립적인 자아 정체감을 되찾거나 새로 확립한다.

✦ 상호의존

상호의존적 관계에 빠지면 우리는 상대가 불쾌한 경험을 겪지 않도록 도와야 한다고 믿는다. 그들을 보호하는 것이 자신의 역할이라고 여기지만, 결과적으로는 오히려 상대의 좋지 않은 행동을 계속 부추기는 일이 될 수 있다. 우리는 상대가 우리의 도움 없이는 스스로 돌볼 수 없는 무기력한 사람이라고 생각한다.

'상호의존'이라는 단어는 수십 년 전부터 있었다. 특히 약물 중독과 관련된 정상적이지 않은 가족 역학을 설명할 때 주로 사용된다. 하지만 상호의존은 다른 사람의 기분과 행동에 감정적으로 얽힌 모든 관계에 존재한다고 볼 수 있다.

상호의존적 관계에서는 자신이 느끼는 감정과 상대가 생각하고 느끼는 것을 구분 짓기가 무척 힘들다. 상대의 욕구와 자신의 욕구를 구분하지 못해 힘든 시간을 보내게 되는 것이다. 상호의존은 종종 선의에서 시작되지만 자기 자신의 욕구는 알아채거나 충족하지 못하기에 고통이 뒤따른다.

상호의존적 관계에서는 권한을 부여하는 것도 중요한 부분이다. 결과적으로 상대방의 안 좋은 행동을 부추기기도 한다. 상호의존은 보통 건강하지 못한 바운더리가 원인일 때가 많다.

상호의존의 양상

- 능력 이상의 일을 하려고 한다.
- 현실적인 문제에 대해 논의하기를 꺼린다.
- 상대가 어지른 것을 대신 치운다.
- 상대가 저지른 안 좋은 행동에 대해 변명해준다.
- 상대의 욕구에는 신경 쓰면서 자신의 욕구는 무시한다.
- 상대가 스스로 자기 일을 할 수 있게 돕기보다는 대신해준다.
- 품행이 불량한 사람을 뒷바라지한다.

- 상대에게 무슨 일이 생기면 자신에게 생긴 일처럼 느낀다.
- 상대의 문제를 마치 자기 일인 것처럼 말한다.
- 관계에서 '구조자' 역할을 맡지 않으면 힘들어한다.
- 자신의 문제는 풀 생각도 하지 않고 상대의 문제를 해결한다.
- 옳지 못한 방식으로 상대가 자신에게 의존하게 만든다.
- 관계가 일방적이다.

상호의존적 관계에서는 둘 중 한 사람, 또는 두 사람 모두가 살아남기 위해 상대에게 의존한다. 따라서 상호의존은 종종 억울함과 번아웃, 불안, 우울, 외로움, 상실감 등 심각한 정신건강 문제를 유발할 수 있다. 자신을 스스로 돌보지 않는 누군가를 위해 살아간다는 것은 어려운 일이다. 그렇다고 돌봄을 받는 쪽이 마냥 좋은 것도 아니다. 상호의존 관계는 양측 모두에게 해롭다. 상대를 돌보는 측은 자신의 욕구를 절대 충족할 수 없고, 돌봄을 받는 측은 자신의 욕구를 충족할 방법을 배우지 못한다. 따라서 상호의존적 관계는 양측 모두에게 점점 더 안 좋은 영향을 끼친다.

상호의존적인 사람들은 건강하지 못한 바운더리와 자존감 문제, 비위를 맞추는 성향, 통제 욕구 문제를 겪는다. 이들은 주변에 해로운 영향을 끼치는 사람들을 도움으로써 충족감을 얻는다.

나는 대학 시절 〈인터벤션(Intervention)〉이라는 리얼리티 TV 프로그램을 즐겨 봤다. 이 프로그램에는 약물 중독에 빠진 사랑하는 이에게 전문적인 도움을 받으라고 설득하는 가족과 친구들이 나온다.

쇼에 출연한 사람들은 대개 자신들이 어떻게 그 약물 중독에 일조했는지 고백한다. 예를 들면 금전을 지원하고 머물 곳을 제공하는 등의 방식이었다.

심지어 자신의 집에서 약물을 하도록 용인함으로써 중독을 도운 셈이 되었다고 인정하는 이들의 사례도 있었다. 그것이 위험한 행위인 줄 몰랐다는 것이다. 프로그램이 중반 정도 진행되면 한 회복 전문가가 등장해 사랑하는 이를 구하고 싶다면 상호의존을 반드시 끝내야 한다고 가족과 친구들에게 말한다. 이 회복 전문가가 권한 것은 건강한 바운더리였다.

예를 들어 친구들과 어울릴 때, 친구가 술에 취할 것 같으면 당신은 음주를 자제한다. 그다음 그들이 마실 술을 산다. 그렇지 않으면 친구들이 화를 낼 것이기 때문이다. 친구들이 과음했을 때, 당신은 그들을 집으로 데려다주고 밤새 곁을 지키며 괜찮은지 살핀다. 그들은 전혀 신경 쓰지 않는 것 같은데도 걱정한다.

당신은 자매가 상당한 금액의 돈을 잘못 관리해 십 대 자녀들에게 금전적 지원을 해주는 것이 불가능해졌다는 사실을 알게 되었다. 결과적으로 당신은 조카들의 대리 부모가 되었다. 조카들은 엄마에게 전화해봤자 거절당할 것이 뻔하므로 필요한 게 있으면 당신에게 전화한다. 당신의 자매는 그저 돈을 잘못 관리했을 뿐이고, 순간의 잘못된 선택으로 그들이 고통받기를 원치 않는 마음에 당신은 그들을 기꺼이 도와주게 된다.

상호의존에 대처하기 위한 바운더리

- 어디까지 도와줄 수 있는지 분명하게 한계를 정한다.
- 상대의 행동이 어떻게 당신에게 나쁜 영향을 끼치는지 피드백을 제공한다.
- 상대를 지지하되 그를 위해 뭔가를 하지 않는다.
- 상대가 묻기 전에 도움을 주지 말고 요청해올 때까지 기다린다.
- 관계에서 어디까지 참을 것인지 정하고 그 기준을 존중한다.
- 자신이 목격한 좋지 않은 행동에 대해 말로 지적한다.
- 자기 자신을 소중히 대한다.
- 자기 자신을 돌볼 줄 아는 사람들을 친구로 둔다.
- 도움을 주되 스스로 일을 해결하는 방법을 가르쳐준다.

✦ 트라우마 유대

이는 감정적·지적 바운더리 침해로 인해 발생한다. 트라우마 유대에 갇히면 시간이 지남에 따라 자신에게 일어나는 모든 일이 본인 탓이라고 생각하게 된다. 자신이 겪는 일이 우연히 일어난 것일 뿐 해를 끼치려는 의도로 이루어진 것이 아니라고 여긴다. 트라우마 유대는 친구 관계, 연인 관계, 가족 관계에서 흔히 일어난다.

트라우마 유대의 양상

- 모든 것이 내 탓이라고 생각한다(가스라이팅).
- 좋지 못한 관계를 끝냈다가도 다시 시작한다.

- 자신에게 잘못한 상대의 행동을 감싸준다.
- 해로운 관계인 줄 알면서도 못 빠져나올 것 같다고 느낀다.
- 냉혹하게 대했다가 친절하게 대하기를 주기적으로 반복한다.
- 남들이 학대라고 생각할까봐 자신이 어떤 대접을 받는지 사람들에게 말하지 않는다.
- 자신을 함부로 대하는 사람에게 저항하지 않는다.

제이미는 관계에서 일어나는 문제를 자신의 탓으로 돌렸다. 남자친구에게 문제가 있다는 걸 알면서도 모든 문제의 책임을 자신이 졌다. 그녀는 친구들이 자신과 남자친구를 판단하는 것이 두려워 문제들을 밝히기를 꺼렸다.

당신의 아버지는 말로 폭력을 행사한다. 그는 늘 당신이 자신의 말에 귀를 기울이지 않기 때문에 화를 낼 수밖에 없다고 말한다. 그러다가는 애정이 넘치는 사람으로 돌변해 작은 선물을 사준다.

당신의 친구는 다른 친구들 앞에서 당신을 함부로 대한다. 당신은 친구가 사회적으로 힘든 시절이 있었다는 사실을 알기에 그 행동을 받아주고 넘어가게 된다. 당신은 그저 친구가 불편한 심기 때문에 심술궂게 군다고 믿는다.

트라우마 유대에 대처하기 위한 바운더리
- 당신이 어떤 대접을 받고 싶은지 분명하게 말한다.
- 누군가 심술궂게 말하거나 불편한 마음이 들게 말한다면 그 즉시 못

하게 하라. "그런 말을 들으니 기분이 안 좋네요."

- 신뢰하는 사람들하고만 관계 문제를 공유한다.
- 관계 내에서 어떤 패턴이 만들어지는 느낌이 든다면 늦기 전에 대처한다.

✦ 역의존

사람들과 감정적 거리를 유지하기 위해 경직된 바운더리를 형성할 때 생겨난다. 역의존성이 있으면 건강한 관계라도 너무 가까워지지 않으려 하기 때문에 사람들에 대한 애착이 약해진다.

역의존의 양상

- 약한 모습을 보이는 것이 힘들다.
- 도움을 요청하지 못한다.
- 다른 사람들에게 도움받는 것이 불편하다.
- 다른 이들의 삶에 관심이 없다.
- 스스로 해나가는 것을 선호한다.
- 다른 사람들과 가까워지는 것이 두렵다.
- 감정적으로 거리를 둔다.
- 사람들이 약한 모습을 보이면 곧바로 당황한다.
- 너무 심각한 일이 생기면 사람들을 밀어낸다.
- 끊임없이 외로움을 느낀다.

예를 들면 당신은 괜찮은 사람을 만나 데이트도 몇 번 한다. 다 잘되어가는 듯하지만 상대가 호감을 보이면 연락을 끊는다. 또는 친구가 생일 축하 카드를 건넸다. 당신은 그 카드를 받고 어떤 기분이 들었는지 친구에게 말하지 않는다.

역의존에 대처하기 위한 바운더리

- 일상의 세세한 부분을 타인과 공유하는 것을 연습하라.
- 상대가 자신에게 어떤 기분이 들게 하는지 말하라.
- 도움을 청하라.
- 누군가 도와주겠다고 제안하면 받아들여라.

이번 장에서는 바운더리 침해에 관해 약한 수준에서 심한 수준까지 살펴봤다. 바운더리 침해는 직장 동료, 친구, 가족, 애인, 낯선 사람 등 누구와의 관계에서든 일어날 수 있다. 주변에서 흔히 일어나기에 어떤 침해는 상대적으로 사소하게 느껴질 것이다. 예를 들어 처음 보는 사람이 당신의 신체적 공간을 침해하는 경우 한 번이니까 심각하다고 볼 수 없다. 하지만 직장 동료가 반복적으로 당신의 신체적 공간을 침해한다면 심각한 문제다.

다른 이들이 당신을 어떻게 대접하고 그들의 행동에 어떤 변명을 하든, 모든 원인을 자신의 탓으로 돌리지 않는 것이 중요하다. 사람들이 당신을 어떻게 대하느냐는 당신이 어떤 사람이냐가 아니라 그들이 어떤 사람이냐에 달린 문제다.

수첩이나 종이 한 장을 꺼내 다음의 질문에 답해보자.

· 건강한 바운더리를 세울 수 있다면 당신의 삶은 과연 어떻게 달라질 것 같은가?

· 건강한 바운더리를 세운 적이 있는가? 있다면 어떤 관계에서였는가?

· 더 나은 바운더리를 만들기 위해 당신이 구체적으로 할 수 있는 행동이 있다면 무엇이겠는가?

06

나의 바운더리를
표현하는 법

바운더리가 없어야만
사랑받는 것은 아니다.

에릭이 기억하기에 아버지 폴은 알코올 중독이었다. 모든 가족이 아버지의 음주 습관을 감싸고 돌았다. 에릭의 어머니는 이렇게 말하곤 했다.

"아버지가 그러고 싶어 그러시는 건 아니란다."

심지어 자신은 거의 마시지도 않으면서 집에 술을 두었다. 가족들은 아버지가 술을 마시면 늘 취해서 시끄럽고 당혹스러운 행동을 한다는 것을 알면서도 모일 때마다 같이 술을 마셨다.

에릭은 자라면서 가족들이 아버지의 알코올 중독을 과소평가하는 것에 신물이 났다. 그래서 이렇게 이 문제를 표면 위로 꺼낼지 묻기 위해 나를 찾아왔다. 에릭은 치료를 시도했지만 실패했던 이야기도 해주었다. 대부분 아버지의 거부 때문이었다. 그의 아버지는 중독 치료센터에서 도망쳐 나와 몇 주는 술에 취하지 않은 상태로 지냈지만, 오래지 않아 다시 술을 마셨다.

에릭은 십 대 후반부터 이십 대 초반까지 아버지와 종종 맥주를 한잔씩 했던 사실 때문에 죄책감을 느꼈다. 하지만 스물다섯 살이 되면서 에릭은 더는 아버지와 술을 마시고 싶지 않아졌다. 아버지의 음주는 늘 너무 과했기 때문이다.

초기 몇 번의 상담에서, 에릭은 알코올 중독 환자의 자녀로 산다는 것이 어떤 기분인지 설명했다. 그의 말에 따르면 집안 분위기는 늘 공포감이 감돌았고 예측 불가능했다. 아버지는 술에 취하면 공격적인 말을 내뱉었다. 그래서 에릭은 아버지가 일터에서 돌아올 때마다 무슨 일이 일어날지 불안했다. 그는 되도록 아버지의 눈에 띄지 않으려고 노력했다. 형이 아버지에게 저항하려 할 때마다 아귀다툼이 벌어지곤 했기 때문이었다.

어릴 적 에릭은 아버지에게 물은 적이 있었다.

"왜 그렇게 술을 많이 마셔요?"

"술이 내 친구거든." 아버지의 대답이었다.

현재 아버지와의 관계가 어떤지 묻자, 에릭은 두 사람의 대화는 늘 아버지 문제로 끝난다고 말했다. 에릭은 아버지가 바쁘게 지내는지 확인하고 술은 입에 대지도 않은 게 맞는지 묻고는 했다. 아버지는 같은 얘기를 하고 또 하면서 자신의 말을 자주 번복했다. 아버지는 때때로 아들에게 전화를 걸어 분노를 쏟아내며 언어 학대를 자행했다. 에릭은 분노로 가득한 이런 순간들이 어쩌다 일어나는지 전혀 이해가 가지 않았다.

어머니가 아버지를 계속 감싸면서 어머니와의 관계도 안 좋아졌다. 어머니가 '언제나' 아버지 편을 들었기 때문에 에릭은 어머니에게도 속마음을 털어놓을 수 없었다. 아버지를 도와야 한다는 생각이 에릭의 마음을 짓눌렀다.

에릭이 부모와의 관계를 좋게 만들려고 노력하면서도 놓친 것이 하나 있는데, 바로 바운더리를 설정하지 않은 것이다. 그는 어머니에게 "저는 아버지가 술 드시는 게 싫어요"라고 말하는 것으로, 그리고 가끔 아버지의 전화를 받지 않는 것으로 이미 바운더리를 충분히 설정했다고 믿었다. 하지만 이런 것들은 수동공격적인 행동에 지나지 않는다고 에릭에게 부드럽게 설명해주었다.

수동공격적으로 바운더리를 설정할 때, 우리는 상대에게 간접적으로 얘기하거나 문제를 해결해줄 만한 위치에 있지 않은 누군가에게 말한다. 에릭은 자신이 바라는 아버지의 모습을 간접적으로 전달했다. 아버지가 그 힌트를 알아들을 거라고 믿었지만, 그는 전혀 눈치채지 못했다. 아버지에게 직접적으로 말하는 대신, 에릭은 오랫동안 자신의 우려를 애써 눈감고 아무 일도 없는 것처럼 행동했다.

이런 식으로 에릭은 수동공격적 행동을 했고, 자신이 진짜로 바라는 아버지의 모습을 분명하게 전달하지 않은 채 좌절했다.

당신이 말했는데 통하지 않은 4가지 이유

상담을 하면 수많은 내담자들이 자신은 바운더리를 분명히 전달했다고 말하는 경우가 많다. 상대방이 알아듣지 못한 것뿐이라며 속상해하고 답답해한다. 상대방이 알아듣지 못했다면 의사소통에 문제가 있지는 않았는지 생각해보라. 그리고 상대방에게 다시 분명하게 말하라.

✦ 속으로만 생각한다

"불편하게 내가 원하는 걸 어떻게 대놓고 말해. 그냥 속으로만 생각해야지."

수동적인 사람들은 사람들을 불편하게 만들지 않기 위해 자신의 욕구를 부정하고 무시한다. 남들이 자신의 욕구를 어떻게 받아들일지 두려운 나머지 수동적으로 의사소통을 한다(욕구를 표현하면 자신을 떠날지도 모른다고 생각한다). 결국 이들은 자신의 욕구 충족을 위해 아무것도 하지 않는다. 수동적 방법의 예를 더 살펴보자.

- 문제가 있어도 아무 말을 하지 않는다.
- 자신은 동의하지 않았지만 다른 사람이 하는 것을 그냥 두고 본다.
- 뭔가가 자신을 자극할 것 같으면 그냥 못 본 척한다.

상담을 하는 동안, 에릭이 아버지의 알코올 중독에 대해 어머니가 아무것도 하지 않고 있다는 점 때문에 좌절감에 빠졌다는 것을 느낄 수 있었다. 에릭은 어머니가 아버지에게 수동적으로 반응한다는 사실을 알았다. 어머니는 술에 취한 아버지를 못 본 척 봐주었고 자녀들도 자신과 똑같이 행동하길 바랐다. 가족들이 모여 있을 때, 어머니는 아버지의 발음이 불분명하고 행동이 공격적이어도 대화에 끌어들이려고 노력했다.

✧ 화가 나면 헐크로 변한다

"너 때문에 지금 내 기분이 어떤지 좀 봐."

위와 같은 말을 직접 내뱉거나 은연중에 암시한다면 공격적인 사람일 수 있다. 공격적인 의사소통은 자신이 원하는 바를 말로 하는 대신 혹독하고 강압적이며 부담스러운 말과 행동으로 상대를 공격하는 것이다.

공격적인 사람은 "너 때문에 지금 내가 얼마나 화가 났는지 좀 봐"라고 요구한다. 상대의 기분을 고려하지 않는다. 행동이나 모욕적인 말, 폭행을 통해 사람들에게 겁을 주는 것은 공격이나 마찬가지다. 공격적 방법의 예를 더 살펴보자.

- 자신의 주장을 관철하기 위해 남을 비하한다.
- 자신의 의견을 주장하기 위해 소리를 지르거나 욕설을 하거나 악담을 퍼붓는 등의 전략을 쓴다.
- 과거의 일로 수치심을 유발한다.
- 야비하고 비윤리적으로 군다(옳은 척하기 위해 '없는 사실'을 지어낸다).
- 고의로 싸움을 건다.
- 냉소적인 유머로 조롱한다. 예를 들면, "정말 뚱뚱하네! 아, 농담이야. 너무 예민하게 받아들이지 마."

에릭과는 대조적으로 형은 아버지에게 공격적이었고 대놓고 아버지를 주정뱅이라고 불렀다. 아이였을 때는 아버지에게 지지 않고 똑같이 소리를 질렀다. 어른이 되자 아버지와 아귀다툼을 벌였다. 예전 이야기를 끄집어내는 것도 아버지를 비하하는 형의 또 다른 방법이었다.

그런 공격성에 대해 에릭이 이야기를 나누려고 할 때마다 형은 "아버지 닮아 그런 걸 어떡하냐"라고 대꾸했다. 하지만 이제 아버지는 나이가 들면서 가끔 아들들을 부끄럽게 만들 뿐 전처럼 위협적이지는 않았다.

✦ 말보다 행동이 앞선다
"나는 느끼는 대로 행동할 거야. 하지만 내 느낌을 있는 그대로 인정하지는 않겠어."

수동공격적인 사람들은 이렇게 생각한다. 때로 수동공격적인 행동을 하는 사람들은 무의식적으로 그러기도 한다. 우리도 자신이 하는 행동의 이유를 항상 아는 것은 아니지 않은가.

내담자들을 만나오면서, 나는 사람들이 자신의 감정과 욕구를 전달하기 위해 가장 많이 쓰는 방법이 수동공격적 방법이라는 사실을 알게 되었다. 사람들이 자신의 수동공격적 행동을 설명할 때면 나는 "그러니까 원하는 게 뭔지 말로 하지 않고 그냥 행동으로 보여줬다는 거군요?"라고 묻곤 한다.

문제는, 우리가 하는 행동의 바탕에 깔린 욕구를 사람들이 짐작하지 못한다는 것이다. 사람들은 우리가 하는 행동의 의미가 무엇인지 모를 가능성이 크고, 심지어 다른 것을 이야기하려 한다고 생각할 수도 있다. 원하는 것이 있으면 간단하게 말로 표현하라!

수동공격성은 바운더리를 직접적으로 설정하기를 회피하는 방법이다. 대립을 피하고 싶은 나머지, 우리는 우리가 보여주는 간접적인 행동을 통해 상대가 자신이 무엇을 잘못하고 있는지 파악하고 그 행동을 스스로 바로잡기를 바란다. 하지만 아무렇지 않은 척하면서, 직접적으로 표현하지도 않으면서 자신이 원하는 것을 얻기는 힘들다. 그렇게 해서는 원하는 바를 영원히 충족할 수 없을 것이다. 간접적으로 표현하는 것은 효과가 없다. 오히려 타인과의 소통에서 좌절감과 당혹스러움만을 느끼게 될 뿐이다.

수동공격 방법의 예를 좀 더 살펴보도록 하자.

- 화난 것 같은데 화가 안 났다며 인정하려 들지 않는다.
- 현재 상황과 관련 없는 일을 거론하며 말로 공격한다.
- (종종) 알 수 없는 이유로 기분이 좋지 않다.
- 과거 일을 끄집어낸다.
- 문제점을 찾아내 불평을 늘어놓는다.
- 구태여 남에게 말하고 싶지 않은 일에 대해 소문을 내고 다닌다.

에릭은 대체로 수동공격적이었다. 아버지의 술버릇이 고약한 것에 대해 어머니를 안타깝게 생각했지만, 어릴 때 한 번 이유를 물어본 것 외에는 아버지한테 직접 그 문제를 거론한 적이 없었다. 에릭은 때로 아버지의 전화를 일부러 받지 않았지만, 아버지로서는 그것이 아들이 화가 나서라는 사실을 알 방도가 없었다. 그저 너무 바빠서 전화를 받지 못한다고 생각하기 쉬웠다. 에릭은 자신이 바운더리를 설정했다고 생각했지만, 아니었다.

◆ 다른 사람을 조종할 수 있다고 생각한다
다른 사람들을 조종하는 이들은 말이나 행동을 통해 상대에게 죄책감을 유발함으로써 자신이 원하는 대로 만들고자 한다.
"내가 원하는 걸 하도록 간접적으로 너를 설득하겠어."
"그들이 ___하도록 납득"시킨다거나 "그들을 ___하게" 만든다거나 "그들을 설득해 ___하게" 만들겠다는 말에서 '죄책감 유발'을 엿볼 수 있다.

사람들을 조종해서 성과를 얻는 일이 종종 있기도 하다. 많은 성인과 아이들이 자신이 원하는 것을 얻기 위해 조종이라는 방법을 활용한다. 상대가 줄 거라는 확신이 들 때까지 애원한다.

여기서 조종과 협상을 구분해야 한다. 협상은, 설사 부당한 조건이라 하더라도 양측 모두 협상의 대상임을 인지한다. 아이들의 경우 협상은 "학교 잘 다녀오면 간식 먹어도 돼요?"와 같은 식이고, 어른들의 경우에는 "내가 액션 영화 같이 봐주면 당신도 로맨틱 코미디 영화 같이 봐주기다?"와 같은 식으로 나타난다.

조종당하는 사람이 자신이 이용당한다는 사실을 모를 때가 많다. 조종하는 주체는 상대의 기분을 나쁘게 하려고 노력하기에 상대방은 혼란스러움을 느낀다. 보통 때 같으면 절대 동의하지 않았을 일에 응하게 되는 이유다. 조종의 예를 조금 더 살펴보자.

- 상대의 문제인데 오히려 당신의 문제처럼 느끼게 만든다(가스라이팅).
- 임박한 일에 다른 선택의 여지가 없다며 도움을 요청한다.
- 연민을 자아내려고 이야기를 들려준다.
- 도움을 끌어내기 위해 정말 중요한 내용은 생략하고 이야기한다.
- 상대를 기분 나쁘게 만들거나 상대의 행동을 바꾸려는 의도로 애정을 거둔다.
- 뭔가를 '해야만 하는' 이유로 둘의 관계를 든다. 예를 들면, "아내니까 당연히 당신이 요리해야지"라든지, "당신 어머니는 당연히 당신이 매일 찾아뵈어어죠"라는 식이다.

에릭의 아버지는 일터에서 스트레스를 많이 받고 있으며 음주가 유일한 스트레스 해소법이라고 말함으로써 아내를 조종했다. 어머니는 이렇게 말하곤 했다.

"아버지도 힘드실 거다. 일이 힘든 데다 워낙 예민하잖니."

에릭의 어머니는 남편에 대한 연민으로 그를 감쌌다.

눈치 보지 않고 단호하게 선 긋는 방법

"나는 내가 무엇을 원하는지 알아. 그리고 너한테 그걸 얘기할 거야."

단호한 사람은 이렇게 생각한다. 자신의 바운더리를 전달하는 가장 좋은 방법은 단호해지는 것이다. 앞서 언급한 그 모든 형태의 비효율적 소통 형태와는 다르게, 단호한 방법은 자신이 원하는 바를 정확하게 똑바로 전달하는 것이다.

단호한 방법에는 상대를 공격하지 않으면서 자신의 기분을 솔직하게 털어놓는 것도 포함된다. 단호한 사람은 상대에게 요구하지 않는다. 오히려 상대에게 자신의 말을 들어달라고 '명령'하는 것에 가깝다. 단호함의 예를 더 살펴보도록 하자.

- 원하지 않는 일이라면 그것이 무엇이든 거절한다.
- 상대의 행동이 자신에게 어떤 기분을 유발하는지 말한다.
- 자신이 경험한 것에 대해 솔직하게 표현한다.

- 문제를 인식하는 순간 곧바로 대응한다.
- 아무 상관없는 사람에게 간접적으로 말하는 대신 문제가 있는 당사자에게 직접적으로 말한다.
- 상대가 당신의 생각을 눈치채주기를 바라는 대신 자신의 기대치를 분명하게 밝힌다.

바운더리 문제를 해결하기 위해 노력한다는 것은 단호하게 대처할 수 있는 능력을 키우려고 노력한다는 것을 의미한다. 수동적으로, 공격적으로, 수동공격적으로, 조종을 통해서 상대를 대하지 말고 솔직하게 표현하라. 건강한 바운더리를 갖고 싶다면 단호해져야 한다.

단호해지기 위해서는 다음의 3가지 단계를 따르면 된다. 아주 쉽다(어쩌면 그렇게 쉽지 않을 수도 있지만 따라 할 만한 정도는 될 것이다).

내가 가장 좋아하는 영화는 줄리아 로버츠 주연의 〈귀여운 여인〉이다. 이 영화에서 그녀는 고객으로 만난 에드워드라는 사업가에게 푹 빠진 매춘부 비비안 역할을 맡았다. 리처드 기어가 연기한 에드워드는 매력이 철철 넘치는 독신남이고, 비비안은 의심이 많은 여자다. 주변 사람들은 둘의 사랑을 방해하려고 하지만 결국 영화는 해피엔딩으로 끝난다.

비비안은 에드워드가 자신보다 부자라는 사실에 위축되지 않는다. 자신이 세운 기준을 고수할 뿐이다. 내가 가장 좋아하는 대사는 "누구랑 언제 얼마에 할지는 내가 정해요"다. 그녀는 바운더리를 설정한 것이다. 또한 사람들이 자신의 바운더리를 지켜주지 않으면 그 상황을 벗어남으로써 스스로 바운더리를 존중한다.

✧ 1단계: 분명히 말하라

분명해져라. 최대한 솔직하라. 어조에 신경 써라. 소리를 지르거나 속삭이지 마라. 복잡한 단어나 특수 용어를 사용하면 사람들이 당신의 바운더리를 놓친다. 호흡을 깊게 하라. 정확하게 발음하라.

✧ 2단계: 돌리지 말고 직접 말하라

원하는 것이나 요청이 있으면 직접 말하라. 좋아하지 않는 것만 언급하지 말고 정말 원하는 것을 요구하라. 자신의 기대치를 확실히 인지하고, 기대에 맞지 않는 제의는 거절하라.

이제 몇 가지 사례를 통해 1단계와 2단계를 함께 살펴보자.

예를 들어 친구가 파티에 가자고 하지만 당신은 가고 싶지 않다.

"초대는 고맙지만 난 빠질게."

친구가 업무에 대한 불만을 얘기하는데 들어주다 보니 피곤하다.

"네 업무가 불만스럽다면 인사과나 근로자 지원 프로그램에 얘기해보는 건 어때?"

어머니가 당신에게 오빠의 새 여자친구에 대한 험담을 한다.

"이런 이야기하는 거 불편해요. 오빠가 좋다는데 그냥 좋게 봐주세요."

사귀는 사람이 당신의 체중이 늘었다고 자주 지적한다.
"체중 얘기하는 거 듣기 싫으니까 그만해."

에릭은 자신이 설정하고 싶은 바운더리를 파악하느라 힘든 시간을 보냈다. 가족 문제를 이야기하는 동안 그는 아버지뿐만 아니라 어머니나 형과의 사이에서도 바운더리 설정이 필요하다는 사실을 깨달았다. 제일 자주 대화를 나누는 사람인 어머니와의 바운더리부터 설정하기로 했다.

"제가 아버지 문제를 얘기하면, 아버지를 감싸지 말고 그냥 제 말을 들어주셨으면 좋겠어요"

가장 괴로운 문제부터 시작했다. 에릭은 어머니와 한계를 설정한 후 죄책감을 느꼈다. 앞으로 어머니를 대할 때마다 어색한 기분이 들 것 같다고 했다. 다행히도 다음 상담 때 에릭은 어머니와의 관계가 더 좋아졌다고 전했다.

에릭은 형과도 새로운 바운더리를 설정했다. "식구들이 모여 있을 때 제발 아버지랑 싸우지 마." 처음에 형은 자신이 공격적이라는 사실을 받아들이지 않았지만 결국 두 사람은 아버지의 음주 때문에 둘 다 안 좋은 영향을 받았다는 것을 인정했다. 에릭은 아버지와 무슨 대화를 나눌지 정리하려면 더 많은 시간이 필요하다는 사실을 알았다. 아마도 가장 힘든 대화가 될 것이었다.

✦ 3단계: 불편함을 감수하라

바운더리를 설정함으로써 생겨나는 불편한 감정을 다루는 일이 전 과정에서 가장 어려운 부분이다. 이것이 바운더리 설정을 회피하고 싶게 만드는 가장 큰 이유다. 바운더리 설정 이후 흔히 느끼는 감정에는 죄책감, 두려움, 슬픔, 후회, 어색함 등이 있다.

죄책감을 느낄 때

내가 가장 많이 듣는 질문은 "죄책감 없이 바운더리를 설정하는 방법은 없을까요?"다. 그런 방법은 없다. 죄책감은 바운더리 설정 과정의 일부다. 일반적으로 죄책감은 자신이 한 일이 '나쁘다'라는 생각에서 생겨난다. 자신이 원하는 것이나 바라는 것을 다른 사람들에게 말할 때 그렇게 느끼도록 프로그래밍된 것이다.

우리 중 많은 이들이 태어날 때부터 뭔가를 원하고 바라는 것에 죄책감을 느끼도록 키워졌다. 부모들은 양육하는 과정에서 바운더리를 무시하라고 가르친다. 의도치 않게 아이가 원하지 않는데도 누군가를 안으라고 강요할 때도 있다. 요구를 듣지 않았다고 해서 아이들에게 못됐다거나 나쁘다고 말하는 것은 조종의 일종이다. 이런 사소한 행동을 통해 아이들이 자신의 바운더리를 존중하고자 할 때 죄책감을 느끼도록 가르치는 것이다.

예를 들어 한 어른이 "안아줄래?"라고 묻자 아이가 "싫다"라고 대답한다. 어른이 "네가 안아주기 싫다고 하니까 너무 슬퍼지려고 하네"라고 말한다면 죄책감을 불러일으키려는 의도가 숨어 있는 것이다.

어떤 아이들은 눈앞에는 있되 소리 내지 말고 조용히 하라고 훈련받는다. 이 아이들은 원하는 것을 요구하거나 건강한 바운더리를 갖는 것이 무례한 일이라고 배운다. 어른들이 이런 케케묵은 생각을 버리지 못하면, 자신의 의사를 표현하는 아이들은 말썽꾸러기나 까다롭다는 말을 들을 수밖에 없게 된다.

결론은, 자신이 원하는 것을 요구해도 괜찮다는 것이다. 원하는 것을 말로 표현하는 일은 건강한 행동이다. 무례하게 굴지 않고도 우리는 충분히 자신을 변호할 수 있다.

죄책감은 바운더리를 설정하는 데 제약이 될 수 없다. 그냥 감정이다. 다른 감정들과 마찬가지로 죄책감 또한 생겨났다가 사라진다. 죄책감을 마치 전무후무한 끔찍한 것처럼 여기지 않도록 주의하라. 그저 복잡한 과정의 하나일 뿐, 경험 전체가 아니라 일부에 지나지 않는다는 사실을 받아들여라.

그렇다면 죄책감이 느껴질 때는 어떻게 해야 할까? 죄책감을 느끼되 그것에 집중하지 않으면 된다. 감정에 지나치게 몰입하면 괴로운 시간만 길어질 뿐이다. 죄책감을 느끼는 동안에도 우리는 계속 앞으로 나아갈 수 있다.

설렘은 누구나 겪지만 그 감정 때문에 모든 것을 중단하지는 않는다. 늘 하던 대로 지내면서 동시에 그런 감정을 느낀 것뿐이다. 마찬가지로 죄책감도 똑같이 살아가면 된다.

죄책감이 든다면 다음 문장을 떠올려보자.

- 바운더리를 갖는다는 건 좋은 일이다.

- 다른 사람들도 다 바운더리를 갖고 있고 그 바운더리를 존중받는다.

- 바운더리가 있는 관계가 건강한 관계다.

- 바운더리를 설정해서 관계가 망가진다면, 그 관계는 바운더리가 아니더라도 끝났을 것이다.

마지막으로, 혹시 죄책감 때문에 괴롭다면 마음에 드는 자기 돌봄 활동에 참여하거나 명상, 요가 같은 그라운딩 기법(grounding technique, 신체 감각에 집중하여 주위를 환기하고 마음을 진정시키는 방법—옮긴이)을 실행해보라.

두려움이 생길 때

두려움을 느낄 때 우리는 최악의 상황을 가정한다. 내담자들은 "내가 바운더리를 설정하겠다고 하면 다들 이상하게 행동할 것 같아요", "어색할 것 같아요", 또는 "바운더리를 설정하면 다시는 나한테 연락하지 않을 거예요"와 같은 말을 한다.

우리는 단호하게 바운더리를 내세울 때 다른 사람들이 어떻게 반응할지 알 도리가 없다. 과거에 바운더리를 설정하려는 것에 대해 분노하고 화를 낸 적이 있는 사람과의 한계 설정을 피하는 상황이라면 이해가 간다. 하지만 두려움 때문에 꼭 해야 할 일을 못 하는 상황이라면 자신을 한층 더 괴롭히는 것이다.

우리는 과연 자신이 가진 기대치를 다른 사람에게 적절하게 말할 수 있을지 걱정한다. 여기서 '적절'하게 말한다는 의미는 단호하게 자신이 원하는 것을 말할 수 있느냐 하는 것이다.

에릭은 아버지가 어떻게 반응할지 상황을 미리 그려보았다. 그는 아버지가 소리 지르고 욕설을 내뱉으며 주먹으로 벽을 치는 등 최악의 상황이 벌어질까봐 두려웠다. 누군가 아버지에게 바운더리를 강요한다는 것은 에릭에게는 생각도 할 수 없는 일이었다.

에릭은 어머니가 정한 집안의 규칙을 아버지가 따르고 있다는 사실만은 인정했다. 그것은 바로 신발은 현관에 벗어놓는 것과 집 안에서는 담배를 피우지 않는 것, 그리고 일요일에는 교회에 간다는 것이었다. 다만 아버지가 받아들인 이 규칙들을 에릭이 바운더리로 생각한 적이 없었을 뿐이다. 에릭은 아버지가 직장이나 사회적 상황, 그리고 가족들과 관련해서 지키는 다른 규칙들도 떠올렸다. 이런 깨달음을 통해 아버지가 스스로 원할 때는 얼마든지 규칙을 지킬 수 있는 사람이라는 점을 알게 되었다.

슬픔을 느낄 때

"저는 그저 좋은 사람이 되고 싶은 것뿐이에요."

나는 이 말을 정말 많이 듣는다. 우리는 바운더리를 설정하면 상대의 기분이 상할 거라 예상하고 슬픔을 느낀다. 사람들이 그 바운더리를 제대로 지키지 않을 거라고 상상하는 것이다. 하지만 이 또한 최악의 상황을 가정하는 사고방식의 하나다. 다시 말하지만, 명심해야 할 것은 우리는 다른 이들이 어떻게 느낄지 알 방도가 없다는 사실이다. 그러니 그들이 말할 때까지 기다려라.

때로는 굳이 직접 말하지 않아도 당신이 원하는 바를 '알아서' 맞춰주기를 바라기 때문에 슬픔을 느끼기도 한다. 만일 바운더리를 강요할 수밖에 없는 관계라면, 당신은 아마도 그 관계에서 제대로 대접받는다는 느낌이 없을 것이다. 자신의 감정에 관심을 가지고 잘 살펴라. 관계가 건강한지 아닌지 알 수 있는 방법이다.

후회할 때

"혹시 제가 잘못 말했나요?"

사람들은 자신이 너무 심하진 않았는지, 또는 상대를 완전히 소외시키지는 않았는지 걱정한다. 특히 바운더리에 대해 말한 직후에는 '지금 내가 무슨 말을 한 거지?'라고 생각할 수도 있다.

사실, 말로는 다 전달할 수 없다. 하지만 말하기 어렵더라도 밖으로 소리 내어 표현하면 파국에 이를 뻔한 관계를 위기에서 구하고 개선할 수 있다. 용기를 내서 바운더리를 말하자. 당신의 삶은 무한하게 긍정적으로 바뀔 것이다.

어색할 때

"상황이 이상해질 거예요"

이것 역시 흔히 하는 걱정이다. '그냥 평소처럼' 행동하라. 바운더리를 설정하면 나쁜 사람이 아니라 오히려 건강한 사람이 되는 것임을 명심하고 마음을 굳게 먹어라. 스스로 좋은 일을 했다는 것을 인정하라. 매일 상대에게 말을 걸었다면, 이제 하루를 건너뛰고 전화하라. 둘 사이의 분위기가 이상해질지도 모른다고 걱정하면 당신이 피하고 싶은 바로 그 불편한 어조가 튀어나올 것이다. 그러니 상대가 당신의 바운더리를 존중해주리라 믿고 그 믿음에 맞게 행동하라.

✧ 말하지 않으면 아무도 모른다

기존에 알고 지낸 관계일 때

- 한계 설정이 필요한 영역을 밝힌다.
- 자신이 원하는 바를 분명하게 말한다.
- 자신의 입장을 자세하게 설명하지 않는다.
- 자신이 정한 바운더리를 한결같이 고수한다.
- 필요하면 재차 요구사항을 밝힌다.

새로 알아가는 관계일 때

- 대화 중 자연스럽게 자신이 원하는 바를 말한다.
- 자신의 요구가 왜 지켜져야 하며, 이를 지키는 것이 얼마나 중요한 일인지 솔직하게 얘기한다.
- 자신이 기대하는 바를 명확하게 밝힌다.
- 상대가 당신의 바운더리를 처음 침해하는 순간 바로 반응한다.
- 요구사항을 다시 말한다.

181

까다로운 사람 상대하기

에릭은 아버지가 자신을 힘들게 할 거라고 확신했다. 아버지가 어떤 바운더리는 존중하기도 한다는 사실을 알게 되었지만, 여전히 아버지가 자신의 만만찮은 요구를 들어줄 거라고 확신하지는 못했다. 에릭은 아버지가 제발 술에 취했을 때는 전화를 걸지 말기를, 그리고 가족 행사 때는 취하지 않은 상태로 얌전히 있어주기를 바랐다. 기본적으로 에릭은 아버지의 음주 문제를 간과하고 싶지 않았다.

에릭은 가장 먼저 설정할 바운더리로 아버지에게 술을 마셨을 때는 전화하지 말라고 말하기로 했다. 그래서 아버지가 취한 상태로 전화할 때까지 기다렸다가 얘기를 꺼내는 게 좋겠다고 생각했다. 에릭은 실수하고 싶지 않았기 때문에 정확히 어떻게 말할지 묘안을 떠올려보았다. 그는 다음과 같이 말할 작정이었다.

"아버지가 술 취했을 때는 얘기 나누고 싶지 않아요. 술에 안 취했을 때 전화하시면 좋겠어요."

다음 주 상담 시간이 됐을 때, 에릭은 무슨 일이 일어났는지 이야기하고 싶어 안달이 난 상태였다. 그는 반쯤은 안도하고 반쯤은 좌절했다. 에릭이 바운더리를 입 밖에 내자마자 아버지는 방어적인 태도를 보이며 술에 취했다는 사실을 부인했다. 에릭을 거짓말쟁이라고 부르며 어떻게 감히 자신이 하는 일에 왈가왈부할 수 있느냐고 물었다. 그 폭발적인 반응을 본 에릭은 앞으로 어떻게 하면 좋을지 너무 혼란스러웠다.

이제부터 바운더리를 설정하려 할 때 흔히 직면하는 까다로운 반응을 살펴보자.

반발한다

당신이 바운더리를 언급했다는 사실 자체를 무시하고 계속 자신이 하고 싶은 대로 한다.

한계를 시험한다

이들은 회피하려 하거나 당신을 조종하려 하거나 도망치려 한다. 당신이 절대 눈치채지 못할 방식으로 그들이 원하는 대로 하려고 들 것이다.

합리화하고 미심쩍어한다

당신이 정한 바운더리의 이유와 그 타당성을 따져 묻는다.

방어적인 태도를 보인다

당신의 말이나 성격에 이의를 제기하거나 자신의 행동에는 아무 문제가 없다고 변명한다.

무시한다

당신과 더는 대화를 나누지 않는다. 이런 전략은 당신이 바운더리를 취소하기를 바랄 때 사용된다.

사람들이 이런 반응을 보여도 동요하지 말아야 한다. 까다로운 사람들과 바운더리를 설정할 때는 그들이 보일 반응에 어떻게 대처할지 미리 생각해두는 것도 좋은 방법이다. 예를 들어 누군가 당신의 바운더리를 침해한다면 다음과 같이 해볼 수 있다.

1. 단호하게 다시 말해준다.
2. 곧바로 침해 행동을 바로잡는다. 기회를 놓치고 나중에 말하는 일이 없도록, 바로 그 순간에 말한다.
3. 쉬운 일은 아니지만, 상대방의 행동이 당신이 원하는 바와 다르더라도 상대방이 그렇게 반응할 자격이 있음을 인정한다.
4. 개인적으로 기분 나쁘게 받아들이지 않겠다고 다짐한다. 상대방은 그저 자기가 하고 싶은 대로 할 뿐이다. 당신의 요구사항이 상대방에게 어렵고 불편할 수 있다.
5. 자신의 불편한 감정을 다스린다.

에릭은 아버지에게 이미 정한 바운더리를 계속 밀고 나가기로 했다. 그래서 다음번 아버지가 술에 취해 전화했을 때 이렇게 말했다. "술 드신 것 같은데, 다음에 통화해요." 그러고는 아버지가 뭐라고 대답도 하기 전에 곧바로 전화를 끊었다. 계속 그렇게 하자 아버지가 술에 취해 전화를 걸어오는 빈도가 줄어들었다. 자주는 아니지만 술에 취해 전화를 걸어올 때마다 에릭은 다시 한 번 자신의 바운더리를 말하고 전화를 끊었다.

✦ 좋은 말로 할 때 들어줘

사람들이 당신이 정한 바운더리에 적응할 시간을 주어라. 지금까지 특정한 문제 행동을 참아주고 있었는데 갑자기 바운더리를 설정했다면, 상대는 충격을 받을 가능성이 크다. 어쩌면 다음과 같은 말을 할지도 모른다.

"전에는 내가 술 마셔도 아무 문제 없었잖아."

"왜 갑자기 변한 거야?"

적응 기간에 당신은 자신의 바운더리에 대해 계속 반복해서 말할 필요가 있다. 그렇다고 입장을 구구절절 설명하지는 마라. 그저 신앙처럼 바운더리를 고수하라. 논쟁을 벌이고 싶지 않아서 또는 그렇게 대단한 일이 아니라서 슬그머니 침해가 벌어져도 묵인한다면, 모든 과정은 다시 원점으로 돌아가게 될 것이다. 바운더리를 설정하는 일은 당신에게도 상대에게도 처음 있는 일이다. 두 사람 모두 관계의 새로운 기준에 적응할 시간이 필요하다.

최고의 바운더리는 이해하기 쉬운 바운더리다. 바운더리를 전달할 때는 '내가 원하는 것은', '내가 필요한 것은', '내가 바라는 것은' 등 모든 문장을 '내가'로 시작하라. 그러면 진실한 자신의 모습을 확고하게 지킬 수 있을 것이다.

- "내가 원하는 것은, 내가 언제 결혼해서 아이를 가질 것인지 그만 묻는 거야."
- "내가 원하는 것은, 내 기분이 어떨지 네 마음대로 생각하지 말고 나한테 묻는 거야."
- "내가 필요한 것은, 정해진 시간에 맞춰 네가 내 생일 케이크를 받아오는 거야."
- "내가 필요한 것은, 찾아오기 전에 네가 전화 먼저 해주는 거야."
- "내가 바라는 것은, 네가 내 졸업식에 와주는 거야."
- "내가 바라는 것은, 내 차 돌려줄 때 연료를 꽉 채워달라는 거야."

✦ 말로 해서 안 되면 행동으로 보여주기

우리는 바운더리를 말로 표현하는 것이 어렵다고 생각한다. 하지만 그것을 고수하는 일이 훨씬 더 어렵다. 사람들은 당신의 행동에서 신호를 감지한다. 사람들에게 신발을 벗고 집 안으로 들어오라고 요구한다면, 당신도 신발을 벗어야 한다. 만일 당신이 신발을 벗지 않으면, 사람들은 당신의 바로 그 행동을 핑계로 바운더리를 지키지 않으려 할 것이다. 그러므로 사람들에게 요구하고자 하는 행동을 당신이 먼저 멋지게 선보여라.

바운더리를 고수할 때 생기는 또 하나의 문제는 사람들이 그것을 침해했을 때 어떻게 행동할 것인가 하는 일이다. 만일 아무것도 하지 않는다면 당신은 자신의 바운더리를 존중하지 않는 것이다.

첫 바운더리 설정을 경험한 후, 에릭은 마침내 아버지와 최후의 바운더리를 설정하기로 마음먹었다. 그리고 메모리얼 데이(Memorial Day, 미국의 전몰자 추도기념일로 전쟁에서 사망한 이들을 기리는 한국의 현충일과 비슷한 날이다―옮긴이)를 한 주 앞둔 어느 날 아버지에게 이렇게 말했다.

"집에서 바비큐 파티를 열 계획인데, 아버지가 술에 취하지 않은 상태로 오셨으면 좋겠어요. 술기운이 보이면 가시라고 할 거예요."

바운더리를 제대로 지키기 위해서 에릭은 어머니와 형에게도 아버지가 책임감 있게 행동할 수 있도록 도와달라고 부탁했다. 그런데 바비큐 파티 중에 에릭은 아버지가 맥주가 든 아이스박스 근처에 서 있는 모습을 보았다. 에릭은 걱정이 되어서 아버지에게 자신이 바라는 바를 다시 전했고 어쨌든 아버지는 아이스박스와 거리를 두었다.

자신이 원하는 바를 다시 말한다는 것이 쉬운 일은 아니었지만, 에릭은 가족들이 모인 자리에서 술을 마시지 않는 편이 아버지에게도 좋은 일이라고 느꼈다.

선 넘는 사람들에게 경고하기

습관적으로 바운더리를 침해하는 사람을 대하는 가장 효과적인 의사소통 방법은 무엇일까? 전부다. 모든 수단을 동원해 바운더리를 전달하라. 아마도 당신은 바운더리를 전달하는 가장 좋은 방법은 직접 대화하는 길이라고 알고 있을 것이다. 물론 좋은 방법이다. 하지만 문자 메시지나 전자우편을 통하는 것이 당신이 편안하게 느끼는 유일한 방법일 수도 있다.

이때 주의할 점은 직접 얼굴을 맞대고 대화를 나눌 때와 마찬가지로 너무 길고 상세하게 설명하거나 말을 빙빙 돌리지 말아야 한다는 것이다. 당신이 그 바운더리를 설정하게 된 이유나 얼마나 오랫동안 준비했는지 등을 설명하며 자세한 배후 사정을 늘어놓아서는 안 된다. 글이 분명하고 명료하지 못할수록 당신의 문자 메시지나 이메일은 결국 열띤 공방으로 변할 가능성이 크다.

직접 얘기하든 디지털 기술을 이용하든 늘 간단하고 직접적인 표현을 사용해서 분명하게 밝힌다는 원칙을 똑같이 적용하라.

✦ 이것만은 하지 마라

무슨 일이 있어도 절대 사과하지 마라

인스타그램에서 실시한 투표에서, 참여자의 67%가 사과하거나 변명하지 않고는 바운더리를 설정할 수 없을 것 같다고 응답했다. 하지만 바운더리를 설정하고 요구하는 것에 대해 사과할 필요는 없다. 사과를 하면, 당신의 기대치가 협상 가능한 수준이라는 느낌을 줄 수 있고, 당신 자신이 누군가에게 바운더리를 요구하는 것에 당당하지 못하다는 인상도 줄 수 있다. 또한 요구를 거절할 때도 사과의 말은 하지 마라.

다음과 같이 말하도록 노력하라.

- "초대는 고맙지만 참석하기 힘들 것 같아."
- "이번에는 못 도와주겠는데."
- "즐겁게 보내. 나는 못 갈 것 같아."

망설이지 마라

한 번이라도 사람들이 당신의 바운더리를 침해하고 대충 넘어가게 두지 마라. 그 한 번은 순식간에 두 번, 세 번, 네 번이 된다. 그러면 다시 처음부터 시작해야 할 것이다.

너무 많이 말하지 마라

당신의 바운더리가 누구에게, 무엇을, 언제, 어디서, 어떻게 하려는 것인지 사람들에게 일일이 말하지 마라. 물론 한두 가지 질문에 답할 수도 있다. 하지만 무슨 대답을 하든 되도록 간단하게 하라. 사람들은 어떻게든 당신의 마음을 돌릴 방법을 찾고 있다는 사실을 잊지 마라. 가능한 한 처음에 한 발언을 고수하도록 노력하라.

왜 자꾸 무시를 당할까

- 당신 스스로 자신의 바운더리를 잘 지키지 않는다.
- 단호한 말투로 말하지 않았다.
- 원하는 바나 기대치를 말하지 않았다.
- 바운더리가 가변적이다. 어떨 때는 진지하고 어떨 때는 느슨하다.
- 원하거나 바라는 것을 굳이 말하지 않아도 사람들이 알아서 바뀔 거라고 기대한다.
- 바운더리를 한 번 말했으면 충분하다고 생각한다.
- 바운더리를 설정한 것을 사과한다.
- 중요하니까 지켜달라고 말해놓고 정작 자신이 지키지 않는다.

다른 사람들이 당신의 바운더리를 지켜주길 바란다면, 당신이 먼저 자신의 바운더리를 존중해야 한다.

✧ 오늘도 누군가 선을 넘었을 때, 간단 해결 팁

팁 1: 즉시 대응하라

침해당한 바로 그 순간에 말하라. 가만히 있으면 그들의 말이나 행동을 그냥 용인하겠다는 인상을 준다. 반드시 심사숙고를 거치거나 완벽한 말이어야 할 필요는 없다. 그냥 간단하게 "그거 싫은데"라고 말해도 된다. 뭐라도 말하는 편이 아무 말도 하지 않는 것보다 낫다.

팁 2: 말로 전하라

당신의 바운더리를 꼭 말로 표현하라. 대화 중에 은근히 전달하는 방법도 있다. 예를 들면 "누가 전화도 하지 않고 찾아오면 싫더라"라고 말하는 것이다.

팁 3: 재차 표현하라

이미 말로 전달했음에도 불구하고 누군가가 당신의 바운더리를 침해한다면, 그 침해 때문에 당신이 어떤 기분이 드는지 상대에게 말하라. 그런 다음 당신이 원하는 바를 재차 말하라.

팁 4: 절대로 그냥 넘어가지 마라

사람들이 당신의 바운더리를 침해하고도 슬그머니 넘어가게 봐두지 마라. 한 번이라도 허용하면 안 된다.

이제 무엇을 어떻게 말할지에 대해 연습해보자. 앞에서 바운더리를 전달하는 5가지 유형에 대해 배웠다.

- 수동적 유형: 그냥 슬그머니 넘어가게 둔다.
- 공격적 유형: 경직되고 융통성 없이 자신이 원하는 바를 요구한다.
- 수동공격적 유형: 상대에게 자신이 원하는 바를 분명하게 표현하지 않고 화난 듯한 행동을 한다.
- 조종하는 유형: 강압적으로 자신이 원하는 바를 충족하려고 한다.
- 단호한 유형: 자신이 바라는 바를 명확하고 단호하게 전한다.

수첩이나 종이 한 장을 꺼내 다음의 질문에 답해보자.
자신에게 필요한 바운더리가 있는지 생각해보자.

- '내가 원하는 것', '내가 필요한 것', '내가 좋아하는 것' 또는 '내가 바라는 것'으로 시작하는 바운더리를 적어보자. 단 문장 안에 '왜냐하면'은 넣지 않도록 한다. 입장을 설명하지도, 사과하지도 마라. 사소한 것부터 시작해도 괜찮다. 무엇이든 가장 편안하게 공유할 만한 바운더리를 선택하라.

- 자신의 바운더리를 상대와 어떻게 공유하고 싶은가? 직접 만나서? 문자 메시지로? 아니면 전자메일로? 가장 편하고 적절하다고 여겨지는 방법을 선택하라.

- 팁 1을 다시 보라. 당신이 전할 말은 단호한가? 그렇다면 그대로 진행하라. 그렇지 않다면 당신의 기대치를 어떻게 표현할지 다시 생각해보라.

- 언제 바운더리를 공유하고 싶은지 결정하라. 지금인가, 아니면 다음에 상대가 당신의 바운더리를 침해할 때인가? 이번에도 역시 당신이 가장 편안하게 느끼는 때를 선택하면 된다.

- 바운더리를 공유한 후 느껴지는 불편한 감정을 다스려라. 그런 마음이 드는 즉시 명상이나 일기 쓰기, 산책 등 자신을 돌보는 일을 함으로써 마음을 가라앉혀라.

07

우물쭈물하지 않고
단호한 말하기

평온한 삶을 얻기 위해서는 바운더리,
즉 확고한 말과 행동으로 이루어진
여러 단계가 필요하다.

클로에는 어떤 일이든 오빠인 레이를 도와야 하는 자신의 처지가 점점 피곤하게 느껴졌다. 무엇보다도 클로에는 '아이'였다. 정작 도움을 받아야 할 사람은 클로에 자신이었다.

클로에는 오빠를 '시작부터 잘못된 어른아이'라고 생각했다. 그는 항상 전부인과 여자친구, 부모님, 클로에를 막론하고 누구에게든 의지했다. 사람을 조종하는 데도 능해서 늘 돈을 빌리고는 갚지 않았다. 언젠가 한 번은 오빠에게 빌려준 돈을 꼭 받아야 할 일이 있었다. 하지만 결국 못 받아서 어쩔 수 없이 클로에는 친구에게 돈을 빌려야 했다.

클로에는 오빠의 첫 부인인 올케는 물론 두 조카딸과도 매우 가까운 관계였다. 하지만 오빠는 이혼 과정에서 억지로 그들과 거리를 두게 했다. 계속 자신의 전처와 연락하면 다시는 말을 걸지 않겠다고 말한 것이다.

상담실에서 클로에는 자신이 얼마나 오빠와 '진정한' 관계를 맺고 싶었는지 얘기하며 울먹였다. 일방적으로 도와주는 관계가 아닌, 서로 도움을 주고받는 그런 관계를 원했다. 클로에는 오빠가 자기중심적이고 자기애가 강하다고 말했다. 그는 자신이 전처와 끔찍한 상사를 얼마나 증오하는지, 그리고 어머니가 얼마나 자기 신경을 건드리는지 토로했다. 클로에는 그렇게 토로하는 문제 대부분이 오빠 스스로의 탓임을 알면서도 그가 쏟아내는 불평을 들어주곤 했다.

클로에는 어릴 때 오빠를 왕자처럼 떠받들어준 어머니를 탓했다. 어른이 되어서도 어머니는 여전히 오빠를 가장 사랑했다. 오빠는 일이 자기 마음대로 되지 않을 때마다 있는 대로 성질을 부렸고, 어머니는 오빠의 요구를 다 들어주었다. 자신이 원하는 것을 클로에가 해주지 않으면 오빠는 어머니에게 일러바쳤다.

클로에는 오빠에게 이용당하는 것 같았고 감정적으로 진이 빠지는 기분이 들었다. 하지만 오빠가 전화를 걸어오면 거의 매번 거절하지 못했다. 몇 번쯤 안 받은 적도 있었지만, 그때마다 심한 죄책감이 들었다. 그럴 때면 어머니의 목소리도 들려오는 듯했다.

"그래도 네 오빠잖니."

클로에는 오빠에 대해 바운더리를 설정하려고 이렇게 말하곤 했다.

"돈 빌려주는 것은 이번이 마지막이야."

그럼에도 어머니가 그랬듯 역시나 다시 오빠에게 굴복했다. 조카들을 생각하니 걱정이 되었다. 오빠를 돕지 않는 것은 아이들이 궁핍하게 지내야 한다는 의미였다. 하지만 클로에는 오빠와 바운더리를 설정해야 한다는 사실을 알고 있었고, 그래서 나를 찾아왔다. 과거에 설정했던 바운더리는 왜 효과가 없었는지 이해가 되지 않았던 클로에는 심지어 오빠와 관계를 지속할 수 있을지도 미심쩍어했다.

클로에는 자신이 어머니에게 무슨 말을 하든 전부 오빠인 레이와 공유된다는 사실을 알고 있었다. 그래서 간접적으로라도 전해 듣기를 바라며 오빠 때문에 얼마나 힘든지 어머니에게 털어놓았다. 하지만 오빠가 그 말을 전해 들었는지는 알 수 없었다. 어머니는 그냥 이렇게만 말했다.

"클로에, 네가 어떻게 생각하든 가족은 가족이야."

클로에가 물었다. "내 가족을 좋아하지 않아도 괜찮은 건가요?" 클로에는 정말 끔찍한 기분을 느꼈고, 수년간 '착한' 여동생이 되려고 최선을 다했다. 하지만 이제 혼자서만 건강한 관계를 만들어나가려고 노력하는 데 지쳐버렸다.

이러지도 저러지도 않은 사이

✦ 건강한 관계를 흐리는 미꾸라지들

모호한 바운더리는 상대방에게 원하고 바라고 기대하는 것이 명확하지 않을 때 만들어진다. 우리는 자신이 원하는 것을 직접적으로 밝히는 대신 뒤에서 험담을 하거나 다른 사람들에게 얘기한다. 누가 물어보지도 않았는데 인간관계 조언을 하거나 자신의 가치관을 강요하면서 타인의 바운더리를 침해하기도 한다.

클로에는 오빠에 대한 바운더리를 간접적으로 설정하고 어머니에게 오빠의 험담을 하는 잘못을 저질렀다. 또한 오빠의 생활방식을 어머니 앞에서 지적한 적도 자주 있었다.

"아내랑 지내려면 돈이 더 있어야지."

"더 나은 직장을 구하면 나한테 도와달라고 안 해도 될 텐데."

어머니는 '어찌 되었든' 가족과 잘 지내야 한다고 말했지만, 클로에의 가치관과는 맞지 않았다. 이번 시간에 알아야 할 내용은 모호한 바운더리가 관계에 좋은 효과를 미치는 방법이 아니라는 사실이다.

모호한 바운더리의 유형은 다음과 같다.

험담하기

친해지기 위해 습관처럼 험담하는 경우가 있다. 특히 서로 잘 모르는 사람들과 만날 때 그렇다. 친한 사람에게 누군가를 비난하거나 개인 정보를 누설한다면 그것은 악의적이라고 할 수 있다. 누군가에게 불만을 품고 있을 때, 우리는 답답한 마음에 그 사람에게 하고 싶은 말을 다른 이에게 쏟아낸다. 그렇다고 그 말을 듣는 상대방이 문제를 해결해줄 수 있는 것은 아니다. 누군가의 개인 정보를 다른 사람에게 말하면서 우리는 수동공격적으로 그 사람의 평판을 해치는 셈이 된다.

다른 사람의 인생에 참견하기

내가 요청하든 그렇지 않았든 간에 타인에게 도움을 받으면 거기에 부대조건이 따라올 때가 있다. 그것은 바로 "어떻게 살아야 하는지 내가 알려주겠다"라는 식의 참견이다. 고민을 털어놓으면, "넌 ＿＿할 필요가 있어"라고 말해주는 것이 당신에게 도움이 된다고 생각하는 사람들이 있다. 이는 자녀에게 무엇을 하라 마라 하지 않는 것이 너무 힘들다는 부모와 열여덟 살이 넘은 성인 자녀 사이에서 가장 흔히 발생하는 바운더리 문제다. 누군가 고민을 털어놓을 때 조언을 하지 않고 듣기만 하는 것은 쉽지 않다. 하지만 그냥 들어주기만 하는 것이 가장 도움이 될 때가 많다.

다른 사람의 인생에 대해 이래라저래라 하는 것은 그들의 문제를 해결하는 데 전혀 도움이 되지 않는다. 성(sex)과 관계에 대한 문제를 주로 상담하는 케이트 켄필드(Kate Kenfield)는 이렇게 말한다.[6]

"내가 힘들어하고 있을 때 들은 말 중에 정말 마음에 드는 질문이 하나 있었습니다. 바로 '그냥 공감해줄까, 아니면 조언을 해줄까?'라는 질문이었어요."

우리는 고민을 털어놓는 사람이 무의식적으로 조언을 원한다고 생각하지만, 늘 그렇지는 않다. 생각해보면 고민하는 문제에 대한 해결책을 이미 알고 있지만, 실천할 수 없는 경우도 많다. 답답한 마음에 상대방에게 이야기를 털어놓고 싶을 뿐일 때가 인생에서 있기 마련이다. 최근 나는 인스타그램에서 이런 질문을 투표에 부쳤다.

"고민거리가 있을 때 당신은 상대방이 'A: 조언해주는 것' 또는 'B: 그냥 들어주는 것' 중에 무엇을 더 원하나요?"

응답자 4,000명 중에 70% 이상이 'B: 그냥 들어주는 것'이라고 응답했다. 바운더리 심리학과 일치하는 결과였다. 바운더리의 제일 기본은 섣부르게 조언하지 않고 가만히 들어주는 것이다. 또는 "내가 가만히 들어줬으면 좋겠니, 아니면 어떤 조언을 해줬으면 좋겠니?" 하고 의사를 물은 후 행동하는 것이다. 어떤 식으로 관여할지 선택할 기회를 주는 것은 당신에게 자신의 문제를 털어놓는 이들을 진정으로 돕는 감동적인 방법이다.

관계에 대해 왈가왈부하기

인간관계에서 어떤 것을 얼마나 참을 수 있는지는 사람마다 다르다. 만일 우리가 "나라면 ___했을 거야"라고 말한다면, 상대방에게 자신만의 바운더리를 스스로 결정할 기회를 뺏는 것이다. 다시 말하지만, 가만히 들어주는 것이 가장 좋은 방법이다.

자신의 가치관 강요하기

《말센스(We Need to Talk)》의 저자 셀레스트 헤들리(Celeste Headlee)는 이렇게 말한다.[7]

"제대로 된 대화를 하고 싶다면 때로 자기 생각은 문간에 두고 대화의 장에 들어가야 한다. 아무리 확고한 믿음이라도 그 믿음에 동의하지 않는 누군가의 말을 듣기 위해서는 잠시 옆으로 치워둬도 괜찮다. 상대방이 이야기를 끝마칠 때까지 당신의 믿음은 여전히 그 자리에 있을 테니 걱정하지 않아도 된다."

누구나 자신의 의견을 말할 권리가 있지만, 내 삶에 대해서는 다른 누구보다 나 자신의 의견이 가장 가치 있다.

✦ 모호한 바운더리 대처법

바운더리를 다시 표현하기

용기내서 겨우 바운더리를 말했는데 다시 말해야 하는 상황이 올 때, 우리는 당황하고 때로는 좌절하기도 한다. 이때 마음을 다스리고 처음 말했을 때와 똑같이 반복해보자. 분명하게 표현하고, 자신이 원하는 바를 말로 전달하며, 그 과정에서 생겨난 불편한 감정을 다스리는 것이다. 어떠한 침해도 구렁이 담 넘듯이 들어오도록 절대 허용하지 말자. 단 한 번이라도 그런 일을 허용하면 자신의 기대치를 진지하게 생각하고 있지 않다는 인상을 줄 수 있다. 번거롭겠지만 주위를 샅샅이 살피며 바운더리를 잘 지켜내보자.

클로에는 바운더리를 지키는 일이 어렵다는 것을 몸소 깨달았다. 그녀는 "도와주는 건 이번이 마지막이야"라고 말만 했을 뿐 결국에는 거절하지 못했다. 이번까지만이라고 하면서도 매번 사람들을 도와주었다. 다가올 결과가 무서워 자신의 바운더리를 존중하지 않은 것이다. 그녀는 오빠가 조카들을 못 만나게 할까봐 두려워했다. 물론 오빠가 그러겠다고 말한 적은 한 번도 없었다.

클로에와 나는 "도와줄 수 없어"처럼 좀 더 단순하게 바운더리를 표현하는 편이 훨씬 즉각적인 효과가 있을 거라고 결론지었다. 나는 설명을 하거나 앞으로 어떻게 하겠다는 약속 따위를 하지 말라고 클로에에게 조언했다. 그냥 간단하게 거절하면 될 일이었다.

대화 줄이기

6가지 바운더리 중 하나는 바로 시간 바운더리다. 상대방과 얼마나 자주 시간을 보낼 것인지는 당신이 선택할 문제다. 만나면 진이 빠지는 사람과 무한정 시간을 보낼 필요는 없다. 전화가 오면 받고, 문자 메시지에 답을 하고, 이메일에 답장을 해야 할 것 같겠지만, 꼭 안 해도 괜찮다. 누군가 "이사할 건데 좀 도와줄 수 있어?"와 같은 요구를 해왔을 때 내키지 않으면 거절해도 된다. 스스로 바운더리를 설정하지 않는 사람들에게는 우리가 먼저 바운더리를 설정하는 게 좋다.

클로에는 오빠와의 대화를 줄이기가 힘들 것 같았다. 어머니는 "오빠하고 얘기 좀 해봤니?"라고 묻곤 했다. 클로에가 아니라고 대답하면, 어머니는 재차 말했다. "잘 지내는지 오빠한테 전화 좀 해봐라." 어머니는 오빠와 연락하는 일을 클로에가 해야 할 일로 만들었다. 오빠와의 시간 바운더리 설정을 위해서는 어머니와도 바운더리를 설정해야 하는 상황이었다. 또한 클로에는 가족의 중요성에 대한 가치관을 어머니가 더는 강요하지 않기를 바랐다.

다행스럽게도 오빠와 바운더리를 설정하는 일은 생각보다 어렵지 않았다. 하루걸러 한 번 정도씩 전화하던 일을 그만두기만 하면 되었다. 클로에가 대부분 먼저 연락하곤 했기에 오빠는 처음에는 전혀 눈치채지 못했다. 반면 어머니와의 상황은 조금 힘들었다. 그만하라고 말했는데도 어머니는 계속해서 클로에에게 가족이 얼마나 중요한지를 강요했다. 클로에와 나는 어머니와의 대화를 정리하려면 다른 방법이 필요하다고 생각했다.

최후통첩하기

최후통첩은 정해놓은 결과에 자신을 맞추든지 아니면 무조건 따르든지 하라고 상대방에게 선택권을 주는 것이다. 물론 그 결과는 당신이 정해놓은 것이다. 최후통첩을 해놓고 당신이 스스로 지키지 않으면 그것은 위협에 불과하다. 당신 스스로도 지키지 못하는 걸 그 누가 따르려고 하겠는가. 위협을 존중하는 사람은 없다. 그렇지만 당신의 행동에 따라 사람들은 최후통첩을 존중할 수는 있다.

최후통첩은 통지한 다음 행동하는 것이다. 다음의 예시를 보자.

- 통지: "들르기 전에 전화해달라고 말했잖아. 다음에 또 연락 없이 오면, 그때는 문 안 열어줄 거야."
- 행동: 상대방이 바운더리를 침해하려고 들면 문을 열어주지 않는다.

- 통지: "내 사생활을 다른 사람들한테 말하고 다니지 않았으면 좋겠어. 계속 그런 식이면, 앞으로는 너에게 속마음은 이야기 못할 것 같아."
- 행동: 사생활을 지켜달라는 당신의 요청을 들어주지 않는 사람과 더는 개인적인 이야기를 나누지 않는다.

바운더리를 실행에 옮기고 유지하기 위한 도구로 최후통첩을 사용하면 괜찮은 방법이 될 수 있다. 위의 예시처럼 우리가 생각하는 합리적인 결과가 나올 수 있다. 단 당신이 정한 통지가 가혹하거나 위협적이라면 좋은 결과를 기대하기는 어려울 것이다.

최후통첩의 좋은 예

"7시 정각까지 외출 준비를 못 마치면 그냥 나 혼자 택시 타고 갈게."

"내 눈에 다시 한 번 술 마시는 모습이 보이면 다신 돈 안 빌려줄 거야."

"저녁에 뭐 먹고 싶은지 말 안 하면 내 마음대로 정한다."

최후통첩의 나쁜 예

"우리도 아이 같은 거 가져야지."

"친구들이랑 외출하면 이번 주 내내 당신하고 말 안 할 거야."

"오늘 야근을 못 하겠다면 자네가 신청한 휴가는 못 갈 줄 알게."

클로에와 나는 그녀가 계속 지켜나갈 수 있을 만한 최후통첩을 생각해내려 함께 고민했다. 클로에는 어머니와의 관계가 대체로 좋은 편이어서 그 관계를 끝내고 싶지 않아 했다. 다만 어머니가 제발 오빠 얘기를 멈춰주길 바랄 뿐이었다. 고민 끝에 클로에는 다음과 같이 말하기로 했다.

• 통지: "어머니, 가족이 중요하다는 얘기 그만하시라고 말씀드렸잖아
   요. 오빠가 잘 있는지 확인해보라는 것도요. 어머니로서 자식
   들 관계가 좋지 않은 모습을 지켜보는 일이 힘들다는 거 알아
   요. 하지만 제 바운더리를 지켜주시지 않으면, 어머니랑 대화
   를 그만두든지 주제를 바꾸든지 할 수밖에 없어요. 어머니를
   존경하지 않아서 이런 얘기를 하는 게 아니에요. 나 자신을 지

키고 싶어서 그런 거예요"
- 행동: 클로에는 어머니와의 대화 주제를 바꾸거나 대화를 끝냈다.

클로에는 죄책감이 들어 선뜻 태도를 바꾸기가 힘들었다. 그 불편한 마음을 다스리기 위해 일기를 쓰거나 정기적으로 상담을 받았고, 이야기를 들어줄 호의적인 사람을 찾거나 용기를 줄 긍정의 말을 활용했다.

- "가족 관계에서도 바운더리를 설정할 수 있다."
- "사람들과의 한계를 정하는 건 내 욕구를 충족할 수 있는 건강한 방법이다."
- "내가 기대를 표현하는 것은 자기 돌봄을 실천하는 나만의 방법이다."
- "건강한 관계라면 상대방은 내가 바라는 것을 존중해줄 것이다."
- "불편한 감정이 드는 것은 과정일 뿐이다."

결과적으로 관계를 끝내게 되는 경우처럼, 어떤 최후통첩은 더 어렵게 느껴진다. 누군가와의 관계를 끝내고 싶다면 먼저 흥분을 차분하게 가라앉히고 다음의 질문을 스스로에게 던져보자.

- 바운더리를 하나라도 설정한 적이 있는가?
- 상대방을 내 바운더리에 응하게 만들 방법은 없는가?
- 상대방은 내가 자신 때문에 어려움을 느낀다는 사실을 아는가?

- 도저히 어떻게 해볼 수가 없을 정도로 상처를 받았는가?
- 상대방은 관계를 되돌리기 위해 노력할 마음이 있는가?
- 이 관계에 건강한 측면이 있는가? 있다면 그것은 무엇인가?

그만하라고 말하기

닥터 수스(Dr. Seuss)의 책 《초록 달걀과 햄(Green Eggs and Ham)》은 샘이라는 작은 고양이가 주인공에게 초록 달걀과 햄을 먹어보라고 하는 내용이 90%를 차지한다. 주인공은 빙 돌려 말하며 자신이 그 음식에 관심이 없다고 표현한다. "저쪽에서도 먹고 싶지 않아. 어디에서도 먹고 싶지 않아"라고 말하는 식이다.

이 62쪽짜리 책에서, 주인공은 한 번도 "나한테 그만 물어봐"라고 하지 않는다. 매번 자신이 좋아하지 않는다고 분명히 말했는데도 자꾸 먹으라고 하는 것에 화를 낼 뿐이다. 세 살짜리 우리 애에게 이 책을 읽어주다가 문득 들었던 생각이 "그냥 '그만해'라고 하면 될 텐데 왜 안 하지?"였다. 그런데 56쪽 즈음에 가서는 주인공이 초록 달걀과 햄을 한입 먹어본다. 그러고는 그 맛에 푹 빠져 계속 먹겠다고 한다.

사람들은 당신도 이 주인공처럼 결국 굴복하리라 생각한다. 당신이 절대 굴복하지 않겠다고 분명하게 밝히지 않았기에, 그들은 계속 묻는다. "그만해"라는 말 한 마디면 반복해서 거절해야 하는 수고를 덜 수 있다. 그러니 솔직해져라. 당신은 거기에 관심 없다고 그들에게 확실히 말하라.

손절이냐 철벽 치기냐, 그것이 문제로다

자신이 바라는 바를 단순히 말로만 전달해서는 충분한 바운더리가 되지 못할 수 있다. 아니, 말로 표현하라고 해서 겨우 말 한마디 꺼내봤는데 말로 충분하지 않다니? 청천벽력 같은 소리로 들릴 것이다. 그렇지만 바운더리 설정은 상대방에 따라 다를 수 있다. 습관적으로 바운더리를 침해하는 사람들이라면 특히 더 그렇다. 건강한 바운더리를 위해서는 말과 함께 행동이 따라줘야 보다 효과적이다. 이미 바운더리를 설정했다면 그것을 강화할 일만 남았다. 좀만 더 힘을 내보자!

✦ 손절하기

절연은 건강하지 않은 관계를 그만 끝내는 것이다. 내 인스타그램에서 실시한 투표에서, '건강하지 않은 태도를 가진 사람이 건강하게 변할 리 없다'는 응답이 78%였다. 누군가 계속해서 당신의 바운더리를 침해한다면, 그와 절연하고 싶을 것이다. 상대방도 당신이 설정한 바운더리 때문에 당신과 절연하려 들 수 있다. 누가 먼저 시작했든, 절연은 다음과 같은 감정을 불러일으킨다.

- 안도감: "그 관계 때문에 받던 스트레스가 없어지니 훨씬 낫군."
- 후회: "__해달라고 하지 말았어야 했어."
- 죄책감: "일이 이렇게 된 건 다 내 탓이야."
- 분노: "이런 식으로 나오다니 믿을 수가 없군."
- 슬픔: "__가 그리워."

위의 감정들은 관계가 끝났을 때 느낄 수 있는 지극히 정상적이고 일반적인 반응이다. 절연에는 2가지 방식이 있다.

1. 왜 관계를 끝내려는지 상대방에게 분명히 밝힌다.
2. 관계를 그냥 둔 채 조용히 연락을 끊는다. 이렇게 연락을 끊는 것은 고의적인 행동으로 인연을 끊는 '소극적인' 방법이다.

절연은 좀 더 깊이 있게 자신을 돌보는 방법이 될 수 있다. 전혀 달라질 의향이 없는 사람과 계속 만나봤자 고통스러울 뿐이다.

✦ 철벽 치기

영화 〈굿 윌 헌팅〉에서 수학 천재로 나오는 윌은 어린 시절 받은 상처로 인해 세상에 마음을 열지 못한다. 윌은 사람들이 자신에 대해서 실망할까봐 두려워하고, 그 두려움은 남이 자신을 떠날까봐 무서워 오히려 자기한테서 떠나가게 만든다. 심지어 가장 사랑하는 연인조차 떠나보낸다. "너는 나와 함께할 마음도 없고 반품해버렸으면 하고 바라겠지"라는 대사에서 그의 상처가 얼마나 큰 것인지 짐작할 수 있다.

왜 다른 사람을 멀리하게 될까? 자신을 보호하려는 마음에서 상대방을 밀어내는 것이다. 이는 경직된 바운더리의 일종으로 모든 사람에게 똑같은 규칙이 적용된다. 자신의 바운더리에 아주 약간의 유연성만을 허용하면서 해로운 사물과 사람뿐만 아니라 긍정적인 사물과 사람까지 차단한다. 세상에 그 많은 좋은 존재들을 만날 기회를 놓쳐버리다니, 이 얼마나 안타까운 일인가!

벽을 쌓으면 자신을 보호할 수는 있겠지만, 기회를 잃어버려 성장할 수 있는 기회도 놓치게 된다. 벽은 단단하고 무분별하다. 물론 폭력적이거나 위험한 상황에서 자신을 보호하는 일은 중요하다. 그렇다고 꼭 벽을 쌓아야만 가능한 일은 아니다. 바운더리는 그때그때 다른 기준을 바탕으로 만들어져야 한다. 철벽을 치면 세상의 아름다운 것들을 마주할 기회를 놓치게 된다.

✧ 이제 상대방을 놓아주기

관계 개선을 위해 바운더리를 설정하고자 노력했지만 상대방이 계속 당신의 요구를 무시했다면 이제 절연을 고려해볼 때다. 물론 관계를 끊는다는 것은 그리 쉬운 일이 아니다. 따라서 절연의 과정에서 자신을 보호할 만한 건강한 계획을 마련해야 한다. 관계를 끝내다고 해서 당신이 갑자기 상대방을 신경 쓰지 않는 것은 어려울 수 있다. 이 계획은 그저 자기애와 자기 돌봄, 건강한 바운더리, 용기, 그리고 잘 살고 싶은 욕구의 표현일 뿐이다.

왜 관계를 끊는 것을 다들 어려워할까? 관계를 끝낸다는 것이 슬픔을 받아들이는 과정과 닮았기 때문이다. 따라서 우울과 분노, 혼란, 합의와 같은 감정의 단계를 겪을 수 있다. 궁극적으로는 타인을 바꿀 수는 없으며 자신은 관계 회복을 위해 할 만큼 했다는 걸 받아들이는 게 중요하다.

슬픔에서 벗어나는 마음챙김 목록

- 상실을 슬퍼하기(당신은 울거나, 화를 내거나, 슬퍼할 수 있다)
- 자기 연민에 빠지기(그것은 당신의 탓이 아니다)
- 철저한 자기 돌봄에 참여하기(매일, 자주)
- 자신이 어떤 사람인지 긍정하는 목록 만들기(나는 다정하다 등)
- 치명적인 관계를 통해 자신에 대해 무엇을 알게 되었는지 천천히 생각해보기
- 현재와 앞으로의 관계에서 드러내고 싶은 자신의 모습 결정하기
- 관계에서 부당하게 눈감고 넘어갔던 일들에 대해 자신을 용서하기
- 더 일찍 관계를 끝내지 못한 것에 대해 자신을 용서하기

사실, 사람들은 당신의 바운더리를 마음에 들어 하지 않을 수 있

다. 그에 대한 보복으로 다음과 같은 행동을 할 수도 있다.

- 당신과 절연한다.
- 침묵으로 일관한다.
- 당신을 조종해서 바운더리를 그만두게 하려고 한다.
- 심술궂게 군다.

위의 보복 중 하나라도 겪는다면, 당신의 바운더리가 직접적인 원인이 아니라는 것만은 기억하자. 당신은 잘못이 없다. 그 관계는 이미 건강하지 못한 상태였고, 당신의 바운더리는 다만 언제고 터졌을 문제를 수면 위로 올린 것뿐이다. 한계를 설정한다고 해서 건강한 관계에 지장이 생기는 것은 아니다.

바운더리를 상대방과 공유하려고 했다가 괜히 관계가 끝나버릴까봐 겁이 날 수도 있다. 많은 내담자들이 이 문제를 가장 걱정한다. 이런 때일수록 최악의 시나리오에 초점을 맞추지 마라. 상대방이 비록 전에는 까다롭게 굴었어도 이번에는 당신의 요구를 존중해줄 수도 있다는 가능성에 집중해보자.

바운더리는 처음이라

이해하기 쉽게 만들어라! 이것이 바운더리 설정의 첫걸음이다. 무엇이든 처음에 제대로 배우는 게 중요하다는 말이 있지 않은가? 처음부터 용기를 갖고 부딪쳐보는 것이다. 명확하고 단도직입적이며 요점에서 벗어나지 않도록 처음 세운 계획을 고수해보라. 그러면 사람들이 어떻게 반응하든 많은 문제 해결에 도움이 될 것이다.

상대방을 오래도록 만나기 위해 바운더리가 필요한 것이라고 말하는 게 도움이 될 수도 있다. 바운더리를 설정하는 것이 양측 모두에게 도움이 된다는 사실을 알려보자. 서로 도움이 되고 오래도록 만날 수 있다면 상대방도 갑작스럽게 들렸던 바운더리에 대한 거부감이 사라질 것이다. 다시 말하지만, 바운더리는 대적해야 할 대상이 아니라 우리 모두에게 도움을 주는 존재다.

우선, 클로에는 죄책감이 들기도 하고 조카들과의 관계가 어그러지는 것도 원하지 않았기에 오빠에게 설정해놓은 바운더리를 제대로 지키지 않았다. 이렇게 자신도 지키지 않는 바운더리라면 상대방도 지켜줄 리 만무하다. 클로에는 자신의 바운더리를 고수하지 못했으며, 실행에 옮기지도 못할 최후통첩을 남발했다. 이렇게 행동하니 클로에의 오빠는 동생의 요구를 들어주지 않아도 둘 사이에 아무 문제가 없다는 사실을 알았다.

그녀는 다만 오빠가 알아서 잘 이해해주기를 바랐다. '알아서' 누군가 해주리라는 것은 안일한 생각이다. 모두가 '알아서', '잘' 해주었으면 수많은 사람들이 상담소를 찾아오지도 않았을 것이다.

오빠와의 문제를 해결할 수 있는 유일한 방법은 '일관성'을 유지하는 것뿐이었다. 자신의 바운더리를 존중함으로써 클로에는 오빠와의 관계를 어렵게 만드는 문제들을 끝낼 수 있었다. 클로에는 오빠를 대할 때 고수할 한계를 다음과 같이 정리했다.

- 바운더리: 감정적으로 지치게 만드는 대화를 피하라.
- 행동단계: 1. 얘기 나누기에 좋은 시간이 아니면 전화를 받지 않는다.

   2. 5~10분 정도로 대화 시간을 한정한다.

   3. 자기 얘기를 더 많이 한다.

   4. 해결 방안을 제시하지 않는다. 그냥 듣는다.

- 바운더리: 1년에 한 번 이상은 오빠에게 돈을 빌려주지 않는다.
- 행동단계: 1. 오빠가 돈 이야기를 꺼내도 도와달라고 할 때까지는 먼저 도와주겠다고 말하지 않는다.

   2. 직접 도와주기보다는 도움이 될 만한 것을 제안한다.

3. 거절한다. 만일 오빠가 죄책감을 자극하려 하면 이렇게 말한다. "나는 내 바운더리를 지키려고 하는데 오빠는 지금 나한테 죄책감을 유발하고 있어."

4. 개인적으로 재무 계획을 마련해서 오빠가 빌려달라고 할 만한 여윳돈이 없게 한다.

바운더리를 지키겠다고 말로만 하지 말고 진짜로 지킬 수밖게 없게 만드는 현실적인 행동 계획을 세워보자. 자신의 바운더리를 고수한다는 것은 새로운 습관을 만드는 것을 의미한다.《아주 작은 습관의 힘》에서, 제임스 클리어(James Clear)는 큰 결과를 가져올 작은 변화를 만드는 것이 중요하다고 이야기한다.[8]

"모든 위대한 일은 사소한 것에서 시작된다. 모든 습관의 씨앗은 아주 사소한 하나의 결심이다. 그 결심이 반복되면 하나의 습관이 싹트고 점점 튼튼하게 자라나 견고하게 뿌리를 내리고 가지를 뻗는다. 나쁜 습관을 깨부수는 일은 내면에 뿌리박은 튼튼한 참나무를 뿌리째 뽑는 것과 같다. 그리고 좋은 습관을 새로 만드는 일은 여린 꽃을 매일 한 송이씩 심는 것과 같다."

그러니 작게 시작하라. 당신은 아직 거절할 마음의 준비가 되어 있지 않을 수도 있다. 어쩌면 부탁의 절반 정도나 제일 괴로운 일 하나 정도만 거절하기로 마음먹을 수도 있다. 하룻밤 사이에 사람들이 당신의 바운더리를 알아채고 지켜주는 일은 생기지 않는다. 오랜 시간에 걸쳐 자신이 기대하는 바를 반복해서 말하다보면 당신도 훨씬 자연스러워지고, 사람들도 인지하게 될 것이다.

또한 당신 스스로 자신이 '바운더리를 잘 갖춘 사람'이라고 생각해보자. 더 이상 바운더리를 설정할 수 없는 당신은 없다. 물론 처음에는 잘 안될 수도 있다. 하지만 '자신이 어떤 사람인지 말할 수 있는 사람은 자신뿐'이다. 자신이 원하는 모습을 스스로 확신하면 사고방식이 바뀌고, 그렇게 바뀐 사고방식을 통해 당신은 끊임없이 자신의 바운더리를 충족하기 위한 변화를 만들어낼 수 있게 된다.

✦ 제대로 전달되었는지 확인하라

당신의 말을 못 들은 척하는 사람들에게 다음과 같이 말하자.

- "내가 한 말 이해해?"
- "내가 한 말 다시 말해볼 수 있어?"
- "분명하게 전달되었는지 확인하기 위해서 내가 한 말에 대해 확실히 대답해주면 좋겠다."

부모와 교사는 항상 "내가 뭐라고 말했지?"라는 질문을 통해 확인한다. 마무리 검증은 자신의 말이 제대로 전달되었는지를 확인하는 중요한 단계다. 상대방이 주의 깊게 듣는 것까지 어떻게 할 수는 없지만, 최소한 당신의 바운더리에 대해 못 들었다거나 이해하지 못했다는 대답은 못 하게 막을 수 있다.

✦ 우리는 서로 다르다

사샤와 토니는 사귄 지 2년째에 접어들면서 양가 가족 문제로 격한 언쟁을 벌였다. 토니는 사샤의 어머니가 무례하고 고압적이라고 생각했고, 힘겨루기 끝에 그녀와 일정한 거리를 유지하겠다고 결심했다. 사샤는 가족 지향적이었고, 사귀는 사람이 자신의 가족과 친밀하게 지내기를 바랐다. 때때로 어머니가 고압적이라는 것은 알았지만, 사샤는 어머니를 있는 그대로 받아들였고 그 태도를 굳이 지적해야 할 필요도 없다고 생각했다.

자신이 원하는 것과 상대방이 원하는 것이 정확히 대치하는 경우가 있을 수 있다. 예를 들어 사샤는 토니가 그녀의 어머니와 친하게 지내길 원했고, 토니는 거리를 두고 싶어 했다. 이런 경우에는 자기 자신에게 질문을 해보는 것이 좋다.

- 서로의 바운더리를 절충해서 둘 다 충족할 방법은 없을까?
- 두 사람의 바운더리 중 어느 하나라도 관계에 부정적인 영향을 끼치는 것이 있는가? 그렇다면 어떤 방식으로 영향을 미치는가?
- 당신에게 한계를 설정하는 누군가에게 보복하기 위해 바운더리를 설정하고 있지는 않은가?
- 자신의 욕구가 충족되었음을 확인하기 위해 무엇이 하고 싶은가?

사샤의 입장에서 타협안은, 사귀는 사람이 어머니에게 다정하게 굴 수는 있어도 진심으로 친밀할 수는 없다는 사실을 받아들이는 것이었다. 토니의 입장에서 타협안은, 자기 자신을 지키기 위해 사샤의 어머니와는 제한적으로 시간을 보내는 것이었다. 사샤는 이 타협안을 받아들일 수 없었고, 결국 두 사람은 각자의 길을 가기로 했다.

사랑하는 사람이 당신의 가족 관계에 늘 동의할 수는 없다. 두 사람의 바운더리가 서로 충돌할 때는 솔직한 대화를 통해 가능한 합의를 이루는 과정이 꼭 필요하다. 한 사람이 일방적으로 많은 부분을 포기하기보다는 양측이 서로 조금씩 양보하는 것이 이상적이다. 어쩌면 토니는 사샤 어머니와의 관계를 발전시키고 자신이 기대하는 바를 사샤 어머니에게 직접적으로 말해볼 수도 있었다. 아니면 사샤가 어머니에게 토니의 태도를 바꾸도록 설득해보겠다고 이야기할 수도 있었을 것이다.

이럴 때 양측은 서로 각자의 바운더리를 유지하기로 합의하고 상대방의 입장을 받아들여야 한다.

이번 장에서는 자신이 바라는 바를 분명하게 밝히지 않을 때 일어날 수 있는 문제들을 살펴보았다. 최후통첩은 관계 문제에서 부정적인 방법으로 여겨지는 것이 일반적이지만, 이 책에서는 이점을 얻는 방법의 하나로 제시되었다. 또한 많은 사람들이 바운더리가 벽이라고 착각하는데, 바운더리는 벽이 아님을 다시 한 번 말하고 싶다. 벽은 사람들을 차단하지만, 바운더리는 관계를 유지하는 방법을 알려준다. 바운더리를 설정하는 과정을 처음에 잘 이해하지 못했다면, 여러 번 다시 시도하면 된다.

오늘의 질문

수첩이나 종이 한 장을 꺼내 다음의 문항을 완성해보자.

- 수직으로 선을 2개 그어 세로칸을 3개 만든다.
- 첫 번째 칸에는 당신이 충족하고 싶은 바운더리를 적는다. 앞서 제시된 연습문제 중에 하나를 활용해도 좋다.
- 두 번째 칸에는 당신의 바운더리를 실행하고 지속하는 데 도움이 되는 행동 2가지를 적는다.
- 세 번째 칸에는 자신의 바운더리가 존중되지 않을 경우 내릴 수 있는 결론을 적는다.
- 바운더리를 실행에 옮기고 지속해나가고자 할 때 이 행동 계획을 정신적 지침으로 활용한다.

08

바운더리를 한정 짓는
상처를 치유하는 법

건강한 바운더리를 통해
과거의 굴레에서 벗어나라.

아무도 그녀를 원하지 않았다. 그래서 그녀는 사람들을 필요로 하지 않고 살아가는 법을 배웠다. 생후 겨우 한 달, 앰버는 친할머니에게 보내졌다. 열 살이 될 때까지 앰버는 각각 아버지, 친할머니, 그리고 고모와 살았다. 세 가정은 규칙도 다 달랐다.

그러다 열 살이 되었을 때, 어머니가 그녀의 인생으로 다시 들어왔다. 앰버는 어머니의 집으로 들어가 열일곱 살이 될 때까지 그곳에 머물렀다. 지옥이었다.

앰버의 어머니는 쓰레기 같은 남자들만 여럿을 사귀었고, 공과금을 제때 내지 않았다. 이는 때때로 그 쓰레기 같은 남자친구 중 하나와 같이 살아야 한다는 사실을 의미했다. 열 살 때부터 열두 살이 될 때까지, 앰버는 알코올 중독자인 당시 어머니의 남자친구에게 성폭행을 당했다. 열다섯 살이 되었을 때는 어머니의 또 다른 남자친구로부터 어머니를 보호하려다 몸싸움에 휘말렸다.

열일곱 살이 되었을 때, 앰버는 혼자 이사를 나왔다. 누구에게도 짐이 되고 싶지 않았기 때문에 아무에게, 아무 도움도 요청하지 않고 스스로 자신을 돌보기로 했다. 누군가 자신을 위해 무엇을 해주리라고는 기대하지 않았다.

서른두 살이 되었을 때, 앰버는 완전히 독립했다. MBA 학위를 취득했고, 원하던 직업을 가졌다. 하지만 직업적으로는 성공했을지 몰라도 연애 관계는 아니었다. 누군가를 사귈 때마다 상대방은 그녀의 바쁜 일상에 어떻게 적응해야 할지 곤란해했다. 앰버는 교제 관계를 원했지만 누군가가 '필요'하지는 않았다. 만나는 사람이 있어도 가족에게 절대 소개하지 않았고, 상대의 가족을 만나는 데도 관심이 없었다. 앰버는 사람들이 왜 그렇게 '집착'하는지 이해할 수 없었다. 그래서 앰버는 너무 진지한 사이가 되기 전에 불쑥 관계를 끊어내곤 했다.

그러다 3년 전부터는 아예 누구를 만나는 것 자체를 그만두었다. 앰버는 '나는 혼자 있어야 하는 사람'인 것 같다고 믿었다. 그녀는 거리를 두다가 갑자기 연락을 끊고 잠적하기도 하고, 아예 관계를 받아들이지 않는 방식으로 남들과 떨어져 지내기도 했다. 가끔 부모와 연락을 하기는 했지만 자주는 아니었고, 아버지에게는 대개 공휴일이나 생일에만 연락했다. 어머니는 예전 남자친구들보다는 조금 덜 쓰레기 같은 남자와 재혼했다. 그리고 딸과 가깝게 지내고 싶어 했다. 자주 전화하며 만날 약속을 잡았다.

앰버는 어머니를 사랑하기는 했지만 신뢰하지는 않았다. 무엇보다 대부분의 어린 시절 동안 자신을 돌봐주지 않았던 어머니인데, 이제 와 모든 것이 괜찮은 척 지낼 수는 없었다.

앰버는 또한 어떤 상황에든 카멜레온처럼 적응하는 경지에 이르렀다. 직장에서는 리더이자 협동적인 사람이었다. 하지만 32년간 '이 모든 일을 훌륭히 해낸' 앰버에게 정서적 위기가 찾아왔다. 전에는 전혀 힘들어하지 않았던 일에 대해 한탄했고, 어머니와 대화하며 짜증을 내는 경우도 잦아졌다. 과거에는 대체로 행복한 척할 수 있었지만, 최근에는 어린 시절 생각에 사로잡혀 정신이 딴 데 가 있을 때가 많아졌다.

아버지가 사망한 후 앰버는 나를 찾아왔다. 그의 죽음에 왜 이토록 화가 나는지 모르겠다고 그녀는 말했다. 아버지와 친한 사이였던 것도 아니었다. 하지만 앰버는 격한 분노를 느꼈다. 어린 시절의 트라우마가 갑자기 한꺼번에 다시 수면 위로 올라오는 듯했다. 앰버는 어머니에게 버림받았던 일에 대해, 자신이 감내해야 했던 학대에 대해, 그리고 여러 가족과 살았지만 어디서도 진짜 집 같은 느낌은 받을 수 없었던 기억에 대해 떠올렸다.

트라우마는 연속적이다

어린 시절의 트라우마는 성장뿐만 아니라 바운더리를 설정하고 존중하는 능력에도 악영향을 준다. 아동기에 트라우마를 일으킬 수 있는 원인에는 성적 학대, 신체적 학대, 정서적 학대와 방임이 포함된다. 이에 대해 조금 더 알아보자.

ACE(Adverse Childhood Experiences, 부정적 아동기 경험) 조사 연구는 아동기의 충격적인 경험이 미치는 영향에 대해 알아보기 위해 시작되었다. 학대와 방임, 아동기 역기능 영역의 트라우마가 조사 대상이다. ACE 연구에서 다루는 영역은 다음과 같다.

- 학대: 신체적 학대, 성적 학대, 정서적 학대
- 방임: 신체적 방임, 정서적 방임
- 역기능 가정: 정신 질환, 수감 중인 친척, 약물 남용, 폭력 가정, 부모의 이혼(거주지의 잦은 변동도 트라우마를 일으킬 수 있다)

ACE 지수가 높은, 즉 어떤 항목이든 4가지 이상 해당하는 사람들은 건강 문제나 인간관계 문제, 그리고 불안, 좌절 같은 정신건강 문제에 더 취약하다. 앰버의 ACE 지수는 8점이었다. 겉으로 잘 살아가는 것처럼 보였지만, 내적으로는 슬프고 외로웠다. 그런 와중에 아버지까지 사망한 상태였다. 그녀는 그저 '기분이 나아지기만을' 바랐다. 과거의 기억에 파묻혀 있기도 싫었고 아버지의 죽음에 대해 분노를 느끼고 싶지도 않았다.

내가 바운더리에 대해 언급했을 때, 앰버는 바운더리가 자신의 인생과 무슨 상관인지 전혀 이해하지 못했다. 나는 그녀의 감정 상태가 어린 시절의 트라우마와 어떻게 연관되어 있는지를 연결해 생각하게끔 도와주었다. 앰버는 점차 자신이 경직된 바운더리를 설정해 사람들을 차단해왔음을 인지했다.

앰버는 사람들과 친밀해지는 것이 두려웠다. 자신이 슬픔이나 당혹스러움 같은 감정에 약하다고 느꼈고, 남들이 그런 사실을 알게 되는 것이 싫었다. 아버지가 사망했을 때도 그녀는 괜찮지 않았지만 안부를 물어오는 사람들에게 괜찮다고 대답했다. 그녀는 소리 없이 고통스러워했다. 그렇게 속으로 감정을 눌러 참다가 모든 감정이 한꺼번에 터져나오고 있었다.

수개월 동안 앰버는 상담 치료를 거부했다. 상담하러 왔다가도 취소하기를 반복했다. 기분이 나아지려면 치료를 받아야 한다는 생각 자체를 증오했다. 그러던 어느 날, 나는 그녀에게 치료가 "필요치 않다"라고 말했다. 어쩌면 그저 기분이 나아지기만 하면 해결될 일이고, 상담은 그냥 그 과정의 하나일 뿐이었다.

✦ 트라우마와 바운더리 침해

중독과 관련한 훈련 프로그램을 운영하는 클라우디아 블랙 (Claudia Black)의 연구에 따르면, 트라우마를 경험할 때 가장 흔히 발생하는 바운더리 침해는 3가지 유형이 있다.[9] 바로 신체적, 성적, 감정적 바운더리 침해다.

신체적인 선을 넘었을 때

- 부적절한 접촉을 한다.
- 급작스럽게 애성을 거둔다.
- 자신의 몸을 보살피는 방법을 가르치지 않는다.
- 사생활을 허락하지 않는다.
- 계절이나 상황에 맞는 적절한 옷을 주지 않는다.
- 때리거나 밀거나 꼬집거나 밀친다.
- 일기를 몰래 읽거나 개인 물품을 뒤진다.

성적인 선을 넘었을 때

- 성적인 농담이나 희롱을 한다.
- 성인 잡지나 포르노 등 성인용품에 노출한다.
- 사람들을 성별 또는 성적 성향을 이유로 비하한다.
- 성장기의 신체 변화에 대해 적절한 정보를 제공하지 않는다.

- 폭력적 또는 강압적인 성행위.

- 모든 형태의 성적 학대.

- 상대방이 성행위 거부 의사를 밝혔음에도 무시한다.

- 피임 기구를 사용하고 싶다는 정당한 요구를 받아들이지 않는다.

감정적인 선을 넘었을 때

- 상대방의 감정을 일축한다.

- 지속적으로 소리를 지른다.

- 특정한 기분을 느끼거나 어떤 생각을 하도록 강요한다.

- 상대방이 느끼는 기분이 적절하지 않다고 비난한다.

- 스스로 보살피는 방법을 가르쳐주지 않는다.

- 부모의 다툼에 해결사 노릇을 하게 시킨다.

- 적절한 기대를 주지 않는다.

- 가스라이팅(상대방이 잘못하지 않은 일에 비난을 가하는 일).

- 상대방이 의견을 표현하지 못하게 막는다.

- 조롱한다.

- 대놓고 "네 감정은 중요하지 않아"라며 폭언을 한다.

이처럼 어릴 때부터 학대나 방임을 경험한 사람은 성인이 되어
도 건강한 삶을 이어가는 데 어려움을 겪는다. 나에게도 이와 같은
문제가 없는지 살펴보자.

- 내가 도와줄 방법이 없는데도 어려운 사람들을 도우려고 한다.

- 쉬지 않고 일을 한다(바쁜 것과 성공을 동일시한다).

- 갚지 않을 것이 뻔한 사람에게 돈을 빌려준다.

- 사랑받고 싶은 마음에 과도하게 사생활을 공유한다.

- 감정을 잘 조절하지 못한다.

- 사람들의 비위를 맞추려고 노력한다.

- 갈등에 두려움을 느낀다.

- 자존감이 낮다.

- 관계에 얽매인다.

- 다른 사람의 조언 없이는 결정을 내리지 못한다.

✦ 누구나 트라우마에서 벗어나고 싶다

학대는 어린아이에게만 해당하는 것이 아니다. 성인도 대상이 된다. 성인이 되어도 가정 폭력이 자행되는 관계에는 반복되는 바운더리 침해가 존재한다. 성인이 언어적 폭력과 감정적 폭력, 방임을 겪는 경우 그들의 바운더리 또한 침해받을 가능성이 크다.

트라우마에 따른 바운더리 침해는 아동기든 성인기든 건강한 애착을 형성하는 능력을 저해한다. 바운더리에 악영향을 끼치는 건강하지 못한 애착은 다음의 2가지 유형으로 나눌 수 있다.

불안형 애착

- 끊임없이 확인하려 든다.

- 자기 파괴적 행동을 한다.
- 관계를 끊겠다고 계속 위협한다.
- 상대방이 관계에 얼마나 헌신적인가를 놓고 자주 언쟁을 벌인다.
- 종종 사소한 문제로 헤어진다.
- 위협적으로 느껴진다는 이유로 행동과 의도를 끈질기게 의심한다.
- 관계가 끝날까봐 아무것도 못 할 정도로 두려움을 느낀다.
- 친밀해지기를 바라면서도 사람들이 다가오는 것을 거부한다.
- 도움을 구하고 주의를 끄는 행동을 보인다.
- 혼자 있는 것을 불편해한다.

회피형 애착

- 관계에 문제가 있음을 정당화하기 위해 끊임없이 이유를 찾는다.
- 관계의 부정적 측면에 과도하게 집중한다.
- 관계에서 벗어나려는 생각에 사로잡힌다.
- 자기 노출을 힘들어한다.
- 자율성을 잃을까봐 끊임없이 걱정한다.
- "괜찮은 사람이 하나도 없어"라고 생각한다.
- 자주 연락하는 것을 '집착'한다고 느낄 때가 많다.

건강하지 않은 애착 유형에 속하는 사람들은 거의 경직된 바운더리를 가지고 있다. 반면에 불안형 애착을 가진 사람들은 허술한 바운더리를 가진 것이 특징이다. 안정형 애착에는 건강한 바운더리가 동반된다.

안정형 애착

- 상대방과 편안하게 떨어져 있을 수 있다.
- 갈등 상황에서도 감정을 조절할 수 있다.
- 자존감이 높다.
- 감정을 편안하게 공유한다.
- 과잉 반응 없이 상대방이 감정을 표현할 수 있게 해준다.

앰버의 인간관계 애착 유형은 회피형이었다. 관계 맺기를 원하면서도 자율성을 고수하고 싶어 했다. 앰버는 상대방에게 의지한다는 느낌(또는 생각)을 좋아하지 않았다. 어린 시절에 정서적 방임을 겪은 사람은 반의존성을 갖게 되는데, 그 특징은 다음과 같다.

반의존성

- 남들에게 약한 모습을 보이기 어려워한다.
- 도움을 청하려 하지 않는다.
- 도움 없이 해내는 것을 선호한다.
- 남들과 애착 관계가 되는 것을 불편해한다.
- 의도적으로, 감정적으로 거리를 둔다.
- 끊임없이 외로움을 느낀다.
- 감정을 인지하고 인정하기를 힘들어한다.

반의존성은 어쩌면 회피형 애착을 가진 사람이 자신을 보호하기 위해 익힌 성향일 수 있다. 관계를 맺고 싶지만 누군가를 진심으로 받아들이는 게 위험하다고 느껴지는 것이다. 안전하다는 느낌을 갖기 위해 경직된 바운더리를 구축함으로써 사람들을 밀어내거나 '늘' 거절하는 등의 행동을 보인다.

수치심과 죄책감

자신만의 이야기를 갖기는 어렵다. 하지만 자신의 이야기에서 도망 치느라 인생을 낭비하는 일만큼 어렵지는 않다. 자신의 약점을 인정 하는 것은 위험하다. 하지만 우리를 가장 약자로 만드는 경험인 사 랑과 인간관계, 기쁨을 포기하는 것만큼 위험하지는 않다. 캄캄한 어둠을 탐험할 수 있을 만큼 용기를 낼 때 비로소 우리는 자신이 가 진 빛의 무한한 힘을 발견할 수 있다.

— 브레네 브라운

자신의 약점을 인정하는 데서 타인과의 진정성 있는 관계가 시 작된다. 결과에 대한 두려움이 없어질 때 비로소 약점이 있다는 것 조차 편안하게 느낄 수 있다. 자신에게 약점이 있음을 인정해보라. 지금의 나를 만든 경험에 대해 정직하고 솔직해질 수 있을 것이다. 약해지는 게 두렵다는 건 판단이 두렵다는 의미와 같다.

역기능 가정에서 성장하면 수치심이 생길 수 있다. 이 수치심 때문에 자존감이 낮아지고 사람들의 비위를 맞추는 사람으로 성장하게 된다. 매일 남의 얘기만 듣고 내 얘기를 솔직하게 말하지 못하면 얼마나 답답할지 상상해보라. 우리는 자신이 약한 모습을 보이면 사람들이 다음과 같이 반응할까봐 두려워한다.

- 하찮게 본다.
- 또 상처를 준다.
- 트라우마의 영향을 축소한다.
- 약한 사람이라고 생각한다.
- 함부로 판단한다.

우리는 약해지는 것이 두려울 때 경직된 바운더리를 구축한다. 그저 안전하게만 있으면 무사하기 때문이다.

✦ 비밀은 멍울을 남긴다

바운더리를 침해당하면, 자신이 정한 한계가 과연 적절한 것인지 불안해지고 자신의 바운더리가 존중받고 있는지 두려울 수 있다. 어떤 가정에서는 "이 집에서 일어난 일은 우리끼리만 아는 거다"라는 말로 비밀을 지키라고 가르친다. 이런 약속을 어기면 결과적으로 가족 관계가 무너지는 결과를 낳기도 한다.

가정 폭력이 있는 집안에서 상대방에게 학대 이야기를 직접 꺼내는 것은 상대방에 대한 배신처럼 보일 수 있다. 당신은 상대의 행동이 부적절하다는 것을 잘 알지만 아직 헤어질 마음의 준비는 안 되어 있을 수도 있다.

이럴 때 다른 사람에게 당신의 상황을 이야기해보자. 당신이 결심을 행동으로 옮기는 데 도움을 받을 수 있을 것이다. 아이들에게 비밀을 지키라고 강요하면 아이의 성장과 발달에 안 좋은 영향을 준다. 어른과 아이 모두 가정 내에서 일어난 일에 대해 언제든지 안전하게 이야기할 수 있어야 한다.

✧ 트라우마가 어떻게 최악의 상황을 만드는가

- 행동: 애인과의 관계에서, 거리낌 없이 얘기를 꺼내려고 할 때마다 공격적이거나 멍청하게 말하게 된다. 논쟁 중에 당신의 애인은 당신을 욕하고 비하한다.
- 결과: 당신은 갈등 상황을 피하고 싶은 마음에 애인이나 다른 사람들에게 얘기를 꺼내지 않는다.

- 행동: 당신이 아이였을 때, 어머니에게 뭔가를 말하려는데 어머니가 당신을 무시하고 당장 그만두게 한 적이 있다. 학교에서 다른 아이들과 문제가 생겼을 때처럼 부모의 도움이 필요한 상황에서도 어머니는 아무 반응을 보이지 않았다.
- 결과: 당신은 자신이 무슨 말을 해도 중요하지 않다는 믿음을 가지고 성장했다. 그래서 혼자 속으로만 간직한다.

- 행동: 당신은 대학에 다닐 때 성폭행을 당했다. 가해자가 말했다. "아무도 네 말을 안 믿을 거야. 너 술 마셨잖아."
- 결과: 당신은 다시는 술을 입에 대지 않는다. 데이트도 하지 않는다. 자기 자신도, 남들도 믿지 못하기 때문이다.

✦ 나를 안아주세요

상호의존이나 성적 학대, 신체적 학대, 언어폭력, 정서적 방임, 신체적 방임 등을 겪은 적이 있다면 당신은 스스로 자신을 돌봐야 하는 시험대에 올랐다고 볼 수 있다. 나를 돌본다는 것은 다음과 같다.

- 자신이 감당할 수 있는 수준에서 다른 사람들을 돌본다.
- 정신건강을 유지한다.
- 부모에게 부모 역할을 하는 대신 자녀로서 남는다.
- 형제자매에게 부모가 아닌 형제자매 역할을 한다.
- 원하는 것을 요구한다.
- 자신이 좋아하는 일을 하면서 휴일을 보낸다.
- 사람들이 당신에게 의지하지 않고 스스로 돌볼 수 있게 한다.
- 에너지를 고갈시키는 사람들과의 연락을 줄인다.
- 남들이 만들어준 정체성에서 벗어나 스스로 생각해본다.
- 과거를 핑계 삼아 지금의 삶을 회피하지 않는다.
- 자신의 감정을 솔직히 밝힌다.
- 즐거운 일에 열중한다.

- 과거의 경험을 꾸밈없이 사실대로 공유한다.
- 자신을 소중히 대한다.
- 어린 시절에 배우고 싶었던 것을 익힌다.
- 자신의 몸을 즐기는 법을 배운다.

변화는 언제든 가능하다. 당신이 살면서 어떤 경험을 했는지는 상관없다. 자신의 바운더리가 경직되었다는 것을 알았다면, 그보다 건강한 바운더리를 구축할 방법을 생각해보라.

예를 들어, 진정한 자신이 누구인지 알았고 지금의 모습을 바꾸어나갈 준비가 되었다면 애착 유형을 바꿀 수 있다. 인간관계에 헌신하고 싶지 않다면, 헌신하는 관계의 이점을 생각해보라. 트라우마의 영향으로 과거에 편하게 느껴졌던 헌신 방식 말고, 뭔가 다른 방법이 있을 것이다. 더 많은 정보를 공유하는 것에서부터 시작해보라. 혼자서 하던 일에 사람들의 도움을 요청해보라. 서로에게 도움이 되는 건강한 관계에 의지해보라. 그리고 친밀감을 쌓는 하나의 방법으로 다른 사람과 고민을 나눠보라.

애착 문제가 있는 사람과 관계를 맺고 있다면, 눈에 보이는 대로 받아들이지 말고 이의를 제기해보라. 당신이 본 내용을 정확히 말하라. 상대의 행동에 대한 당신의 가설을 공유하는 것만으로도 효과를 볼 것이다. 목소리를 내지 않으면 그 관계는 숨은 문제점이 드러나기 전까지 건강하지 못한 상태로 계속 남게 된다.

트라우마를 겪은 사람과 관계를 맺고 있다면, 그들이 스스로 해결하게 두지 마라. 당신이 그들을 보면서 느낀 것을 말하고 정신건강 전문가를 찾아가도록 권하라. 이렇게 우리가 시도해볼 일은 많다. 그냥 하기만 하면 된다. 용기를 갖고 시도해보라!

오늘의 질문

수첩이나 종이 한 장을 꺼내 다음의 질문에 답해보자.

- 트라우마가 어떤 방식으로 당신의 바운더리 설정 능력에 영향을 끼쳤는가?
- 안전한 느낌을 위해 한계와 기대치를 설정해도 괜찮다는 확신이 들려면 어떤 말이 필요할까?

09

이제부터 나는
나를 돌본다

타인에게 나의 바운더리를
존중해달라고 하기 전에 먼저 스스로
나의 바운더리를 존중할 줄 알아야 한다.

카일은 열심히 일한 만큼 그에 걸맞은 보상을 얻는 것을 좋게 여겼다. 보너스를 타거나 급여가 인상될 때마다 비싼 새 물건을 사서 자신에게 선물로 주었다. 시계나 명품 옷을 사기도 했고, 때로는 휴가를 떠나기도 했다.

사실 카일은 그달 벌어 그달 쓰기 바빴으며 신용카드 빚도 거의 3,000만 원에 달했다. 모아둔 돈도 없고, 빚을 갚기 위해 아버지에게서 정기적으로 돈을 빌렸다. 뭐든 원하는 것이 있는데 돈을 물 쓰듯 쓰지 못한다는 것은 생각도 하기 싫은 일이었다. 그는 바로 그런 태도 때문에 일어난 결과로 고통받고 있었다.

카일은 차 할부금 연체 문제를 겪은 후 아버지의 성화에 못 이겨 상담을 시작했다. 내 앞에 앉은 그는 훌륭한 차림새에 지적인 모습이었지만, 실상은 빈털터리였다. 처음에 카일은 요점을 이해하지 못해 내게 전부 터놓기를 주저했다. 몇 달만 잘 버티면 다 괜찮아질 거라는 생각이었다. "그런 생각을 얼마나 자주 했어요?" 나는 그에게 물었다.

그는 충격을 받은 것 같았다. 자신의 과소비로 재정 상황이 안 좋아질 때마다 "몇 달만 버티면 돼"라며 넘기곤 했다는 사실을 받아들여야 했다. 유감스럽게도 몇 년이 지나도 과소비는 지속되었고, 아버지의 도움도 계속 받아야 했다. 수입이 많아졌을 때도 카일은 전보다 더 크고 좋은 것을 사느라 돈을 다 써버렸다.

카일은 그냥 자제를 못 했다. 자제해야 한다는 생각만으로도 진저리가 났다. 두 번째 상담에서 나는 그에게 장기적인 재정 계획표를 세우게 했다. 그는 은퇴를 대비해 돈을 모으고, 집을 구매하고, 자동차 할부금을 다 갚고, 조기에 은퇴하겠다는 계획을 목록에 넣었다. 그가 계획표를 다 작성했을 때 내가 물었다. "자, 그 목표들을 이룰 계획은 어떻게 되나요?"

카일은 그 계획들은 장기적인 목표들이며 1~2년 안에 이룰 수 없는 것이라고 대답했다. 더 많은 이야기를 나누면서, 나는 그가 5년 전에도 똑같은 목표를 세웠다는 사실을 알게 되었다. 하지만 목표를 이루기 위한 준비는 전혀 하지 않았다.

카일의 목표는 이루어질 수 없었다. 자신의 재정에 대해 건강하지 못한 바운더리를 구축했기 때문이었다. 어쨌든 돈을 조금 더 현명하게 사용하고자 하는 목표가 있다는 것을 알게 되었으니, 우리는 저축이나 절약, 만족 지연 등 그가 목표를 이루는 데 도움이 될 만한 바운더리에 대해 이야기를 나누었다.

내가 먼저 시작하라

과거의 행동을 유발한 내면의 믿음을 바꾸지 않고는 습관을 바꾸기 어렵다. 새로운 목표와 계획을 세우더라도 자기 자신은 변하지 않았기 때문이다.

— 제임스 클리어

바운더리를 생각할 때, 우리는 남들이 우리에게 더 나은 행동을 하게끔 만들려면 무엇이 필요한지를 생각하곤 한다. 다른 사람들이 우리 삶에 큰 영향을 미치는 것은 사실이지만, 삶의 질과 현재 자신의 모습에 영향을 미치는 것은 매일 우리가 내리는 개인적인 결정들이다. '자기 바운더리(self-boundary)'를 통해 '자신'이 스스로 어떻게 영향을 미치는지 생각해보자.

카일은 아무도 시키지 않았는데 스스로 과소비를 했고, 그 책임은 오로지 자신에게 있었다. 어쩌면 분수에 넘치고 형편에 맞지 않는 물건을 사겠다고 결정한 것은 자신이었다. 따라서 더 건강한 재정 상태와 장기적인 재정적 목표를 이루기 원한다면 자신과 자신의 소비 습관에 대해 바운더리를 시행해야 했다.

카일의 재정 문제는 정말 독보적이었다. 미국의 부채 관리 지원 기관(Debt.org)에 따르면, 미국인 평균 신용카드 대금은 8,398달러(약 970만 원)이고, 사람들은 최소 4개의 신용카드를 사용한다. 미국 총 소비자부채 금액은 13조 8,600억 달러(약 1경 5,000조 원)이며, 담보 대출과 자동차 할부금, 신용카드 이용금액, 학자금 대출이 포함된다.[10] 미국의 금융투자회사 찰스 슈와브(Charles Schwab)의 최근 연구에 따르면, 미국인의 59%가 월급으로 근근이 살아간다.[11] 너무나 많은 미국인이 예금이나 비상 자금, 퇴직 기금 없이 산다. 재정 계획이 조금만 틀어져도 모든 것이 무너져 내릴 수 있는 상황이다.

단지 물건을 사는 것뿐인데, 바운더리와 무슨 연관인지 궁금할 것이다. 원하는 것을 자제하겠다는 마음이 결핍되어 일어나는 일도 바운더리 문제다. 충동이 일어날 때마다 저질러버리는 것은 위험하다. 이런 일이 벌어지는 이유는 자신을 해치고자 해서가 아니라 건강한 바운더리를 갖고 있지 않기 때문이다.

자제할 수 있는 능력도 재능의 하나다. 충동을 자제하고, 습관을 바꾸며 정말 의미 있다고 생각하는 일에만 긍정적으로 반응할 수 있다면, 건강한 바운더리를 실현할 수 있다. 아무런 핑계도 대지 않고 스스로 자신을 돌보는 것은 우리의 책임이다.

✧ 자기 바운더리가 도움이 되는 영역

자신에게 건강한 바운더리를 설정할 때 삶이 조금 더 가볍고 행복해질 것이다.

1. 재정 관리
2. 시간 관리
3. 자기 돌봄
4. 타인에게 허용한 나에 대한 대접
5. 머릿속 생각
6. 타인에 대한 반응
7. 관계의 선택

1. 인생 대부분의 일은 돈과 연관되어 있다

바운더리가 확실한 사람이 돈도 더 잘 모은다. 인간관계로 머리가 아파 죽겠는데 돈도 없다면 얼마나 속상하겠는가. 대부분의 사람들은 성인이 되면 본인이 직접 재정 관리를 해야 한다. 따라서 자신의 재정 상태와 소비 방식을 바꿀 수 있는 사람은 본인뿐이다.

상담 중에 우리는 도움이 되는 신념과 해로운 신념에 대해 논의했다. 카일은 돈에 대한 자신의 신념이 파괴적이라는 점을 인정했다. 함께 방법을 찾아나가는 과정에서, 그는 돈에 관해 유용한 신념들을 더 많이 받아들였다. 예를 들면 "벌어들인 돈을 동전 하나 안 남기고 다 쓸 필요는 없다" 같은 것이었다. 또한 카일은 자기 바운더리도 구축했는데, 바로 다음과 같은 것들이었다.

- "새로운 물건을 구매하기 전에 수입의 10%를 저축한다."
- "소비를 위한 예산을 작성하고, 그 예산으로 구매 욕구를 억제한다."
- "수입이 늘더라도 일정 금액을 저축하기 전에는 소비를 늘리지 않는다."

카일은 새로운 한계를 정하고 자신의 돈을 어떻게 관리할지에 대한 체계를 만들었다. 이 한계를 설정하기 전에는 매 순간 충동적으로 물건을 구매했고, 나중에 결과를 받아들이기 힘들어했다. 재정 관리에도 바운더리가 생기자 카일은 안도감을 느꼈고 자신의 재정적 목표를 달성하기 위해 빠르게 나아갈 수 있었다.

재정을 둘러싼 또 하나의 중요한 바운더리는 관계와 관련이 있다. 당신에게 돈을 빌리거나 당신을 재정적 자원으로 이용하려는 이들의 요구를 언제 수락하고 거절할지를 배우는 일이다.

- 그냥 선물로 줄 수 있을 정도의 금액이 아니라면 누구에게도 돈을 빌려주지 않는다.
- ＿＿ 조건에서만 대출을 받는다.
- 보증은 절대 서지 않는다.
- 비상금을 저축한다.

사람들이 당신에게 무엇이든 요구할 수 있다는 사실을 기억하자. 싫으면 거절하면 그만이고, 도와주고 싶다면 정해진 한도 내에서 도움을 주면 된다. 이 모든 것은 당신의 판단에 달렸다.

2. 성공하려면 시간 관리가 먼저다

자제력의 결여는 자기 바운더리의 부재를 의미한다. 내 휴대전화의 화면보호기에는 "나는 낭비할 시간이 없다"라고 쓰여 있다. SNS를 확인하고 온라인 쇼핑을 즐기며 인터넷을 하느라 소중한 시간을 낭비하는 일이 없도록 하려고 이런 문구를 설정했다. 물론 그런 일에 시간을 보내는 것이 잘못은 아니지만, 휴대전화라는 장치의 본래 목적에 맞게 사용하는 것이 중요하다. 나는 꼭 필요할 때 시간을 내서 SNS를 이용하고, 온라인으로 쇼핑을 하며, 인터넷을 한다.

나는 시간 관리에 관한 기사나 책, 팟캐스트를 즐겨 읽고 듣는다. 하지만 솔직히 말하자면 다 똑같은 이야기다. 예를 들면, 집중을 방해하는 것들을 제거하라, 현명하게 계획을 짜라, 시간 낭비를 조장하는 것을 줄여라 등이다. 간단하게 말해서, 시간을 어떻게 관리할지에 대한 바운더리를 설정하면 시간 관리 문제는 해결된다.

- 나 혼자 모든 것을 할 수 없다는 사실을 인정한다. 무리하지 않고도 할 수 있는 것들을 편안하게 해나간다. 누군가로부터 부탁을 받으면 대답하기 전에 일정부터 확인한다.
- 약속에 늦지 않도록 소요 예정 시간보다 여유를 둔다.

- 굳이 직접 하지 않아도 되는 일은 위임한다.
- 일정을 짜고 기록하며, 그 일정을 어김없이 지킨다.
- 하루를 내가 계획한다.
- 당황스러운 상황이 벌어지지 않도록 현실적인 계획을 세운다.

많은 내담자들이 스스로 뭘 하고 있는지, 오늘 하루도 어떻게 흘러갔는지 모르겠다는 이야기를 많이 한다. 시간을 관리하는 것이 어렵다면 스스로 자문해보라. "지금 무엇을 하고 있는가?", "지금 하고 있는 것 대신 지금 무엇을 하고 싶은가?" 새로운 바운더리(습관, 규칙)를 구축하고 자신이 되고 싶은 사람이 되기 위해 노력하라.

3. 나를 온전히 챙기는 것은 나뿐이다

자기 돌봄이란 자신의 정신과 육체, 마음을 보살피고 회복시키는 것을 말한다. 자기 돌봄에서는 '자기'가 중요하며 따라서 자신을 돌볼 시간을 내는 것도 전적으로 자신에게 달렸다. 그렇다고 자신에게 아낌없이 선물을 준다든지 제멋대로 처신하면서 자기 돌봄을 하고 있다고 착각해서는 안 된다. 먹고 싶은 음식을 마음껏 먹으면서 자기를 잘 돌보고 있다고 말하는 사람들도 있다. 자기 돌봄을 혼동하는 경우가 많은데 자기 돌봄 행위는 돈을 쓰는 것과는 거의 관계가 없다. 오히려 자신을 보호하는 일이다.

- 마음에 들지 않는 것은 거절한다.

- 성장에 도움이 되지 않는 것은 거절한다.

- 소중한 시간을 빼앗는 일은 거절한다.

- 건강한 사람들과 시간을 보낸다.

- 에너지를 빼앗는 사람들과의 대화를 줄인다.

- 분별력을 흐리는 사람들로부터 에너지를 보호한다.

- 자기 자신과 긍정적인 대화를 한다.

- 기분을 있는 그대로 느끼되 옳고 그름을 판단하지 않는다.

- 자신의 실수를 용서한다.

- 최선의 모습이 되고자 적극적으로 노력한다.

- 필요에 따라 휴대전화의 전원을 끈다.

- 피곤할 때는 잔다.

- 내 일에 신경 쓴다.

- 내게 도움이 된다면 어려운 결정도 기꺼이 내린다.

- 즐거운 일을 할 공간을 마련한다.

- 시작이 두려워도 흥미로운 일이라면 기꺼이 도전한다.

- 누군가 '적당한' 사람을 기다리기보다는 혼자서라도 다양한 경험을
  시도한다.

4. 누구도 나에게 상처 줄 수 없다

"사람들은 늘 나를 이용하기만 해요."

상담실에서 가장 많이 듣는 말이다. 질문을 다시 해보자.

"당신은 어째서 사람들이 당신을 이용하도록 놔두는가?"

다른 사람들이 어떻게 당신을 대할지 기준을 정하는 것은 바로 당신이다. 무엇보다 사람들은 그들과의 관계에서 당신이 어느 선까지 용납하는가를 기준으로 당신을 대한다. 자신이 어떻게 대접받고 싶은지 그들에게 말하고 보여줘라. 상대방이 나를 함부로 대하도록 놔두지 말고 자신을 소중히 대함으로써 당신이 대접받고 싶은 모습 그대로 사람들에게 선보여라.

- 사람들이 내게 큰 소리를 내면 불편하다고 말한다.
- 문제가 생기면 곪아 터질 때까지 기다리지 않고 바로 언급한다.
- 상대방이 바운더리를 침해하는 경우, 관계 초기부터 원하는 바를 명확하게 밝힌다. 예를 들어 "진지한 얘기는 문자보다는 직접 만나서 하는 편이 좋겠어요"라고 말한다.
- 누군가 의도적으로 죄책감을 유발하려 하거나 내 바운더리에 영향을 미침으로써 나를 조종하려 한다면, 그것을 조종으로 인지하고 내 바운더리를 지킨다.
- 누군가 나에 대해 사실이 아닌 이야기를 하면 즉시 정정한다. 예를 들어 "너는 늘 늦는구나"라고 말하면 이렇게 대답한다. "오늘은 늦었지. 하지만 ___때도 늦지 않았고 또 다른 날에도 제시간에 왔어." 언쟁을 벌일 필요가 없다. 그냥 사실대로 말한다.

5. 멈춰버린 시간에서 벗어나는 법
다른 사람이 나에게 얘기하는 것을 멈추게 할 수 있는 것처럼, 머릿속 생각도 그만할 수 있다. 고장 난 테이프처럼 하루 종일 같은 생각만 들 때가 있다. 이미 그 일은 지나갔는데 그 생각에서 온종일 벗어나지 못하면 나만 손해다. 다른 기쁜 일을 받아들일 기회를 다시 한 번 놓치게 되는 셈이다. 이럴 때일수록 진부하게 들릴 수 있지만, 스스로 격려의 말을 되뇌면 도움이 될 수 있다.

- "괜찮을 거야."
- "최선이었어."
- "그들한테는 내가 과분해."

바운더리를 통해 에너지를 내면으로 돌려 자기 자신에게 부드럽고 친절하며 다정한 말을 건네라. 자기 비하는 다른 의미에서 자신을 불친절하게 대하는 행동이다. 자신에 대해 험담하는 말을 하거나 스스로를 농담거리로 만든다면 다른 이들에게 당신을 그렇게 대해도 된다는 자격증을 주는 것이나 마찬가지다. 상대방은 저 사람은 본인에 대해서 저렇게 생각하니, 나도 그렇게 대해도 괜찮겠다고 쉽게 여기게 된다. 상대방이 자신을 너무 가볍게 보도록 허용하지 말아보자. 다른 사람들 앞에서 자신에 대해 언급할 때는 주의를 기울여보자.

- 자신에게 말할 때 어린아이 대하듯 부드럽게 대한다.
- 어색한 순간들을 배움의 기회로 삼는다.

- 자신의 실수를 너그럽게 포용하고 혹독하게 비판하지 않는다.

- 자신에게 욕을 하지 않는다.

- 남들 앞이든 마음속으로든 스스로 자신을 비하하지 않는다.

6. 불편한 감정을 어떻게 다뤄야 할까?

상황에 따라 어떻게 반응할지 바운더리를 설정해두자. 물론 어려운 일이라는 것은 알지만, 언제든 예상치 못한 일이 일어날 수 있고 순간적으로 누군가 당신의 화를 돋울 수도 있다. 화가 났다고 해서 반드시 소리를 지를 필요는 없다.

많은 이들이 화가 났을 때 울거나, 한숨을 쉬거나, 그 자리를 떠나거나, 친구에게 전화를 걸어 자신의 감정을 풀어놓는다. 불편한 감정과 경험을 어떻게 다룰지는 당신의 결정에 달렸다.

- 화가 나도 누군가를 때리거나 물건을 부수지 않는다.

- 울고 싶으면 운다.

- 마음에 동요가 일어나면, 그 상황에서 벗어나 안정을 찾을 때까지 심호흡한다.

7. 당신의 취향은 한결같네요

"사귀는 남자마다 바람을 피워요."

낸시라는 이름의 내담자가 상담 중에 한 말이다. 그녀는 바람둥이 같은 남자들을 좋아했고, 그들을 '고치려고' 노력했다. 낸시는 자신이 늘 같은 유형의 남자를 선택함으로써 원치 않는 관계 속으로 자진해서 들어간다는 사실을 알지 못했다. 아래는 〈결혼과 가족 연구 저널(Journal of Marriage and Family Studies)〉의 조사 결과다.[12]

- 전체 남성 중 57%는 살면서 부정을 저지른 적이 있다고 인정했다.
- 전체 여성 중 54%는 하나 이상의 관계에서 부정을 저질렀다고 인정했다.
- 기혼 남성의 22%는 결혼생활 중 적어도 한 번은 부정을 저질렀다고 인정했다.
- 기혼 여성의 14%는 결혼생활 중 적어도 한 번은 부정을 저질렀다고 인정했다.

물론 모든 사람이 바람을 피우는 것은 아니다. 하지만 낸시는 바람 피우는 남자들만 계속 만났다. 상대방이 바람 피울 것을 알면서도, 그 사람의 매력에 푹 빠져 데이트를 했다. 그러면서 이번만은 그 끝이 다르기를 매번 희망했다. 그러나 이전과 동일한 결과가 반복되자 그녀는 같은 질문을 끊임없이 자신에게 던졌다. '왜 다들 바람을 피우는 거지?' 낸시의 바운더리가 허술했기에 이런 일이 생긴 것이다. 그녀는 자신이 원하지 않는 것을 남들에게 용납했다. 그러고는 분노하고 화를 냈다.

나를 찾아왔을 때 그녀는 마침내 건강한 관계를 시작할 준비가 되어 있었다. 당신은 자신이 좋아하지 않는 유형의 사람들과 관계를 맺을 필요가 없다. 원하는 사람들을 선택해서 적극적으로 다가가보자. '왜 나는 이런 사람들만 꼬이지?'라는 생각이 든다면 내가 그런 사람들을 편하게 여기고 관심이 있는 건 아닌지 돌이켜보자.

주위에 좋은 이들로만 가득한 사람들이 있다. 그들은 스스로 자신이 만나고 싶은 사람을 만나기 위해 노력한 경우다. 만일 자신이 같은 유형의 사람을 반복해서 끌어당기고 있다는 느낌이 든다면, 다음과 같은 질문을 스스로 던져보자.

- 나의 어떤 점이 ___한 사람들을 끌어당기는가?
- 이 사람을 통해 나는 무엇을 배우려 하는가?
- 이 관계에서 나는 무엇을 얻고자 하는가?

그리고 다음과 같은 바운더리 설정을 추천한다.

- 원하는 사람의 유형을 구상한다.
- 관계에 문제가 있음을 인지하는 즉시 그것을 거리낌 없이 밝힘으로써 자신을 존중한다.

나를 지키는 인간관계의 기술

앞에서도 말했듯이 바운더리 설정은 첫 단계에 지나지 않는다. 더 어려운 단계는 누군가에게 침해당했을 때도 그것을 고수하는 일이다. 예를 들어 어머니에게 방문 전에 연락해달라고 말했다고 치자. 그런데 어머니가 아무 연락 없이 들렀다. 이럴 때는 바운더리의 중요성을 언급하며 자신의 바운더리를 고수하는 것이 중요하다. 그냥 넘어간다면 어머니는 계속해서 당신의 바운더리를 침해할 것이고 당신은 그로 인해 화가 날 것이다.

당신은 "하지만 어머니잖아! 어머니한테 계속 강요할 수는 없어"라고 생각할 것이다. 맞다. 그렇게 생각할 수 있다. 선택권은 늘 당신에게 있다. 그 선택에 불편한 마음이 들어도 이는 당신이 선택한 일이다. 어머니가 현관문을 열고 들어올 때 이렇게 말하면 어떨까?

"오시기 전에 전화해주면 좋겠다고 말씀드렸잖아요. 손님 맞을 준비가 안 되었다고요. 우리 둘 다 편한 시간을 다시 정할까요?"

당신이 자신의 바운더리를 지키지 않으면 다른 사람들도 지켜주

253

지 않는다. 친구에게 "오늘 밤에는 세 잔까지만 마시자"라고 해놓고 다섯 잔을 마시면 안 된다. 이런 경우 당신은 자신의 요구사항을 제대로 본보이지 못한 것이다. 당신이 바라는 바운더리를 세상에 보여주자.

"당신이 스스로 바운더리를 지키지 않으면
다른 사람들도 지켜주지 않는다."

자신의 바운더리를 지킬 수 있는 또 다른 방법은 더 자주 거절하는 것이다. 사람들에게 "아니"라고 말하는 것은 자신에게 "네"라고 말하는 것과 같다. 상대방의 요구를 들어줄 수 없거나 들어주고 싶지 않을 때, 또는 그 요구를 들어주면 자신이 좋아하는 것을 할 시간이 줄어들 때는 거절해보자. 거절을 하면 자연스럽게 한계가 설정된다.

당신이 거절 의사를 밝혔음에도 상대방이 들으려 하지 않는다면 "그만해"라고 말해보자. 그들은 당신이 결국 지쳐서 수락하게 하려고 계속 물어보는 것이다. 또한 "어쩌면"이나 "글쎄" 같은 단어를 사용함으로써 사람들이 일말의 희망을 품게 하지 말라. 둘 다 거절하는 말이 아니다. 당신이 분명히 거절했음에도 사람들이 계속 요구한다면, "그만해"라고 말함으로써 그것을 원치 않는다는 사실을 명확히 밝혀보자.

- 즐겁지 않은 활동에 참여하고 있다면, 당신은 지금 자신의 시간을 스스로 빼앗는 것이다.

- 다른 사람의 문제로 정신이 산만하다면, 당신은 지금 자신의 시간을 스스로 빼앗는 것이다.

- 굳이 할애하지 않아도 될 시간을 할애하고 있다면, 당신은 지금 자신의 목표에서 그만큼 벗어난 것이다.

자신에게 당당하고 쿨하게 "Yes!"라고 말한다는 것은 이럴 때다.

- 수분을 충분히 섭취한다.
- 가고 싶지 않은 초대는 거절한다.
- 월간 예산을 지킨다.
- 규칙적으로 휴식시간을 가지며 뼈 빠지게 일하지 않는다.
- 감당할 수 있을 정도의 휴가를 즐긴다.
- 좋고 나쁨을 판단하지 않고 자신의 감정을 있는 그대로 인정한다.
- 저녁 8시 이후 전화기에 '방해금지' 모드를 설정한다.
- 진료 처방대로 자신의 신체건강을 돌본다.
- 심리상담을 통해 자신의 정신건강을 돌본다.
- 몸이 쉬고 싶어 할 때는 쉰다.
- 뭔가를 배우거나 새로운 기술을 익히려는 목적 말고 즐거움을 위해 독서한다.
- 자신의 감정을 조절할 건강한 방법을 찾는다.

- 제때 요금을 내고, 필요하지 않은 물건이나 조금만 기다리면 무리하지 않아도 살 수 있는 물건을 사느라 빚을 늘리지 않는 등 좋은 재정 관리 습관을 유지한다.
- 다음 날 일찍 일어나야 한다는 사실을 알면서도 텔레비전을 조금 더 본다.

✧ 내가 내뱉은 말은 성실하게!

자신에게 의식적으로 한계를 정하면 삶이 더 편해진다. 때로는 꼭 필요한 규칙들이 사회에 혼란을 없애주듯이 말이다. 규칙을 정한다는 것이 억지스럽게 느껴지면서 거부감이 들 수 있지만, 규칙에도 미묘한 차이가 있다. 바운더리 설정은 구속이 아니라 오히려 목표를 달성하고 건강한 관계를 구축하며 자신의 가치관에 따라 살수 있도록 도와준다. 그렇다고 규칙만 열심히 정해놓고 정작 자신이 한 말을 스스로 지키지 않으면, 자기 태만과 자기 배반에 빠지거나 사람들의 비위를 맞추느라 전전긍긍할 수 있다.

자기 태만도 습관이다
- 할 일을 나중으로 미룬다.
- 목표를 거의 목전에서 그만둔다.
- 건강하지 않은 관계를 계속 유지한다.
- 자신이 한 말을 스스로 지키지 않는다.
- 비현실적인 목표를 설정한다.

- 노력하지 않는다.
- 자신과 자신의 능력에 대해 부정적으로 말한다.

자기 태만은 자신의 바운더리를 존중하지 않을 때 나타난다. 여기에는 자신이 원한다고 했던 것과 다른 행동에 동참하는 것도 해당한다. 처음에 자기 태만은 자신에게 부정적인 말을 거는 것으로 시작된다.

예를 들면, 우리는 종종 시작도 해보기 전에 자신에게 먼저 말한다. 일단 부정적으로 말해버리면 그 부정적인 생각을 진실이라고 믿게 된다. "난 못 해"라는 말은 우리가 할 수 있다고 '믿는' 것보다 더 많은 것을 성취할 만큼 강력하다.

"난 못 해"라는 말을 해버리면, 해야 할 일을 뒤로 미루고, 노력하지 않으며, 하다가 멈추고, 비현실적인 목표를 설정하고, 또 부정적인 자기 대화를 하게 되는 것이다. 스스로에게 "난 할 수 있어"라는 말을 꼭 해보자. 시작도 하기 전에 포기하지 말자.

'하지 말아야 할' 말의 예는 다음과 같다.

- "한 달 동안 술을 끊어볼 '생각'이야."
- "물을 더 많이 마시겠다는 다짐을 얼마나 오래 지킬 수 있는지 보겠어."
- "내 바운더리를 말할 생각이야. 하지만 절대 들어주지 않겠지."

앞으로 어떻게 될지 단도직입적으로 말해보자. 모호한 표현은 지양하라. 다음은 단호한 자기 바운더리 선언의 예다.

- "나는 한 달 동안 술을 끊을 것이다."
- "나는 습관을 바꿀 수 있다."
- "나는 바로 오늘부터 물을 더 많이 마실 것이다."
- "나는 끝까지 할 수 있다."
- "내 바운더리를 존중해줘."

자신의 바운더리를 확신하면 자기 태만에서 벗어날 수 있다.

자기 배반은 나를 병들게 한다

- 다른 사람과의 관계를 유지하기 위해 자신과 자신의 신념을 바꾼다.
- 진짜 자기 자신이 아닌 다른 사람인 척한다.
- 자신을 타인(친구나 가족, 인터넷에서 처음 만난 사람, 과거의 자신)과 비교한다.
- 자신의 가치관을 계속 유지하지 못한다.
- 자신에 대해 스스로, 그리고 타인에게 부정적으로 말한다.

자기 배반의 경우, 우리는 자신의 가치관에 따라 살지 못하고 진정한 자신을 내보이지 못함으로써 스스로 명예를 더럽힌다. 이게 진짜 자신의 모습이 아니라는 생각 때문에 죄책감이 자리 잡는다. 건강한 관계라면 진정한 자신의 모습 그대로 행동해도 괜찮다.

✦ 타인을 배려하는 것은 적당히!

때를 살피며 사람들의 비위를 맞추는 것은 자신의 행복을 희생해 남들을 기쁘게 하는 행위다. 우리는 다른 사람들에게 받아들여지기를 바랄 때 그들의 비위를 맞추려고 한다. 남의 비위를 맞추려는 이들은 자신이 원하는 것을 고수하면 사람들이 좋아하지 않는다고 생각한다. 그래서 호감을 사기 위해 사람들의 의견에 동의하는 척한다. 하지만 건강한 사람들은 정직함을 높이 평가하며, 우리가 거절하더라도 관계를 끊지 않는다.

한 내담자가 상담 중에 내게 물었다. "사람들이 계속 물어보는데, 내가 언제 결혼했는지 그만 물어보라고 해도 될까요?"

물론이다! 자신의 인생은 아무나 보라고 펼쳐놓은 책이 아니다. 자신을 불편하게 만드는 질문에 반드시 대답할 필요는 없다. 사람들과 무엇을 공유할지 바운더리를 정해도 좋다. 예를 들면, 다음과 같은 정보는 사람들과 공유할 필요가 없다.

- 왜 아직 결혼하지 않았는지
- 자신의 관계가 현재 어떤 상태인지
- 언제 아이를 가질 것인지
- (이미 자녀가 있는 경우) 언제 또 아이를 가질 것인지
- 다음 인생 계획은 무엇인지
- 시간을 어떻게 보내는지
- 수입이 얼마인지

- 돈을 어디에 쓰는지

- 생활 방식

- 체중 변화(감소나 증가)

- 자신이 생각하는 예를 여기에 적어보라 : _____

- 또 다른 예를 적어보라 : _____

　당신은 어떤 것을 사람들과 공유할 때 편안하게 느끼는지, 그리고 어떤 사람에게 개인사를 말하고 싶은지를 결정해야 한다. 인스타그램에서 나는 지극히 개인적인 질문을 종종 받는다. 내게는 대답하고 싶지 않은 질문을 무시하고 넘어갈 특권이 있다. 질문에 답하고 싶지 않다면, 다음과 같이 하는 것을 고려해보라.

- 질문으로 대답을 대신한다.

  "흥미로운 질문이네요. 왜 그런 걸 물으시는데요?"

- 질문의 대상을 상대방에게 돌린다.

  "당신도 아이 더 갖고 싶으세요?"

- 대충 둘러대며 주제를 바꾼다.

  "돈은 늘 흥미로운 주제죠. 그런데 넷플릭스에서 어떤 거 보세요?"

- 단도직입적으로 말한다.

  "그런 질문은 불편하네요."

- 자신의 바운더리를 분명하게 밝힌다.

  "체중 얘기하는 거 좋아하지 않아요."

잊지 말아야 할 것은, 사람들과 무슨 대화를 할지는 당신의 선택에 달렸다는 사실이다.

바운더리도 업데이트가 필요하다

✦ 바운더리 갱신하기

인간은 계속 변하고 그에 따라 바운더리도 변한다. 인간관계에서 당신이 참아낼 수 있는 범위도 얼마든지 바뀔 수 있다. 그럴 때는 새로운 기대치를 설정하면 된다. 이렇게 말하라.

"나는 이제 _____가 괜찮지 않아. _____게 해줬으면 좋겠어."

이전에 설정했던 바운더리를 완화할 수도 있다. 예를 들어 오후 6시 이후 야근하지 않겠다고 결정했더라도 원한다면 때에 따라 늦은 시간까지 일을 할 수도 있다. 다음 질문을 생각해보자.

- 왜 바운더리를 바꾸려고 하는가?
- 일시적인 변경인가, 아니면 영구적인 변경인가?
- 바운더리를 변경하면 나 자신을 위한 목표에 어떤 영향을 미치게 되는가?
- 바운더리를 변경하더라도 관계에는 문제가 없겠는가?

✦ 시간이 지나면 잊힌다

시간이 지나면서 사람들은 점차 당신의 바운더리를 더는 지키지 않아도 괜찮다고 생각할 수 있다. 그들에게(또한 자기 자신에게) 처음에 그 바운더리를 왜 설정하게 되었는지, 그리고 당신이 기대하는 바가 무엇인지를 재확인시켜보자. 상대방이 보이는 변화는 당신이 설정한 바운더리의 직접적인 결과임을 기억해보자.

시간이 가면서 만일 스스로 설정한 바운더리를 당신도 지키지 않고 있다면, 그 바운더리가 삶에 얼마나 긍정적인 영향을 끼쳤는지 상기해보자. 그 바운더리를 지키는 데 다시 전념해보자.

사람은 못 바꿔도 내 마음대로 바꿀 수 있는 것

- 사람들을 어떻게 대할까?
- 무엇을 받아들일까?
- 사람들의 말과 행동에 어떻게 반응할까?
- 얼마나 자주 대화를 나눌까?
- 사람들에게 얼마만큼 내 공간을 허용할까?
- 무엇을 같이 할까?
- 삶에서 어떤 역할을 중요하게 맡을까?
- 누구와 연락하고 지낼까?
- 누구를 내 인생에 초대할까?
- 어떤 관점으로 사람을 구분할까?

✧ 나를 지키는 비결은 바로 꾸준함!

때때로 당신은 자신의 바운더리를 지키지 않을 수도 있다. 하지만 자신이 너무 틀에 박혀 있는 것 같다면 그만 빠져나오라. 말은 행동보다 쉽다는 것을 나도 잘 알지만, 계속 그 상태에 머물 필요는 없다. 자신의 바운더리를 스스로 지키지 않고 있다는 것을 알게 된 순간부터 다시 자신이 했던 말을 상기해보자.

'뭔가를 꾸준히 해내지 못하는 사람'이라는 딱지를 스스로 붙여왔다면, 당신은 '뭔가를 꾸준히 해내지 못하는 사람'이 '될 수밖에' 없다. 그러니 자신에 대해 스스로 해온 말에서 부정적인 연관성을 끊고 긍정적으로 바꿔보자. 그리고 이렇게 말해보자. "나는 뭐든 꾸준히 해낼 수 있는 사람이야."

> 참된 동기부여의 궁극적인 형태는 습관이 자아정체성의 일부가 되었을 때다. '나는 이것을 원하는 그런 사람'이라고 말하는 것과 '나는 이런 사람'이라고 말하는 것은 아주 다르다.
>
> —제임스 클리어, 《아주 작은 습관의 힘》

수첩이나 종이 한 장을 꺼내 다음의 질문에 답해보자.

- 어떤 사람이 되고 싶은가? 자신이 원하는 사람이 되었다고 상상하고 그 모습을 소개해보자.
- 스스로 실행에 옮기고 싶은 바운더리가 있다면 목록으로 만들어보자. 예를 들면 "저축을 더 많이 한다"도 괜찮다. 각 바운더리를 적은 다음에는 그 바운더리를 지켜나가는 데 도움이 될 만한 실행 방안을 떠올려보자. "적금 계좌를 개설하고 매달 30달러를 저축한다" 같은 방안을 마련해보자.

2부

✧

나를 돌보는
인간관계 연습하기

10

가족 관계:
건강한 바운더리는
가족에서부터 시작한다

사랑은 건강한 바운더리를
구축하고 지켜주는 것이다.

제임스는 갈등을 겪고 있는 어머니 데브라와 아내 티파니 사이에서 중재자 역할을 하는 것에 지쳐버렸다. 그는 그저 두 사람이 잘 지내기만을 바랄 뿐이었다. 티파니는 늘 시어머니에 대해 불평했고, 데브라도 자신이 며느리 때문에 얼마나 상처받는지 제임스에게 토로하곤 했다. 제임스는 어느 한쪽의 편도 들지 않고 이야기를 잘 들어주면서 두 사람 사이를 중재하려고 노력했다.

티파니는 남편이 시어머니의 참견을 말리지 않는 것이 너무 싫었다. 남편은 어머니가 자기 결혼생활의 파트너인 것처럼 행동하게 내버려 두었다. 부부가 내려야 할 모든 결정은 먼저 시어머니를 거쳤고, 제임스는 자신의 결정이 시어머니의 조언 때문이라는 사실을 티파니에게 숨기는 끔찍한 행동을 했다. 제임스는 어머니를 흠모했다. 그가 생각하기에 어머니 데브라는 똑똑하고 성공했으며 훌륭한 조언을 해주는 믿을 만한 사람이었다. 반면 티파니는 데브라에 대해 오만하고 수동공격적이며 교묘하게 남을 조종하는 사람이라고 생각했다.

티파니는 늘 제2의 어머니와 같은 시어머니를 꿈꿔왔다. 하지만 처음 만난 순간부터 제임스와 사귀는 7개월 동안 데브라가 분명하게 보여준 것은 아들의 인생을 쥐락펴락하려는 여인의 모습이었다. 제임스는 결혼 비용과 집 계약금을 내는 데 어머니가 도와줄 것을 기대했고, 크든 작든 돈과 관련된 결정을 내릴 때마다 어머니에게 조언을 구했다. 2년의 연애 기간과 5년의 결혼 기간 내내 티파니는 제임스에게 어머니 관련 문제를 처리해달라고 요청했지만, 그는 단호하게 반대했다. 그의 어머니는 늘 자신이 하고 싶은 대로 했다.

티파니는 시어머니에게 맞서지 못하는 남편을 원망했다. 그 결과 티파니는 가족 모임에 참석하지 않았고 시어머니가 방문하면 방에서 나오지 않는 등 움츠러들었다. 새로운 가정을 만들어나가려는 이 시점에서 티파니는 남편이 시어머니에게 바운더리를 설정해주기를 원했다. 결국 제임스와 티파니는 데브라가 자신들의 결혼생활에 미치는 영향에 대해 의논하기 위해 상담을 받기로 했다.

상담은 처음부터 치열했다. 티파니는 과거에 시어머니와 있었던 문제들을 제기했고, 제임스는 어머니를 옹호했다. 세 번째 상담에서, 나는 분명히 말해야만 했다. "두 사람이 현재 원하는 것에만 집중하는 게 좋겠어요." 대부분의 상담 시간에는 이 말이 도움이 되었다. 하지만 여전히 데브라는 제3자로서 상담실에서 보이지 않는 힘을 발휘하는 존재였다. 나는 두 사람의 신혼집에 같이 살지는 않지만 보이지 않게 늘 한자리를 차지하고 있는 사람이 둘의 결혼생활에 미치는 영향에 대해 생각해볼 것을 제임스와 티파니에게 권했다. 그들은 서로 다투는 원인이 대부분 두 사람의 문제가 아니라 데브라 때문임을 깨달았다.

함께 상담하는 동안, 우리는 둘의 관계를 타인에게 과도하게 노출하지 않으면서 온전히 둘만의 것으로 유지하는 일이 중요하다는 이야기를 나누었다. 두 사람은 어떤 이야기를 자기들끼리만 공유할 것인지, 어떤 이야기를 언제 타인에게 공유하고 싶은지, 그리고 결혼생활에 대해 다른 사람들에게 어떻게 이야기할 것인지에 대해 바운더리를 구축했다.

하지만 그동안 모든 것을 어머니와 공유해온 제임스에게 이는 쉬운 일이 아니었다. 처음에는 자신의 계획을 밀어붙이려 더 많은 정보를 요구하는 데브라에게 굴복했다. 데브라는 제임스가 자신의 말을 따르게 하려면 어떻게 해야 하는지 정확히 알고 있는 것 같았다. 몇 번의 실수 끝에 제임스는 어머니의 전략에 말려들지 않을 태세를 갖추었다. 그리고 시간이 흐르면서 그는 자신의 기대치에 맞게 행동하게 되었다.

제임스가 바운더리를 일관성 있게 시행하는 방법을 익히는 동안 나는 티파니와 함께 동기를 부여하는 언어를 연습했다. 티파니는 남편이 시어머니와의 관계를 바꿔나가도록 힘을 실어줄 수 있어야 했다. 남편은 한 사람의 성인으로 어머니 앞에 서기를 어려워했다. 데브라는 자신이야말로 아들인 제임스에 대해 모든 것을 가장 잘 알며 그가 잘되기를 바라는 사람이라는 생각을 제임스에게 주입해왔다.

제임스는 바운더리를 설정하면 어머니와 멀어지게 될까봐 두려워했다. 그는 어머니와 친밀한 관계를 유지하는 동시에 결혼생활에서 발생한 문제를 완화하고 어머니와 아내 사이에 생긴 골을 해결하면서 바운더리도 설정하는 일이 가능하다고 생각하지 않았다. 데브라는 제임스가 잘 살길 바란다고 했지만, 어쩌면 그럴 수 있는 가장 좋은 방법은 어머니와의 사이에서 바운더리를 구축하는 것이었다.

부모와의 바운더리를 설정할 때
비로소 어른이 된다

성인 자녀란 나이가 열여덟 살 이상인 자녀를 말한다. 열여덟 살 이후에는 부모와 함께 한집에 살더라도 법적으로 성인이며, 그 성인 자녀에 대한 부모의 역할도 달라진다. 물론, 부모와 함께 사는 동안은 가정의 바운더리를 지켜야 한다. 하지만 그 와중에도 얼마든지 크고 작은 자신만의 바운더리를 설정할 수 있다.

자신만의 생각을 가지고 그것을 따르는 게 성인의 본질적인 부분이다. 성인이 된 것이 점점 편안하게 느껴지면서 부모의 지배로부터 멀어지기 시작한다. 바운더리를 설정하는 것이 무례하다고 말하는 부모도 있겠지만 신중하게 하면 될 일이다. 부모에게 무례하게 구는 상황이 될까봐 두렵다면, 바운더리가 왜 자신에게 중요한지를 함께 생각해보는 게 좋다.

인생에서 가장 영향력 있는 힘에 맞설 때 당신은 어떻게 하는가? 어린 시절의 관계를 떠나 성인의 관계로 어떻게 나아가는가? 지금까지 살아오는 동안 부모는 당신의 안팎을 속속들이 알고 있다. 그들은 당신의 행동을 끌어내기 위해 무슨 말을 해야 하는지, 그리고 자신들이 원하는 것을 얻으려면 어떻게 말해야 하는지를 다 안다. 당신은 부모님의 몸짓이나 기분 변화만으로도 그들이 무엇을 바라는지 알 수 있을 것이다.

사람들은 대부분 부모를 실망시키고 싶어 하지 않는다. 어린 시절 내가 들은 말 중에 가장 끔찍했던 것은 "정말 실망했다"라는 어머니의 말이었다. 그 말은 마음을 아프게 했고, 최소한 2시간 동안 나를 예의 바르게 행동하도록 만들었다. 하지만 부모와의 바운더리를 설정하지 않으면 이제 그 실망감과 억울함, 걱정은 당신의 몫이 된다. 성인이라면 누구나 어느 시점이 되면 "내가 정말 원하는 게 뭘까?"를 자문하는 것이 당연하다.

부모와의 바운더리가 필요하다는 시그널

- 부모가 당신의 관계에 대해 지극히 개인적인 세부 정보를 안다(특히 부모가 그 관계에 해를 끼치고 있는 경우)
- 다른 사람과의 논쟁에 부모가 연루되어 있다.
- 부모가 당신의 의견을 존중해주지 않는다.
- 부모가 묻지도 않고 당신의 사적인 공간에 들어온다.
- 부모의 말에 무조건 따라야 한다.
- 불편해도 의무감 때문에 부모의 말을 거부하지 못한다.

착한 아이 콤플렉스에서 벗어나기

- 솔직하게 자신의 감정을 표현한다.

- 자신의 일정과 생활 방식에 가장 잘 맞는 방식으로 시간을 관리한다.

- 모든 가족 행사에 참여하려고 애쓰지 않는다.

- 자녀인 자신의 집에서 지켜야 할 규칙을 알린다.

- 사전 연락 없는 방문은 허용하지 않는다.

- 맺고 있는 관계에 대해 세세하게 알리지 않는다.

- 부모 앞에서 사귀는 사람에 대해 부정적으로 표현하지 않는다.

- 거절한다.

- 스스로 준비가 되었을 때 사귀는 사람을 부모에게 소개한다.

- 남과의 갈등은 스스로 해결한다.

- 부모에게 자신의 의견을 말한다.

- 사귀는 사람과 어떻게 지내기를 바라는지 부모에게 허심탄회하게
  말한다.

- 구체적인 보답을 기대하며 주는 선물은 거절한다.

- 연애나 아이를 갖는 문제, 결혼 등의 불편한 질문을 하지 말아달라
  고 부모에게 말한다.

- 부모를 방문할 때는 가족과 함께 머무르기보다는 호텔에 묵는다.

부모를 탓하고 싶지 않다면 표현하라

- "새로운 사람을 만나고 있어요. 그 사람한테 나랑 결혼할 건지, 한다
  면 언제 할 건지 묻지 마세요."

- "크리스마스에 집에 못 가요. 친구들이랑 보내기로 했거든요."
- "우리 집에 오실 때는 미리 전화해주셨으면 좋겠어요."
- "내 감정이 옳은지 그른지 상관없이 그냥 솔직하게 표현하고 싶어요."
- "좋은 의도고 제가 잘되길 바라시는 것 알아요. 하지만 제 관계는 제가 알아서 할게요. 조언해주실 필요 없어요."
- "혹시 이 돈 때문에 제게 뭔가를 바라시거나 나중에 돈 빌려줬다는 핑계로 계속 뭔가를 요구하실 거면 저 이 돈 안 받을래요."
- "제가 가족과 친밀한 관계를 유지하는 것이 중요하다고 생각하시는 거 알아요. 하지만 그 친밀한 관계를 어떻게 유지할 것인지에 대해서는 제 생각도 중요하다고 봐요."
- "동생이랑 문제가 있어서 언쟁을 벌일 때 중간에 개입하지 마셨으면 좋겠어요. 우리 둘 다 성인이고, 부모님이 이래라저래라 하지 않아도 우리끼리 해결할 수 있어요."
- "어머니와의 관계에 대해 말씀하시는 거 듣기 불편해요. 제발 저 말고 다른 사람한테 털어놓으세요."
- "저 채식주의자예요. 가족 모임 식사 준비할 때 그 점을 기억해주셨으면 좋겠어요."

가족 관계에서 꼭 기억해야 할 것
- 사람들과의 관계에서 바운더리를 갖는 것은 지극히 정상적이고 건강한 방법이다(부모도 그 대상에 속한다는 것을 명심하라).
- 필요하다고 생각하면 곧바로 바운더리를 설정하라. 오래 지체할수

록 원치 않는 반응을 더 많이 해야 할 것이므로 서두를수록 좋다.

- 부모와의 바운더리를 설정하는 것은 부모와 당신 모두에게 새로운 일이다. 저항이 있어도 새로운 단계의 관계에 적응하고 있다는 징후로 받아들여보자.
- 바운더리를 실행에 옮길 때는 분명하고 지속적이어야 한다.
- "자식은 부모 앞에서 영원히 자식"이라는 말은 사실이다. 하지만 당신은 성인이 되었고, 자신만의 방식으로 세상을 살아가야 한다.

◆ 주말은 나의 것!

성인이 되어 살다보면 지금까지 휴일에 습관처럼 해오던 것들을 바꾸고 싶어지는 순간이 온다. 어쩌면 당신은 혼자 집에서 쉬고 싶을 수도 있고, 여행을 가고 싶을 수도 있고, 아니면 사귀는 사람의 가족과 보내고 싶을 수도 있다. 휴일을 어떻게 보내고 싶은지 계획을 세웠다면 서둘러라. 최후의 순간까지 변명을 미루고 싶겠지만, 원래의 계획에서 당신은 빠지겠다는 말을 휴일 직전에서야 가족에게 알린다면 문제가 더 커질 수 있다.

꿀 같은 휴일, 각자의 온전한 휴식을 위해 필요한 바운더리를 설정해보자.

- 가족이 방문하면 호텔에서 머물 것을 요구한다.
- 가족을 방문할 때는 호텔에 머문다.
- 가족과 함께 머물러야 한다면 혼자 있을 시간과 공간을 마련한다.

- 새로운 전통을 세운다.

- 선물을 너무 많이 사지 않는다. 예산을 초과하지 않도록 한다.

- 불편하게 하는 사람은 만나지 않는다.

- 대화가 격해지면 화제를 바꾼다.

왜 시어머니는 악명이 높아졌을까?

만일 당신이 결혼한 상태라면 인척 관계가 당신과 배우자에게 스트레스를 유발하는 일이 드물지 않게 발생한다. 언젠가 내담자에게 우리 시어머니가 방문할 예정이라고 말한 적이 있다. 그러자 그가 물었다. "설마 시어머니랑 친하세요?" 인척 중에서도 양가 어머니는 관계를 어지럽히는 주인공으로 악명이 높다.

인척이 관계를 어지럽히게 되는 경우는 성인 자녀가 부모와의 바운더리를 설정하지 않았을 때다. 결과적으로 배우자가 그 한계를 설정하는 부담을 지게 될 때가 많다. 내가 가장 많이 받는 질문은 "배우자의 부모와 어떻게 바운더리를 설정하죠?"이다.

《아기에게 안전한 결혼 생활(Babyproofing Your Marriage)》의 저자 스테이시 코크렐(Stacie Cockrell)과 캐시 오닐(Cathy O'Neill), 줄리아 스톤(Julia Stone)은 배우자와 문제를 공유하고, 행동의 과정을 함께 결정하며, 배우자에게 바운더리 시행을 허용하라고 주장한다.[13]

기본적으로, 당신은 당신 가족과 바운더리를 설정하고 배우자는 배우자의 가족과 바운더리를 설정한다. 이런 방식이 제대로 효과를 발휘하려면, 한 사람이 제기하는 문제를 배우자가 동의하고 용감하게 각자의 가족에게 바운더리를 실행할 수 있어야 한다. 만일 배우자가 부모와의 관계에서 성인 자녀 역할을 제대로 확립하지 못한 상태라면, 당신이 대신 한계를 설정해야 할 수도 있다.

배우자가 가족과의 바운더리를 제대로 세우지 못하면, 배우자와 당신의 관계는 뒷전이 되고 자신을 인척 관계에 억지로 맞추는 것에 단단히 화가 날 것이다. 당신은 당신 가족과의 바운더리를, 배우자는 배우자 가족과의 바운더리를 설정하는 게 기본이다. 뒤에서 바라만 볼 게 아니라 당신도 나서서 배우자의 가족과 바운더리를 설정해야 할 때가 온다. 그것은 반드시 배우자가 당신의 입장을 그들의 가족에게 먼저 말한 후의 이야기다. 그리고 당신이 인척에게 말하는 것은 오직 단 한 번뿐이어야 한다. 이때 당신의 태도는 신중하고 조심스러워야 한다.

바운더리 설정 자체가 어려운 일인데, 이를 가족에게 한다는 것은 더 어렵다. 당신의 배우자는 생각보다 훨씬 더 겁나고 어려운 일을 해결하려고 애쓰는 중이다. 두 가족이 서로 합친다는 것은 힘든 일인 만큼 서로 응원해주자.

배우자 가족과의 바운더리가 필요하다는 시그널

- (결혼과 같은) 당신에게도 특별한 행사를 자기들 위주로 정한다.
- 그들의 가족 구성원들에게 당신을 험담한다.

- 당신을 좋아하지 않으며, 그 사실을 당신에게 숨기지 않고 말한다.

- 당신에 대한 부정적인 관점을 자녀 앞에서 솔직하게 드러낸다.

- 당신의 육아 방식에 이의를 제기한다.

- 당신 가족을 대신해 결정을 내린다.

- 배우자나 자녀에게 비밀을 말해주면서 당신은 모르게 하라고 한다.

- 배우자의 중요한 일들을 당신이 미처 알기도 전에 그들이 먼저 안다.

- 당신에게 선물을 주면서 조건을 단다.

- 당신이 자녀에게 허락하지 않을 물건들을 알면서도 준다.

- 당신의 육아 방식을 존중하지 않는다.

며느리는 절대 딸이 될 수 없고, 사위는 아들이 될 수 없다

- 당신의 육아 철학을 분명히 밝힌다.

- 바운더리 설정을 도와줄 것을 배우자에게 요구한다.

- 배우자에게 자기 부모와의 바운더리를 실행할 것을 요구한다.

- 조건이 달린 선물은 받지 않는다.

- 배우자와 자녀에게만 따로 비밀을 얘기하지 말라고 분명히 말한다.

배우자의 부모에게,

- "저흰 아이들이 솔직하길 원해요. 저희에게 말하면 안 되는 비밀은 아이들한테 얘기하지 마세요."

- "저희에게 관심이 많으셔서 이것저것 관여하고 싶으신 것 이해해요. 하지만 저희가 알아서 해결해나가는 것도 중요한 일이에요."

- "가까이 금전적인 도움을 주신 점은 감사해요. 다음부터는 그냥 마음에서 우러날 때 해주세요. 대가로 뭔가 해주기를 바라지 마시고요."
- "저희 생각과 좀 다른 방식 같네요. 저희 육아 방식을 존중해주시면 좋겠어요. 저희가 아이들에게 바라는 점을 존중해주세요."

배우자에게,

- "당신이 아버님이랑 친한 건 알아요. 하지만 우리 성생활까지 시시콜 콜 아버님하고 의논하지는 말아줘요."
- "당신이 당신 가족이랑 먼저 얘기해버리면 나는 소외감이 들어요. 당신 한테 일어난 일은 내가 제일 먼저 알고 싶어요."
- "나한테는 비밀로 하면서 당신 부모랑은 얘기하는 거 기분 나빠요."
- "당신 부모님이랑 내가 바운더리를 설정할 때 도와주면 좋겠어요."

배우자 가족과의 관계에서 꼭 기억해야 할 것

- 배우자가 자기 부모와의 바운더리를 설정하는 방법을 익히는 동안 온화하게 대하라.
- 만일 배우자가 자기 가족과의 바운더리 설정을 어려워한다면 당신 의 바운더리를 공유하는 것도 괜찮다.
- 바운더리 침해가 발생했을 때는 오래 방치하지 말고 빨리 개입하라.

가족이라도 모든 걸 함께할 수는 없다

"동생은 내 친구들을 다 싫어해요. 친구들하고 같이 놀 때 데리고 가면 어떻게든 친구들 흠을 찾아내고요. 서로 다른 대학을 간 이후로 계속 이런 식이에요. 마치 내 유일한 단짝이라도 되는 것처럼 군다니까요."

모니카는 늘 분위기를 망치기만 하는 동생에게 지쳤다. 스물세 번째 생일 파티 때는 모니카의 룸메이트와 말싸움을 벌이기까지 했다. 그 이후로 모니카는 파티 내내 동생을 달래야 했다.

다른 가족 구성원, 즉 형제자매나 사촌, 이모, 고모, 삼촌, 조부모일 수도 있는 그들은 당신의 삶에서 중요한 역할을 맡고 싶어 할 수 있다. 어떤 하나의 역할을 하는 것은 괜찮지만, 당신이 그들에게 원하는 모습이 무엇인지는 말해줘야 한다.

가족과의 바운더리가 필요하다는 시그널
• 자신들이 원하는 대로 하기 위해 당신에게 죄책감을 유발한다.

- 개인적인 사연을 털어놓아 당신을 당황하게 만든다.

- 당신이 사귀기로 한 사람에게 관여한다.

- 당신에 대한 생각을 여과 없이 표현한다.

- 당신 앞에서 다른 가족 구성원에 대해 험담을 한다.

- 당신의 개인적인 일을 다른 가족 구성원과 공유한다.

- 원하지 않는 생활 방식을 강요한다.

- 당신과 상호의존적인 관계를 맺고 있다.

- 서로 얽매인 관계다.

가족이 화목하려면

- 개인적인 공간을 허용한다.

- 압박감 때문이 아니라 정말 당신이 원할 때 가족 모임에 참석한다.

- 연애 상태나 체중, 그 외 당신이 논의를 원치 않는 주제에 대해 가족 구성원들이 논하는 것을 허용하지 않는다.

- 가족과의 관계에서 당신 자신이 원하는 것을 표현한다.

- 가족의 기준에 맞지 않는 경험을 해본다.

가족에게,

- "예전처럼 우리가 친하진 않은 것 같아. 그리고 그게 우리 관계에도 영향을 미치고 있고. 그렇게 자꾸 시샘하고 네 멋대로 할 거면 내 친구들하고 외출할 때 널 데려갈 수 없어."

- "우리는 정치적 견해가 서로 다른 것 같아. 가족 모임에서 정치 얘기는

하지 말자."

- "내 인간관계가 잘되기를 바라는 거 알아. 하지만 내 연애에 대해 조언을 하거나 꼬치꼬치 캐묻는 건 사양하겠어."

- "○○아, 나도 정말 걱정돼. 하지만 앞으로 요금을 대신 내주지는 않을 거야."

- "가족 싸움에 개입하고 싶지 않아. 더는 중재자 역할 안 할래."

가족 관계에서 꼭 기억해야 할 것

- 어쩌면 당신의 가족 중 바운더리를 설정하는 사람은 당신이 처음일 수 있다. 뭔가 다른 것을 시도하면 가족들로부터 달갑지 않은 반응이 나올 수 있다는 점을 기억해두는 편이 좋다.
- 바운더리를 설정하면 다른 사람들이 당신을 바라보는 방식이 바뀔 것이다.

부모는 아이들의 거울

"자아도취에 빠진 저 사람한테서 아이들의 남은 인생을 어떻게 구해낼 수 있을까요?"

하루는 상담 중에 제이슨이 물었다. 그는 제시카와 두 아이를 함께 키웠다. 제시카는 아이들에게 제이슨에 대해 부정적으로 얘기했다. 또한 훈육을 제이슨에게 맡기면서 그를 나쁜 사람처럼 보이게 했다. 제이슨은 제시카가 아이들에게 더 많은 시간을 함께 보내고 싶다고 호소하면서 은근히 아이들을 조종하고 있다고 말했다. 정작 양육권을 정확히 50 대 50으로 나눠 갖자고 말한 사람이 그녀 자신이면서도 말이다.

제이슨은 제시카와 소통하는 것을 점점 더 힘들어했다. 그녀는 이혼으로 아이들에게 악영향을 미친 책임이 제이슨에게 있다며 계속 그를 비난했다.

'부모로서 아이를 함께 양육하는 관계'라는 말은 혼인으로 연결된 관계나 혼인하지 않은 관계 모두에 적용된다. 부부 또는 헤어졌지만 원만한 사이의 관계라도 아이를 키워나가는 것에 대해 서로 다른 믿음 체계를 가지고 양육을 한다는 것은 매우 어려운 일일 수 있다.

부모가 서로 언쟁을 벌이는 관계일 때 아이들은 알게 모르게 부정적인 영향을 받는다. 그렇다고 서로 나 몰라라 할 수도 없다. 아이로 단단히 묶인 영원히 떼려야 뗄 수 없는 관계이기 때문이다. 까다로운 전부인, 또는 전남편과 아이를 함께 키우는 것이 어렵다는 점은 나도 잘 안다. 하지만 건강한 바운더리가 자리 잡는다면 훨씬 편해질 수 있다.

양육자와의 관계에서 바운더리가 필요하다는 시그널

- 아이들 앞에서 당신에 대해 부정적으로 이야기한다.
- 두 사람이 내려야 하는 결정에 합의가 이루어지지 않아 아이들에게 부정적인 영향을 끼친다.
- 아이들이 보는 앞에서 욕설이나 언쟁, 정서적 학대, 또는 폭력을 가한다.
- 아이들에게 한쪽 편을 들으라고 한다(부모 중 누가 옳고 그른지, 또는 누구와 더 가깝게 지내고 싶은지 선택하게 한다).
- 논쟁을 벌이면서 아이를 볼모로 삼는다.

아이의 방문을 열기 전에

- 아이들에게 알리기 전에 함께 문제를 논의한다.

- 설정된 양육권을 존중한다.
- 상대방에 대한 부적절한 정보를 아이들과 공유하지 않는다.
- 아이들 앞에서 어쩔 수 없이 논쟁해야 할 때를 대비해서 규칙을 정한다.
- 원만하게 문제에 대한 합의를 이루기 어렵다면 중재자를 찾는다.
- 아이를 상대방의 가정에 보낼 때는 어디서 데려가고 어디에 내려줄지 사전에 협의한다.

양육자에게,

- "우리가 이 문제에 대해 의견을 합치지 않는다면 어떻게 합리적인 절충안을 찾을지 의문이네요."
- "적정 수준의 양육권과 양육비를 결정하는 데 중재자의 도움을 받으면 좋을 것 같아요."
- "아이들이 우리가 싸우는 모습을 보게 해선 안 돼요. 아이들 앞에서는 부적절한 대화는 안 할 생각이에요."
- "아이들 앞에서 나에 대해서나 당신이 나를 어떻게 생각하는지에 대해 언급하지 말아줘요."
- "아이들은 우리의 싸움을 보는 것만으로도 충격을 받을 수 있어요. 그러니 우리가 사이가 좋지 않을 때라도 아이들 앞에서는 괜찮은 사이로 보이도록 해요."

부부 입장에서 꼭 기억해야 할 것

• 두 사람의 관계를 지켜보면서 아이들은 앞으로 관계를 어떻게 맺고 살아갈지를 배우는 중이다.

• 자녀들은 안전하다고 느끼고 싶어 한다.

• 당신이 할 수 있는 것은 오로지 자신의 역할뿐이다. 바운더리를 설정했으면 반드시 지켜라.

• 사이좋은 부모는 아이들에게 정말 큰 행운이다.

아이도 엄연한 1인이다

18세 이하의 아이들은 어른들의 문제를 정서적으로 감당할 능력이 없다. 나이에 비해 성숙하다 하더라도 어른의 스트레스 요인을 아이와 공유하는 것은 적절치 않다. 물론 나이가 들수록 나아질 수 있겠지만, 어른의 개념을 이해하기에는 설명이 필요하다.

바운더리는 아이들을 안심시킨다. 아이들은 바운더리를 반대하지만, 그들은 규칙과 체계를 통해 많은 도움을 받으며, 타인을 어떻게 대하고 어떻게 건강한 관계를 유지할지를 배우기 위해서라도 한계 설정은 꼭 필요하다.

앞으로 각기 다른 연령대에 맞는 바운더리를 설명하기 위해 "나이에 맞는"이라는 용어를 여러 번 사용할 것이다. 무엇이 나이에 맞는 것인지 만일 내담자가 확실히 모른다면, 나는 어린 시절 자신이 어떤 것에 노출되었는지를 떠올려보라고 한다. 내담자 자신의 경험도 아마 당시의 나이에 적절하지 않았을 것이다.

나는 그들에게 차라리 텔레비전 프로그램의 관람 제한 나이나 장난감의 적정 나이 제안, 또는 의사들이 아이들에 대해 뭔가를 하기에 괜찮다고 하는 나이를 참고할 것을 권한다. 이런 나이 제안을 엄격한 규칙으로만 봐서는 안 된다. 왜 그 프로그램의 내용과 물건, 활동이 특정 연령대에 적합한지 심각하게 돌아볼 기회를 주기 때문이다.

자녀와의 관계에서 바운더리가 필요하다는 시그널

- 아이들이 규칙에 전혀 구애받지 않는다.
- 당신의 육아 방식이 허용적이다.
- 자녀가 부모에게 친구 역할을 하고 있다.
- 당신의 육아 방식은 가혹하기만 하다.
- 남들에게 부적절하게 말해도 아무도 뭐라고 하지 않는다.

제 나이에 맞는 삶

- 어린 자녀에게는 연령대에 맞는 취침시간을 정해준다.
- 건강한 식사를 보장한다.
- 연령대에 맞게 기분과 감정에 관해 의견을 나눈다.
- 아이를 친구로 삼지 않는다.
- 가정 내에서 큰 자녀가 어린 자녀를 돌봐줄 것이라 기대하지 않는다.
- 나이에 맞는 방식으로 스스로 돌보는 방법을 자녀에게 가르친다.
- 자녀의 나이에 맞는 오락거리를 허용한다.
- 온라인과 SNS 사용을 제한한다.

자녀에게,

- "아침에 학교 가야 하니까 9시에는 잠자리에 들자."
- "오늘 한 번도 물 안 마셨니? 물을 몇 잔 마시기 전에는 주스 그만 마셔라."
- "부모는 나니까 동생은 내가 돌보마."
- "그만 방으로 들어가렴. 할머니하고만 할 얘기가 있단다."
- "지금 보고 있는 프로그램은 네 나이에 맞지 않구나. 부적절한 내용은 거르도록 설정을 좀 바꿔야겠다."
- "화가 나는 건 정상이야. 다만 화날 때는 어떻게 행동하는 게 좋을까?"

부모 입장에서 꼭 기억해야 할 것

- 자녀가 아무리 나이에 비해 성숙해도 아이의 나이에 맞게 지내도록 해주는 것이 매우 중요하다.
- 아이들은 어른들 사이에서 일어나는 일을 자세히 알 필요가 없다.
- 아이들은 적절한 한계가 계속 유지될 때 안심한다.

✦ 바운더리가 아이를 키운다

어른들은 아이들도 바운더리가 필요하다는 사실을 종종 잊는다. 어른들의 이런 망각은 "넌 아이잖니. 누가 네 기분 따위에 신경 쓰겠어"라는 식의 노골적인 말이나 행동으로 드러나는데, 아이들은 어른들의 이런 태도에 상처받는다.

아이들이라는 세상

- 아이들도 나름의 감정이 있다. 그 감정을 마음껏 탐구하고 표현하도록 하는 것이 좋다.
- 어른들이 생각 없이 노출하는 것에 영향을 받는다.
- 어른들이 자신의 문제에 어떤 반응을 보이느냐에 영향을 받는다.
- 어른들 때문에 느낀 감정을 잊지 못한다.
- 어른의 동반자나 친구가 아니다.
- 겉으로 보이는 행동이 어떻든 간에, 어른들의 문제를 적절하게 처리할 정신적 능력이 부족하다.
- 아이들도 자기만의 바운더리가 있다.

내가 상담실에서 만난 성인 대부분이 어린 시절 침해당한 자신의 바운더리를 선명하게 기억했고, 그 침해로 받은 상처를 치유하느라 아직도 힘들어한다. 또한 성인이 된 후에도 건강한 바운더리를 받아들이지 못한다. 어렸을 때 바운더리를 제대로 익히지 않으면 성인이 되어서도 고생하게 된다. 아이들은 건강한 바운더리를 갖는 것이 자신들에게 좋은 것임을 반드시 배워야 한다.

아이들은 어른들에게 자신의 욕구를 존중해달라고 요구하면 안 된다는 것을 알고 있다. 그래서 건강한 바운더리에 조심스럽게 도전하면서 자신들의 말에 귀 기울여달라고 요구한다.

자녀가 부모에게,

- "아빠에 대해서 나쁜 말 하는 거 안 하면 안 돼요?"
- "나한테 전혀 관심이 없네요. 그냥 내 말 좀 들어줄 순 없어요?"
- "안는 거 싫어요."
- "전화기 내려놓고 나랑 조금만 더 같이 있어요."
- "할머니한테 말 걸기 싫어요. 늘 매몰차게 대하시잖아요."

이런 요구를 할 때 아이들의 말에 반드시 귀를 기울여야 한다. 아이의 바운더리를 계속 무시하면 아이는 자신이 좋아하는 게 무엇인지도 제대로 모르는 성인으로 성장할 수도 있다. 가능하다면 언제든 아이들의 바운더리를 존중해주어야 한다.

가족에게 바운더리를 설정하는 일은 특히 어렵다. 수년간 당신의 가족은 당신이 했던 행동과 역할에 이미 익숙해져 있다. 더는 지금까지처럼 살고 싶지 않다면 반드시 변화가 필요하다. 쉽지는 않겠지만 가족과의 바운더리를 개선하면 그들과 좀 더 나은 관계를 만들어가는 데 도움이 될 것이다.

수첩이나 종이 한 장을 꺼내 다음의 질문에 답해보자.

- 가족과의 바운더리를 설정하는 것에 대해 당신은 어떻게 느끼는가?

- 가족 구성원 중 당신의 바운더리를 가장 잘 수용해줄 것 같은 사람은 누구인가?

- 가족 구성원 중 당신의 바운더리를 가장 덜 수용해줄 것 같은 사람은 누구인가?

- 가족 관계에서 하고 싶은 바운더리를 2가지만 적어보라.

- 당신의 바운더리를 고수하려면 가족에게 어떤 행동이나 후속 조치가 필요할까?

11

사랑하는 관계:
완벽한 관계는
자연히 만들어지지 않는다

관계는 만들어가는 것이다.

말콤과 니콜은 1년을 만나오다가 같이 살기로 했다. 그리고 2년을 함께 산 끝에, 그들은 집안일 분배부터 시작해 얼마나 많은 시간을 함께 보낼 것인지, 그리고 앞으로 어떻게 할지에 대해 자신들이 끊임없이 다투고 있다는 사실을 깨달았다. 말콤은 다투다가 화를 참지 못해 몇 시간씩 집을 나가 있기도 했다. 그리고 다시 돌아와서는 며칠 동안 니콜에게 쌀쌀맞게 굴었다.

상담 중에 니콜은 말콤과 대화가 부족하다며 울음을 터뜨렸다. 니콜은 말콤과 자신이 서로 깊이 사랑한다고 생각했다. 자신들이 왜 그렇게 많이 싸우는지 알 수가 없었다.

반면 말콤은 니콜을 '잔소리꾼'으로 묘사했다. 니콜은 원하는 바를 직접 말하는 대신 그다지 은근하다고 볼 수 없는 방식으로 암시를 주었다. 이것이 말콤을 짜증스럽게 만들었다. 말콤은 짜증이 나면 니콜의 수동공격적 요구를 무시했다.

니콜에게 가장 중요한 문제는 결혼하고 싶다는 것이었다. 최소한 약혼도 하지 않은 상태로 2년 동안이나 말콤과 살게 될 줄은 꿈에도 몰랐다. 니콜은 너무 화가 났고, 싸울 때면 자주 결혼 문제를 끄집어냈다.

반면 말콤은 자신이 정말 결혼을 원하는지 확신하지 못했다. 니콜은 같이 살기 시작한 지 겨우 6개월이 되었을 때부터 결혼 얘기를 꺼냈다. 말콤은 자신들의 문제에 전혀 해결 의지를 보이지 않음으로써 니콜의 걱정을 무시했다.

분명 두 사람 모두 불화가 있을 때마다 종종 겪는 소통 문제를 충분히 논의하기 위해 문제의 근원으로 돌아가보는 것이 필요했다. 그들은 누가 옳고 누가 달라져야 하는지에 대한 분쟁에서 내가 승패를 정해주리라 생각했다. 하지만 그들의 기대와 달리 나는 두 사람이 관계를 시작할 때 동의했던 것들부터 얘기를 꺼냈다.

두 사람은 "난 당신을 사랑해, 당신도 나를 사랑하고" 외에는 서로에 대한 수용 범위를 한 번도 논의한 적이 없었다. 그래서 말콤은 언쟁 중에 집을 나간 것이다. 두 사람은 서로 상대방에게 어떤 기대를 하는지도 이야기 나눈 적이 없었다. 니콜은 결혼을 원했지만 말콤은 결혼에 대한 확신이 없었다. 3년간 두 사람은 각자 무언의 바운더리를 구축하고 살면서 그 바운더리가 침해당하고 있음을 상대방에게 말하지 않은 채 분노를 키워왔다.

내가 보기에 두 사람은 처음부터 바운더리에 문제가 있었던 것이 분명했다.

기본으로 돌아가라

　　1장에서 건강한 바운더리가 필요함을 알리는 징후에 대해 살펴보았다. 이번 사례에서, 니콜은 분개했고 그녀의 분노는 두 사람의 일상적인 대화에 그 존재를 드러냈다. 자신의 욕구를 분명하게 직접적으로 표현하는 대신, 그녀는 수동공격적인 방법으로 드러내곤 했다. 예를 들면 이렇게 말하는 식이었다.

　　"어머니 댁에 갔다가 언제 돌아와요? 당신이 저녁 식사 준비한다고 했는데 시간이 충분했으면 좋겠네요"

　　좀 더 분명히 "5시까지는 돌아와서 저녁 식사를 준비하든지, 아니면 밖에서 뭐라도 사 와요" 처럼 원하는 바를 말로 표현하면 되는데도, 니콜은 언제나 언쟁으로 끝나는 시나리오를 설정했다.

　　2장에서는 바운더리를 설정하지 않으면 어떤 일이 벌어지는지 살펴보았다. 니콜은 극도의 피로감을 느꼈다. 그래서 "＿＿를 할 사람이 나라는 데 지쳤어요"라든지 "말콤이 뭘 원할까, 머릿속에 늘 그 생각뿐이에요"라는 식의 말을 했다. 니콜은 자신이 말콤을 위해 많은 것을 하지만 그에게서 받는 것은 거의 없다고 느꼈다. 말콤은 평온함을 원했다. 그리고 치열한 언쟁 때문에 평온함을 방해받으면 집을 나가는 것으로 바운더리를 설정했다.

3장에서는 무엇이 사람들에게 바운더리 설정을 주저하게 만드는지 살펴보았다. 니콜은 자신이 원하는 바를 솔직하게 말하는 것에 대해 죄책감을 느끼고 싶지 않았다. 또한 말콤이 자신의 요구를 들어주기를 꺼릴까봐 두려웠다. 하지만 두 사람은 자신들이 가진 문제에 대해 터놓고 이야기 나누지 않았기 때문에, 과연 결혼이 문제 해결에 도움이 될지 알 수 없었다.

6장에서는 바운더리를 확인하고 상대방에게 전달하는 구체적인 방법을 살펴보았다. 우리는 니콜과 말콤이 소통할 수 있도록 도움으로써, 두 사람이 건강한 길을 계속 갈 수 있게 해줄 합리적인 방법을 찾았다. 두 사람이 서로 무엇을 원하는지 심도 있게 이야기 나누는 과정에서, 다음과 같은 결론에 이르렀다.

- **니콜**이 원하는 것은 언젠가는 결혼한다는 관계의 앞날에 대한 확실한 약속과 가사 분담
- **말콤**이 원하는 것은 조금 더 나은 방법으로 문제점을 확인하고, 그 문제점을 격한 논쟁이 아니라 의미 있는 대화를 통해 전달하기

우선 나는 니콜을 도와서, 말콤이 이해할 수 있는 방식으로 분명하게 원하는 바를 말하도록 했다. 놀랍게도 말콤은 니콜의 말에 귀

를 기울여주었고 집안일을 더 도와달라는 직접적인 요구를 당장 들어주겠다고 말했다. 니콜은 이렇게 직접적으로 도움을 요청했다.

- "_____ 하는 것 좀 도와줘요."
- "5시까지는 집에 돌아와요. 당신이랑 같이 저녁 먹고 싶으니까요."
- "밤에 데이트하면서 당신이랑 같이 시간을 보내고 싶어요."

서로의 요구를 명확하게 표현하자, 두 사람은 언쟁의 빈도와 정도가 현저히 줄어들었다는 사실을 깨달았다. 결혼이라는 중대사에 대해서, 말콤은 자신의 부모가 부부로서 행복하지 못했고 다른 부부들을 봐도 문제가 많았기 때문에 솔직히 걱정된다고 말했다. 니콜과 말콤은 결혼이 가진 문제와 장애에 대해 충분히 이야기했고, 서로의 관계에 대해 새로운 타협안을 찾았다.

어떤 관계든 합의가 필요하다

✧ 관계를 이해하는 요소들

어떤 관계든 바탕에는 외적·내적 합의(규칙과 바운더리)가 깔려 있다. 그 합의 사항이 무엇이냐에 따라 사람마다 관계의 양상이 다르게 나타난다. 어떤 관계에서는 상대적으로 다툼이 더 많을 수 있지만, 그 외의 다른 관계에서는 다툼 자체가 용납되지 않는다. 어느 순간 관계 내에서 다툼은 적절치 못하다는 외적·내적 합의가 이루어졌기 때문이다.

회사 상사와 언쟁을 벌이는 문제를 떠올려보면 쉽다. 화가 나면 엄마에게는 떼를 쓰지만, 상사에게는 찍소리도 못하는 것과 같다.

건강한 관계에서 나타나는 외적 합의의 예

- *"나한테 소리치지 마."*
- *"나는 열린 관계를 원해. 서로의 문제를 얘기해도 되는 관계 말이야."*
- *"당신 친구들을 만나보고 싶어."*

건강하지 못한 관계에서 나타나는 내적 합의의 예

• 사람들이 당신과의 관계에서 어떻게 행동해야 하는지 알고 있다고
  생각한다.

• 무엇을 원하는지 굳이 말로 하지 않아도 사람들이 알아서 충족해주
  리라 생각한다.

• 당신이 기대하는 바를 사람들이 알고 있을 거라고 믿는다.

이와는 반대로 사람들은 오로지 당신이 말한 것만을 알고, 당신
이 요구하는 것만을 해주며, 알아서 당신의 마음을 읽을 능력 따위
는 없다고 생각해보자. 생각보다 사람들은 당신에게 관심이 없다.

관계 습관에 주의 기울이기

• 건강한 관계를 유지한다는 것이 어떤 의미인지 분명하게 이해한다.

• 왜 자신이 특정한 사람들과 관계를 맺는지 생각해본다.

• 사람들과 함께할 때 자신의 에너지 상태를 파악한다.

• 자신에게 좋다고 느껴지는 것을 한다.

• 관계 내의 모든 이들이 합의를 이루지 않더라도 괜찮다고 생각한다.

• 어떤 관계는 어떠해야 한다는 사회적 기준에 도전한다.

• 관계에서 어떤 점이 자신을 행복하게 하는지 찾는다.

• 건강한 선택을 함으로써 자신의 기분을 존중한다.

✦ 저는 사람에 대한 기대가 없어요

관계를 맺고 어느 정도 시간이 흘렀다면 기대치를 설정해보자. 이는 빠를수록 좋다. 결혼하고 싶다면, 만나고 있는 상대방도 결혼을 원하는지 반드시 알아야 한다. 자녀를 갖고 싶지 않다면, 사귀고 있는 상대방이 자녀를 원하는지 아는 것이 필수다.

일반적으로 말하는 결혼 적령기를 놓치면서 다른 사람을 만날 기회를 놓쳐버렸다고 속상해하는 사람들이 있다. 자녀도 마찬가지다. 딩크족이 되고 싶은데 상대방이 아이를 간절히 원한다면 서로 간에 다툼이 발생할 수밖에 없다. 정확히 알아야 명확한 관계를 맺을 수 있고, 그 안에서 의도적인 합의를 창출해낼 수 있다.

모든 관계는 처음에는 즐겁다. 그래서 종종 쉽게 만족하는 것처럼 보인다. 하지만 가장 만족스러움을 느끼려면 자신과 상대방에게 솔직해져야 한다. 또한 시간을 아끼면서 수많은 가슴 아픈 일도 예방하려면, 상대방이 "나는 진지한 관계는 원하지 않아"라든지 "나는 결혼에 적당한 사람이 아닌 것 같아" 또는 "전에 만났던 사람들은 다 나보고 제정신이 아니래"라거나 "나한테 자녀라니, 상상도 할 수 없어"라고 말할 때 그 말을 믿어라. 만일 이런 발언들이 괜찮다면, 당신은 그에게 잘 어울리는 짝이다.

만일 당신이 원하는 것과 다르다면, 그에 맞는 다른 사람을 찾아라. 그러지 않으면 사귀는 내내 당신이 원하는 것을 상대방도 원하도록 설득하느라 대부분의 시간을 허비하게 될 것이다.

상대방과 데이트를 몇 번 한 사이라면 지금이 자신의 기대치를

304

언급하기에 아주 좋은 시기다. 솔직하게 털어놓기를 주저하게 되는 가장 큰 이유는 상대방이 겁을 먹고 떠날까봐 두려워서다. 사실 그렇게 했을 때 상대방이 떠나는 이유는 당신이 하는 말에 관심이 없어서일 뿐이다. 따라서 아픈 만큼 상대방과 맞지 않는다는 시그널이라고 보면 된다.

적당한 기대가 안전한 사이를 만든다

- 앞으로의 계획은 무엇인가?
- 가치관은 비슷한가?
- 혹시 관계에 장애가 될 만한 문제가 있는가?
- 다툼이 일어나면 어떻게 할 작정인가?
- 관계 내에서 허용될 수 있는 부분은 무엇인가?
- 관계에 있어서 당신이 시행하고자 하는 특별한 규칙은 무엇인가?

바운더리 설정이 선행되지 않은 관계에 깊이 빠져 있다면, 이제라도 분명하게 정해서 상대방과 논의해보자. 두 사람 사이에 불거진 특정 문제에 대한 자신의 감정을 기준으로 삼으면 어떤 부분에 한계 설정이 필요한지 알 수 있을 것이다. 억울함이나 지치는 느낌, 좌절감, 가라앉는 느낌, 불편감, 분노 등의 감정이 드는지 잘 살펴보자. 이런 감정들이 왜 생기는지를 살피면 상대방과의 관계에서 어떤 부분에 바운더리가 필요한지 정확하게 알 수 있다.

우리는 왜 자주 어긋날까

✦ 관계 문제의 핵심은 의사소통

나는 14년간 관계 전문가로 수많은 커플을 만났다. 이들이 상담실을 찾는 가장 주된 원인은 두 사람 사이의 의사소통 문제를 해결하기 위해서다. 사실 대부분의 관계에서 일어나는 문제들은 결국 의사소통 문제로 압축된다. 구글에서 '부부 관계를 위한 책'을 검색해보면, 대부분이 이 주제를 다룬다.

수년간 부부 문제를 도우면서 정말 깜짝 놀란 점은, 둘 사이의 규칙을 한 번도 의논하지 않고 관계를 시작하는 경우가 많다는 사실이다. 심지어 관계를 맺음으로써 일어날 수 있는 일과 일어날 수 없는 일에 대한 논의조차 시도하지 않는다. 여느 일반적인 관계도 아니고, 바로 지금 두 사람이 맺고 있는 관계인데 말이다.

서로 받아들일 수 있는 부분과 받아들일 수 없는 부분은 무엇인가? 의사소통 문제가 가장 많이 발생하는 부분을 몇 가지 살펴보자.

신의

- 한 사람하고만 관계를 맺고 있는가?

- 한 사람하고만 관계를 맺는다는 것은 어떤 의미인가?

- 부정을 저지른다는 것은 무엇인가?

- 누군가 부정을 저지른다면 그 결과는 어떻게 되겠는가?

재정

- 당신의 돈은 어떻게 관리할 것인가?

- 각종 생활비는 누가 책임지는가?

- 단기, 장기 재정 목표는 무엇인가?

- 예금이나 주식 계좌를 합칠 것인가, 아니면 따로 관리할 것인가?

- 둘 중 한 명이라도 금전 문제가 있는가?

- 금전 문제가 생긴다면 어떻게 얘기를 꺼낼 것인가?

집안일

- 누가 가사를 책임질 것인가?

- 한 사람에게 치우치지 않도록 어떻게 분담할 것인가?

- 가정을 유지하는 데 필요한 일을 어떻게 함께해나갈 것인가?

자녀

- 자녀를 갖고 싶은가?

- 얼마나 많은 자녀를 원하는가?

- 당신의 육아 방식은 어떤가? 또는 어떨 것으로 생각하는가?

- 자녀와 관련해 불화가 생긴다면 어떻게 접근할 것인가?

- 자녀가 태어나면 상대방과의 관계를 어떻게 유지할 것인가?

외적 요인

- 상대 가족과의 문제는 어떻게 처리할 것인가?

- 상대방의 문제 처리 방식에 동의하지 않으면 어떤 일이 생기는가?

- 관계 밖의 누군가에게 이 관계를 이야기해도 괜찮은가?

- 다른 사람들로부터 당신의 관계를 어떻게 보호하겠는가?

많이 대화하는 것도 중요하지만 무슨 주제로 대화를 하는지도 중요하다. 불편한 대화가 관계를 지킬 수 있다. 그러니 문제가 정말 심각해지기 전에 기꺼이 대화를 나눠보자. 위에서 언급된 흔한 소통 문제를 예방하면 앞으로의 논쟁에서 벗어날 수 있다.

정당한 요구는 단호해야 한다

스스로의 기준에 따라 자신만의 바운더리를 만들었다면 다음 과제는 내 목소리를 드러내는 실천만이 남았다. 그러나 거리낌 없이 당당하게 나의 바운더리를 말하기는 쉽지 않다. 지금껏 짧게는 10년, 길게는 40년 넘게 잘하지 못했던 일이기 때문이다.

다음은 이를 특히 더 어렵게 만드는 잘못된 믿음이다.

- 내 말에 전혀 신경 쓰지 않을 것이다.
- 내 요구를 들어주지 않을 것이다.
- 나를 진지하게 생각해주지 않을 것이다.
- 나를 이해하지 못할 것이다.
- 아무것도 도와주지 않을 것이다.
- 나쁜 사람이 되기 싫다.

건강한 관계라면 자신의 욕구를 표현해도 상대방은 그것을 환영하고 존중한다. 상대방이 당신을 무시하고 당신의 바운더리에 저항하거나 심지어 도전한다면 그것은 건강하지 못한 관계다.

관계가 건강하지 못한 경우 어떻게 해야 하는지는 이미 살펴보았다. 그러니까 이제는 단호함이 부족한 것이 두려움 때문이라고 가정해보자. 커플들과 상담을 하는 동안 나는 많은 사람들이 상대방이 어떻게 반응할지 몰라서 할 말도 못 하는 모습을 보고 놀라움을 감출 수 없었다.

제니스와 사라는 성관계 횟수에 대한 의견차이를 좁히지 못해 치료실을 찾았다. 두 사람에게 "성관계를 얼마나 자주 하길 원하나요?"라고 물었을 때, 두 사람은 "일주일에 두세 번이요"라고 똑같은 대답을 했다.

이런 일은 꽤 자주 일어난다. 왜일까? 대부분이 문제에 대한 해결책을 찾는 대신 싸움을 벌이기 때문이다. "나는 일주일에 한두 번 관계를 갖길 원해요"라고 말한 뒤 곧바로 성관계 이야기를 연달아 꺼내는 대신 "우리는 전혀 관계를 갖지 않아요"라며 다투는 커플들이 대부분이다.

단호함은 상대방에 대한 기대치를 설정해준다. 문제가 생겼을 때 대응만 하는 것이 아니라 능동적으로 대처하게 된다.

다음의 질문들을 자신에게 던져보자.

1. 우리 사이의 진짜 문제가 무엇인가?
2. 내가 원하는 바는 무엇인가?

3. 나는 상대방과 어떻게 소통해야 하는가?

4. 내 욕구가 충족된다는 것을 확신하기 위해 나는 무엇을 할 수 있는가?

5. 내 욕구를 충족하기 위해 나는 상대방에게 무엇을 원하는가?

✧ 티키타카! 서로 대화가 되려면

열린 대화는 당신이 건강한 관계를 맺는 데 도움을 준다. 대화를 통해 당신의 관계와 그 관계를 맺는 사람들에게 영향을 미치는 문제들을 다룰 수 있는 여지가 생긴다. 하지만 그렇다고 해서 당신 마음에 들지 않는 모든 것에 대해 상대방에게 심술궂게 굴거나 감정을 분출해도 된다는 의미는 아니다.

예를 들어, "난 당신 어머니가 정말 싫어요!" 같은 말을 하면 안 된다. '열린'이라는 단어의 뜻을 생각하라. 이렇게는 말할 수 있다.

"당신 어머니와의 관계를 개선하고 싶어요. 아무래도 껄끄럽네요. 혹시 좋은 의견 있어요?"

물론 처음에 건강한 대화 방식을 확립하는 것은 유용하다. 하지만 이미 관계를 맺은 상태라면 지금이라도 말을 꺼내는 것이 극히 중요하다. 열린 대화는 작은 문제가 큰 문제로 발전하기 전이 가장 효과가 좋다. 때로는 인생에서 별것 아닌 사소한 일이 쉽게 큰일이 되곤 한다. 따라서 '그리 큰 문제는 아니라고' 생각되더라도 반드시 공식적으로 언급하라. '사소한 문제'가 나중에 어떻게 큰 문제로 발전하는가를 알면 놀랄 것이다. 다음은 그 예다.

- "그이는 늘 신발을 현관 한가운데에다 대충 벗어놔요."
- "아내는 내가 저녁에 뭘 먹고 싶은지 절대 묻지 않습니다."
- "그이는 필요한 게 있어도 절대 사러가지 않아요. 내가 다 해야 해요."

상대방에게 당신이 무엇을 원하는지 말하는 것은 그들에게 당신의 바운더리를 존중할 기회를 주는 것이다. 말하지 않고 조용히 있다가는 결국 화를 내게 된다.

"전 시어머니가 정말 싫어요. 남편은 어머니한테 전혀 맞설 생각이 없고요. 제가 어떻게 해야 하죠?"

이런 경우 남편이 시어머니에게 이용당하는 모습을 지켜보는 일은 힘이 들 것이다. 하지만 그는 평생 그렇게 살아왔을 가능성이 크다. 그렇다고 스스로 보지 못하는 것을 당신이 깨닫게 해줄 수는 없는 일이다. 당신이 할 수 있는 건 그저 남편이 시어머니와의 관계에 대해 조금 더 많이 얘기하게 하고 조심스럽게 작은 해결책을 제안하는 정도다. 어쨌든 시어머니는 남편의 어머니고 함께한 세월이 워낙 길다보니 시어머니와 당신의 문제는 하룻밤 새에 해결되지 않는다. 그만큼 시간이 걸리고, 인내도 필요하다.

시어머니와의 관계에서, 당신은 어떤 바운더리든 만들어낼 수 있다. 다만 남편 앞에서 남편의 가족을 안 좋게 말하지 않도록 주의가 필요하다. 어쨌든 시어머니는 남편의 어머니라는 점을 명심하자. 당신이 느끼는 문제가 무엇이든, 시부모님과 남편의 관계를 망치고 싶지는 않을 것이다.

가능하다면 남편이 시어머니와 직접적으로 문제를 논의하도록 만들어라. 그때 "아내가 ＿＿라고 말하더군요" 같은 말을 하게 해서는 안 된다. 이렇게 말하면 아내와 시어머니 사이의 싸움을 부추기는 것밖에 되지 않는다. 대신 '우리'를 주어로 해야 한다. "저희가 생각할 때는 ＿＿한 것 같습니다, 어머니"처럼 말이다. '우리'를 주어로 사용하는 것은 어느 한 사람한테서 나온 생각이 아니라 두 사람이 함께 내린 결정인 것처럼 들리게 해줄 것이다.

"내 남편(아내)은 매번 늦어요."

당신이 바운더리를 말로 전달했는데도 지켜지지 않는다면, 행동에 변화를 줘야 한다. 여기 몇 가지 선택안이 있다.

- 따로 운전해서 가라.
- 늦는 것에 익숙해져라.
- 배우자에게 경고하라.
- 습관적으로 늦는 사람이 당신의 배우자임을 받아들여라.

"내 남편(아내)이 가족에게 자꾸 돈을 빌려줍니다."

다른 사람들에게 돈을 빌려주지 않는 것은 당신만의 규칙일 수 있다. 다음은 이 문제를 해결하기 위한 몇 가지 선택안이다.

- 배우자가 공동계좌를 사용한다면, 다른 이들을 돕는 것은 비상금에서만 사용하도록 규칙을 정할 수 있다.
- 특정인이 습관적으로 돈을 빌린다면, 어느 정도는 한도를 정하라.
- 다른 사람에게 돈을 빌려주는 일이 가정에 미치는 장단기적 영향에 대해 논의하라.
- 자금을 유용하게 사용할 다른 방법에 대해 상의하라.

연인이 부부에서 부모가 되기까지

사람들은 대부분 결혼한 첫해에, 자녀를 낳은 직후, 그리고 자녀가 독립해서 집을 떠날 때 만족도가 떨어진다고 얘기한다.

✦ 신혼이지만 행복하지만은 않습니다

많은 부부들에게 어떻게 공존할 것인가를 배우는 일은 도전과제다. 감정적으로도 그렇지만, 같은 물리적 공간을 공유하는 일부터 돈을 관리하는 일까지 쉬운 게 없다. 이들은 법적으로 새 가족이 된 이들과 새로운 역할, 경험에 적응하면서 결혼 첫해를 보낸다. 신혼 부부를 상담하면서 나는 다음 3가지 영역에서 문제점을 발견했다.

1. 직장과 기타 인생 역할에 드는 시간 외에 자신만의 개인 시간을 갖는 법을 배우는 일
2. 가정에 책임과 의무를 다하는 일
3. 양가 가족의 기대치와 그들과의 관계를 다루는 일

결혼 첫해는 인생을 함께 구축해나가는 방법을 배우는 시기다. 이 시기에는 공동의 바운더리뿐만 아니라 개인적인 바운더리에 대해서도 분명하게 밝히는 것이 극히 중요하다. 예를 들면, 당신이 필요로 하는 것은 무엇인가? 부부로서 두 사람이 필요로 하는 것은 무엇인가?

두 사람의 바운더리는 똑같이 중요하다. 이때 어떤 걸 요구해야 하는지, 얼마나 구체적으로 말해야 하는지를 알지 못해 다투기만 하다 어영부영 넘어가는 경우가 많다. 한계와 기대치를 명확하게 정하지 않은 탓에 많은 부부가 결혼 첫해에 어려움을 겪는다.

✧ 아이가 생기고 육아에 지쳐갑니다

부부 두 사람이 함께 있으면 2개의 서로 다른 육아 철학이 존재한다. 모든 것에 합의한 부모는 극히 드물다(실제로, 나는 이런 부부를 본 적이 없다. 하지만 어딘가에는 있기를 바란다). 대부분의 부부들은 상대방이 자신이 원하는 것을 알며 굳이 말하지 않아도 충족시켜줄 것이라는 가정하에 육아를 시작한다. 그러고는 "네가 언제 그렇게 말했냐?"며 "나는 그런 이야기를 들은 적이 없다"고 다툰다.

육아 전문 팟캐스트 〈홀 마마스(Whole Mamas)〉에 손님으로 출연했을 때, 진행자 스테파니 그레인키(Stephanie Greunke)는 아이들의 방해를 받지 않으며 저녁 식사 준비를 할 수 있길 바라는 이야기를 했다.[14] 그녀는 남편이 알아서 도와주리라 기대했지만 상황은 늘 같았다. 그녀는 소리 없이 고통 속에서 저녁을 준비했고, 원망스러운 마음이 생겨났다.

이런 때일수록 배우자에게 정확히 전해야 한다. 상대방이 내가 원하는 것을 알아서 해주는 일은 드물다. 말 그대로 서프라이즈다.

부부가 부모가 되면, 아이를 돌보면서 로맨틱한 느낌은 줄어들고 마치 동업자 같은 다소 먼 사이가 된다. 아이들을 먹이고 씻기고 입히고 하는 일상의 기본적인 일에는 시간과 에너지와 강인한 의지가 필요하다. 부모가 된 부부는 세계관이나 대선에 대한 견해를 공유하는 대신 아이들 등하교 때 카풀을 하는 문제나 식료품 구매에 대해 논의한다. 서로의 하루를 묻던 질문은 기저귀가 젖은 것 같은지를 물어보는 질문에 자리를 내준다.

자녀를 낳기 전까지는 두 사람의 사랑을 유지하는 일에 관해 대화를 주고받는 일이 필수적이다. 하지만 아이가 생긴 후에는 의식적으로 동반자 관계에 집중해야 한다는 사실을 명심하자. 아이들은 건강한 관계에 있는 부모에게서 엄청난 혜택을 입는다. 이 사실을 염두에 두고 결혼생활을 우선순위에 두어보자.

부모이기 전에 부부니까

- 변함없이 밤 데이트를 즐겨라.
- 개인적인 시간과 부부가 함께 보낼 시간을 위해 아이를 봐줄 믿을 만한 사람을 구하라.
- 가족에게 도움을 요청하라.
- 자녀들의 취침 시간을 정하라.

- 아이들 이야기보다는 시사 문제에 대해 이야기 나누는 시간을 우선 시하라.

✦ 아이가 떠난 방에서

자녀들이 집을 떠나면 육아를 중심으로 자신의 정체성을 구축해온 부모들은 빈 둥지에 적응하기가 쉽지 않다는 사실을 깨닫는다. 하지만 자녀 때문에 자기 자신과 결혼생활을 유기해서는 안 된다. 부모가 된다는 것은 자신의 삶에 아이를 '더하는' 일이어야지, 아이를 돌보느라 자신의 삶을 포기하는 것이 되어서는 안 된다.

당장 건강한 바운더리를 설정해보자. 다시 배우자를 알아가기 위해 전념하고, 서로 만나 데이트를 하며, 함께 시간을 보내보자. 과거의 감정을 되살릴 수는 없어도 뭔가 새로운 감정을 만들어낼 수는 있을 것이다.

✦ 합당한 요구는 함께 잘 살고 싶다는 말

앞서 말했듯이, 지극히 로맨틱한 관계에서 가장 심각하게 불거지는 문제는 잘못된 의사소통에 있다. 사귀는 단계 초기에 좀 더 일찍 자신이 원하는 바를 말로 표현하는 법을 배울 수 있다면, 많은 관계가 지금보다는 행복해질 것이다. 뒤늦게서야 '네가 그렇게 생각하는지 몰랐다'며 놀라는 경우가 많다.

소통에 실패하면 자신의 욕구를 충족할 기회를 놓치는 것이나 마찬가지다. 사람들이 자신의 욕구를 알리는 데 실패하는 가장 큰 이유는 심술궂거나 애정에 굶주린 사람처럼 보일까봐 두려워서다.

하지만 욕구가 있다는 것은 정상이다. 자신의 욕구 대부분을 상대방이 기꺼이 충족시켜주리라 생각하는 것도 충분히 있을 수 있다. 그러니 빨리 당신이 원하는 것을 말해보자. 계속 참다가 욕구 좌절로 분한 마음이 들면 결별이나 이혼으로 이어질 수도 있다.

그렇긴 하지만 당신이 가진 모든 욕구를 일일이 충족시켜주는 일이 어느 한 사람만의 책임은 아니다. 당신은 그저 이야기를 들어줄 사람이 필요한데 당신의 배우자는 조언해주길 좋아하는 사람이라면, 친구에게 털어놓는 편이 훨씬 도움이 될 것이다.

우리는 상대방을 바꾸거나 그 본연의 모습과 다른 사람이 되라고 설득할 수 없다. 그리고 당신의 욕구 중 어떤 것은 상대방이 보기에 마치 자신을 바꾸려는 것처럼 느껴질 수도 있다. 관계에서는 자신의 요구가 합리적인지를 생각해보는 게 매우 중요하다.

상대방이 도저히 맞춰줄 수 없는 요구는 비합리적이다. 예를 들면 "과거 얘기는 절대 꺼내지 말아요" 같은 것이다. 합리적인 요구는 이런 식이다.

"당신이 또 과거 얘기를 꺼내면, 바운더리 침해 중이라고 말로 표현하고 다른 얘기로 넘어갈 거예요."

 오늘의 질문

수첩이나 종이 한 장을 꺼내 다음의 질문에 답해보자.

만일 아직 결혼하지 않았거나 사귀는 사람이 없다면 이렇게 자문해보자.

- 관계에서 내가 가장 중요하게 생각하는 5가지는 무엇인가?
- 나는 언제 내 바운더리를 말로 전달할 것인가?
- 바운더리를 어떻게 자연스럽게 전달할 것인가?
- 바운더리를 설정하기 가장 어려운 문제는 무엇인가?
- 미래의 배우자에게 내 바운더리를 어떻게 받아들이게 할 것인가?

만일 결혼했거나 사귀는 사람이 있다면 이렇게 자문해보자.

- 관계에서 내가 가장 중요하게 생각하는 5가지는 무엇인가?
- 내 배우자(애인)는 내 욕구를 잘 알고 있는가?
- 이 관계에서 가장 큰 문제는 무엇인가?
- 상대방과 바운더리를 하나라도 설정한 적이 있는가?
- 상대방과 설정한 바운더리를 나는 존중하고 있는가?
- 어떤 새로운 방법으로 내 바운더리를 배우자(애인)와 공유할 수 있는가?

12

우정 관계:
우리는 정말 좋은
친구일까

바운더리는 당신이
얼마나 기꺼이 자신이 원하는 삶을
옹호하고자 하는지를 반영한다.

"나는 내 직업이 정말 싫어."

퇴근길에 데이브는 친구 케빈에게 이렇게 말했다. 케빈은 데이브가 직장생활이나 자신의 아내, 그리고 보통 사람들에 대해 불만을 털어놓는 것을 들어주는 동안 진이 빠지고 말문이 막히는 기분이 들었다. 사랑하는 친구긴 했지만 데이브가 전화를 걸어올 때마다 케빈은 전화를 받기 전에 한숨부터 내쉬었다. 전화 내용은 뻔했다. 최소한 일주일에 두 번은 데이브가 일방적으로 쏟아내는 얘기들을 들어주었다.

하지만 케빈이 뭔가 필요로 할 때마다 돕겠다며 발 벗고 나서는 사람도 바로 데이브였다. 두 사람은 고등학교 시절부터 가장 친한 친구였고, 서로 다른 대학으로 진학한 후에도 꾸준히 연락하고 지내는 사이였다. 두 사람 모두 집까지 30분 정도를 운전해서 가야 했기 때문에, 일주일에 두 번 통화하고 종일 문자 메시지를 주고받는 것이 일상이었다.

케빈은 데이브가 재미있고 외향적이며 함께 있으면 즐거운 친구라고 생각했다. 하지만 데이브의 끊임없는 불평은 들어주기 힘들었다. 케빈은 진지하게 대화에 몰입하지 못하고 "으음" 하는 소리를 많이 냈으며 별다른 대답도 거의 하지 않았다. 그는 데이브와의 통화가 두려웠다. 그럼에도 이에 대해 데이브에게 얘기한다거나 통화 패턴을 바꾸려고 시도해볼 생각은 하지 못했다.

케빈은 자신이 비교적 단호하고 주도적인 유형이라고 생각했지만, 가장 친한 친구의 감정을 상하게 한다는 것은 그에게 상상할 수도 없는 일이었다. 우정은 그대로 지키면서 대화할 때만 약간의 거리를 두면 될 것 같았다. 전화를 몇 번 안 받아보기도 했지만, 데이브가 "아까 내가 전화했었는데"라고 말할 때면 자신이 전화를 왜 받지 못했는지 타당한 이유를 대야 할 듯한 느낌이 들었다. 그러나 별다른 이유가 없었기 때문에 그는 계속 전화를 받는 수밖에 없었다.

"전화를 안 받는 것에 죄책감을 느끼지 않으면서 제가 할 수 있는 일이 뭘까요?" 케빈이 물었다.

즉시 나는 응대하는 방법과 불편한 감정을 처리하는 방법을 말해주었다. 하룻밤 사이에 바로 편안해지지는 않겠지만 바운더리 설정을 자주 실행할수록 자신감이 생길 것이라고 말이다.

처음에 케빈에게 제안한 것은 친구 얘기를 듣기보다는 자기 얘기를 더 많이 해서 대화의 양상이 달라지는지 확인해보라는 것이었다. 케빈은 이 방법이 조금은 도움이 된다는 사실을 깨달았지만, 데이브는 여전히 통화 시간 대부분을 불평하며 보냈다. 그래서 다음에는 "오늘 좋았던 일은 없었어?"라는 식으로 대화를 시작해보라고 권했다. 이 전략도 효과가 있기는 했다.

그래도 데이브는 여전히 불평했다. 케빈은 평소처럼 30분까지는 힘들지만 15분 정도라면 일주일에 한 번 정도는 감수할 수 있을 것 같다는 결론을 내렸다.

　대부분 케빈은 우리가 논의했던 원칙을 고수했다. 하지만 그러지 않았을 때는 곧바로 일주일에 두 번 30분씩 이어지며 진을 빼는 대화로 인해 고통받아야 했다.

선을 긋고 평화를 찾든지, 계속 고통받든지

가족을 제외하면, 친구는 바운더리를 시행하기에 가장 어려운 관계다. 당신의 친구들은 종종 누가 자신을 공격했고 그래서 어떤 기분이 들었는지 당신에게 숨김없이 털어놓는다. 이는 바운더리 설정을 매우 어렵게 만드는 원인이기도 하며, 당신이 바운더리가 나쁘고 공격적인 행동이라고 믿는다면 더욱 그렇다.

그래도 우리에게 희망은 있다. 많은 우정 관계가 바운더리 문제를 이겨냈다는 사실이다. 아마 당신의 우정도 그럴 것이다. 만일 바운더리 하나 때문에 끝나는 우정이라면 이미 더 큰 문제가 내재한다는 뜻이다. 내가 인스타그램에서 진행한 투표에 따르면, 응답자의 81%가 데이트 얘기를 늘어놓는 친구의 대화 방식 때문에 힘들어했다. 문제를 제기하지 않고 바운더리를 설정하지 않으면 고통은 계속될 수밖에 없다.

우리가 맺는 관계는 바운더리의 유무를 그대로 반영한다. 내가 상대방과의 만남이 지치고 힘들다면 바운더리가 없다고 봐도 무방하다. 반면 만나고만 오면 기분이 좋아지고 에너지가 충전되는 사람이 있다면 바운더리가 존재하는 것이다. 상대방은 내가 경청할 수 있는 불평의 총량과 감정의 총량을 전혀 알지 못한다. 말과 행동을 통해 그들이 알 수 있게 만드는 건 우리 몫이다.

정말 죄책감 없이 바운더리를 행사할 수 있을까? 다시 말하지만 그건 불가능한 일이다. 하지만 이는 근육과 비슷해서, 많이 설정할수록 설정도 유지도 점점 쉬워진다. 우리는 바운더리를 정하면 친구들이 상심할 거라고 가정한다. 하지만 친구가 다른 이들과 겪는 문제 중 어느 것이라도 친구에게는 전혀 책임이 없는 문제가 있을까?

내가 대학에 다닐 때 항상 자신의 남자친구와 다른 친구들이 자신에게 무슨 말을 했다며 불평을 일삼던 친구가 한 명 있었다. 한동안은 그냥 들어주었지만 머잖아 그 친구가 말하는 내용의 진실을 평가했다. 친구에게 "네가 틀렸어"라고 말하는 일은 물론 내 몫이 아니었다. 하지만 다른 사람들이 그 친구에게 어떻게 잘못했는지를 투덜거리며 쏟아내는 그녀의 불평불만도 꼭 내가 들어줘야 하는 것은 아니었다.

반드시 '착한' 친구가 되어 계속 "으-음" 소리만 반복하며 그 친구의 말에 귀 기울여야 할 필요도 없었다. 그래서 나는 대화 주제를 바꾸었다. 관계 유지를 위해서라도 우리 두 사람이 공유할 수 있는 대화를 이끌 만한 주제로 소통해야 했다. 나는 친구의 많은 점을 좋아했고, 우리의 관계를 끝내고 싶지 않았다. 그래서 대화 방향을 다른 쪽으로 바꾸었고, 덕분에 그녀와 조금 더 건강한 바운더리를 구축할 수 있었다.

그렇다면 건강한 우정과 건강하지 못한 우정의 차이를 어떻게 구분할 수 있을까?

그 친구 정말 잘 만났다! 건강한 우정이라는 증거

- 친구가 당신의 성장을 보고 싶어 한다.
- 서로 힘이 된다.
- 서로가 서로에게 득이 된다.
- 당신이 발전하면서 우정도 발전해나간다.
- 서로를 어떻게 도와야 하는지 알고 있다.
- 바운더리 설정이 두 사람의 관계에 위협이 되지 않는다.
- 친구는 당신의 모습 그대로를 좋아한다.
- 친구는 당신의 별난 점을 잘 알고 그것을 조심스럽게 피할 줄 안다.
- 친구에게 감정을 솔직하게 털어놓을 수 있다.

그 사람은 별로야! 건강한 우정이 아니라는 증거

- 경쟁적인 관계다.
- 이 친구와 있을 때 최악의 행동을 하게 된다.
- 친구와 대화하고 나면 감정적으로 진이 빠지는 기분이다.
- 친구가 다른 사람들 앞에서 당신을 당황스럽게 만든다.
- 공통점이 하나도 없다.

- 친구가 당신의 구체적인 사생활을 다른 사람과 공유한다.

- 이 우정은 상호적이지 않다.

- 의견 충돌을 해결할 수 없다.

- 친구는 당신의 바운더리를 존중하지 않는다.

- 서로 얽매인(서로 종속된) 관계다.

✦ 세상의 모든 불평불만을 쏟아내는 사람에게

불평불만은 화풀이(venting)와 문제 해결 시도(problem-solving), 반추(ruminating), 이 3가지 범주로 나눌 수 있다. 화풀이는 문제를 언급하면서 조언을 구하는 대신 자신의 좌절감을 표출하는 것을 말하고, 문제 해결 시도는 문제를 바로잡기 위한 조언이나 지침을 구하는 것을 말한다. 반추는 문제를 해결하거나 자신의 좌절감을 처리하려는 노력 없이 같은 문제를 반복해서 토로하는 것이다.

반추는 기본적으로 다른 이들에게 괴로움을 준다. 화풀이나 문제를 해결해보려는 시도 때문에 힘들다는 사람들을 나는 거의 만나보지 못했다. 언제나 문제가 되는 것은 반추다.

거의 모든 사람이 뭔가에 대해 불평한다. 하지만 중요한 점은 얼마나 자주 불평하는가다. 같은 문제를 반복적으로 반추하는 소리를 즐겁게 들어줄 사람은 없다. 항상 불평불만을 털어놓는 친구는 우리가 그럴 만한 여지를 주었기 때문에 그러는 것이다.

항상 불평불만하는 사람을 만난다면

1. 적당히 불평할 때는 공감해준다.

2. 주제를 바꿈으로써 대화의 방향을 튼다.

3. 대화를 주도하고 주제에 집중한다.

4. 모범을 보여라. 불평하지 마라.

5. 의견을 제시하기 전에 피드백을 원하는지 물어보라. 그리고 상대방이 진실을 감당할 수 있을지 유념하라.

6. 오만하게 굴지 말라.

7. 할 수 있는 바를 다한 후에는 상대방과의 대화에 할애되는 시간과 빈도에 관해 명확한 선을 그어라.

조언해주기도 지쳤다면

1. "그 문제는 어떻게 도와줘야 할지 모르겠네."

2. "그거 정말 큰 문제 같다. 그 사람이랑 진지하게 얘기해봐."

3. "상황을 어떻게 처리할지 생각해봤어?"

4. "내 조언은 전적으로 나를 기준으로 한 거잖아. 너라면 무엇을 할 수 있을지 생각해봐야겠다."

혹시 불평하는 쪽이 당신이라도 바운더리 설정은 여전히 유용한 도구다.

습관적인 불평불만은 결국 자신에게 흉기가 된다

1. 자신이 얼마나 자주 불평을 늘어놓는지 주의를 기울인다.

2. 자신이 그저 하소연하고 있는 것인지, 아니면 조언을 원하는 것인
   지 상대방에게 말한다.

3. 사람들과 대화하는 목적을 의식적으로 상기한다.

4. 일기 쓰기를 통해 감정을 충분히 표출한다.

왜 우정에 금이 갈까?

나이가 들수록 새로 친구를 사귀고 옛 친구를 다시 만나는 일은 점점 어려워진다. 육아와 일, 사랑, 가족 관계로 정신없이 바빠 우정에 시간을 쏟을 여력이 부족해지기 때문이다. 나는 앞으로 친구가 없어질 일은 있어도 더 이상 생길 일은 드물다는 것을 알기에 지금의 친구를 소중히 여기려고 한다.

서른이 넘으면 사람들은 우정에 어떻게 다가가야 할지에 대해 내적 변화를 경험한다. 《우정의 위기(The Friendship Crisis)》를 쓴 말라 폴(Marla Paul)에 따르면, 서른이 넘으면 자아 발견(self-discovery)이 자기 인식(self-knowledge)으로 대체되면서 주변인들에 대해 까다로워진다. "술 한잔에 기꺼이 누구와도 어울리던 젊은 시절과는 달리 만날 사람에 대한 기준이 높아진다"고 저자는 말한다. 우리는 상호작용에 대해 너무 많이 생각하곤 한다. "그들이 날 좋아할까?" 또는 "혹시 말실수를 하지는 않았나?" 하고 걱정하는 것이다.[15]

10년 이상 우정을 지속하면 그 관계 내의 특정 역할에 익숙해진다. 따라서 바운더리를 바꾼다는 것은 우정에 대한 배신처럼 느껴진다. 하지만 사람도 늘 변한다. 우정 관계에서의 성장은 삶의 다른 영역에서도 우리를 성장시킨다.

대학에 가고 첫 직장을 갖고 진지한 연애를 하게 되면 고등학교 때 친구들과는 다시 적응해나가야 한다. 아마 결혼하고 자녀가 생기면 그 상황에 맞춰 또 적응해야 할 것이다. 내담자 중에 친구들이 다 시집가고 아이를 키우느라 바빠서 만날 친구가 없다고 말하는 사람들이 있다. 인생에서 변화가 생기면 자연스럽게 바운더리도 바뀌어야 한다.

어떤 관계는 그러한 변화를 이겨내지 못한다. 새 바운더리 때문에 벌어지는 결과라기보다는 그 관계의 바탕에 균열이 있음을 말해주는 것일 수 있다. 상황이 변함에 따라 친구 관계가 변하는 것은 너무나 당연한 일이다.

✦ 친구 사이를 괴롭히는 문제들

예전에 자신의 관계 문제를 나에게 다 털어놓기를 고집하던 친구가 있었다. 나는 그 친구에게 속속들이 모든 내용을 다 알고 싶지는 않다고 조심스럽게 말했다. 얘기를 듣고 있으면 그녀의 남자친구에 대해 지긋지긋하다는 생각이 들었기 때문이다. 어떤 때는 마치 내가 친구의 남자친구와 사귀는 것 같은 착각까지 들 정도였다. 처음에 친구는 내 말을 이해하지 못했지만, 계속해서 인지시켜주자 결국 요점을 파악했다.

이 바운더리 설정 때문에 우정이 잘못되지는 않았다. 우리 관계는 만일 내가 계속 그녀의 남자친구 얘기를 들어주고 솔직하게 조언을 해줬다면 오히려 힘들어졌을 것이다. 그런 관계는 우리 둘 모두에게 좋을 리 없었다.

친구를 위해 연애 전문가가 될 필요는 없다. 이야기에 귀를 기울여주고, 경험담을 나누고, 친구가 문제를 해결하게 도울 수는 있지만, 이런 것 중 하나라도 당신의 마음을 불편하게 한다면 얼마든지 태도를 바꿔도 된다.

"친구는 늘 돈을 빌려달라고 해요. 어떻게 해야 하죠?"

1. 당신의 기대치를 먼저 설정한다: "늦어도 _____까지는 갚을 것으로 알고 _____를 빌려줄게. 어떤 이유에서든 그때 돌려주지 못할 상황이 되면 적어도 그 전에 미리 알려줘."
2. "돈은 빌려줄 수 없어."
3. "_____를 줄 수는 없지만 _____는 해줄 수 있어."

돈과 물건을 빌려주면 스스로 잘 빌려주는 사람이 되기를 자처하는 일이라는 것을 명심하자. 물건이든 돈이든 빌려주고 싶은 마음이 없다면, 빌려주는 일을 그만 멈춰보자.

"친구의 아내가 싫을 때는 어떻게 해야 하죠?"

군이 요청하지 않은 충고나 피드백을 하기보다는 평화롭게 공존하는 방법을 배워보자. 당신의 친구는 당신이 그의 아내를 좋아하지 않는다고 해서 배우자와 이혼할 수는 없을 것이다. 친구에게 당신의 마음을 말한다면 불필요한 균열만 생기게 될 가능성이 크다. 세상에는 해결할 수 없는 문제도 있기 마련이다. 이런 점을 인정한다.

"친구가 매번 비슷한 사람을 만나 괴로워해요. 아무리 말려도 또 똑같은 상황에서 위로해줘야 해요."

1. 당신의 생각을 얘기해줘도 친구는 듣고 있지 않다. 같은 말을 그만 되풀이해보자.

2. 의견을 말해줘도 존중하지 않을 때는 하고 싶은 말이 있어도 이를 악물고 참아보자.

3. 스스로 실수를 통해 배우도록 놔두자.

"친구가 내 인생에 너무 참견해요. 그만두게 하려면 어떻게 해야 하죠?"

1. 원하지 않은 충고와 피드백을 받고 있다면, 먼저 친구를 그만 끌어들여라. 속얘기를 너무 많이 하지 말자. 친구는 그저 당신이 털어놓는 말에 반응하는 것이다.

2. 이렇게 말해보자. "그냥 내 말을 들어줘. 조언이나 피드백은 원치 않아." 조언이나 지적을 받지 않고 그냥 이야기를 털어놓고 싶다는 점을 밝혀보자.

"친구가 끊임없이 뭔가를 같이 해주길 원해요. 그게 너무 피곤해요."

1. 애정 결핍이 있는 친구일 수 있다. 그것 자체는 문제가 아니나 오랫동안 지속하기 힘든 관계가 될 수 있으니 서서히 친구와 적당한 거리를 두어보자.

2. 이 친구와 어떤 것을 즐겁게 할지 결정하고 오직 그것만 해보자.

당신은 친구지 상담치료사가 아니다

불행하게도, 우리는 종종 친구 사이에서는 뭐든 다 말할 수 있다고 생각한다. 이런 생각이 결국 우리를 실망으로 이끈다. 모든 주제에 대해 다 아는 사람은 없기 때문이다. 친구는 자신만의 경험에 근거해 100% 편향된 조언을 해줄 뿐이다.

분명 같은 얘기를 계속한 것 같은데 친구가 끊임없이 헤어나오지 못하는 문제가 있다면, 전문가를 찾도록 권하는 것이 당신이 할 수 있는 최선이다. 친구를 외면하기 어려울 때, 당신은 다른 사람의 고민을 담아두는 감정 쓰레기통이 아님을 생각해보자. 비용을 치르고 제대로 된 상담치료를 받는 것이 모두를 위하는 길이다.

치료 전문가를 찾아가도록 권해야 할 때

- 친구가 특정 문제에서 헤어나오지 못하고 끊임없이 그 문제만 거론한다.
- 친구가 해결되지 않은 트라우마가 있음을 토로한다.

- 친구가 오랜 슬픔을 겪고 있다.

- 친구가 본인뿐만 아니라 다른 사람들에게 위협이 된다.

- 친구에게 우울감이나 불안감, 기타 정신건강 문제의 징후가 있다.

- 친구가 자신이 맺고 있는 관계에서 겪는 문제들을 털어놓는다. 하지만 당신이 돕기에는 역부족이다.

치료가 필요한 친구들이 상담실 대신 당신을 찾는다면

- 당신은 그의 친구일 뿐 치료 전문가가 아님을 기억하자.

- 치료 전문가 또는 협력 단체의 책이나 연락처 등 치료를 시도하는 데 도움이 될 만한 방법을 제안해보자.

- 일단 방법을 제안한 후에는 얼마나 자주, 그리고 얼마나 많이 그들의 한탄을 들어줄 것인지에 대해 바운더리를 설정해보자.

- 당신이 생각하는 최선의 방식으로 도움을 주었음을 알려라.

- 당신은 적절한 도움을 줄 능력이 없음을 강조함으로써 전문가의 도움을 받도록 권해보자.

- 당신이 제안한 방법을 잘 실행하는지 친구에게 확인해보자.

친구에게 필요한 것이 상담이든, 기술이든, 돌봄이든, 그 무엇이든 간에 전문 지식은 전문가에게서 얻게 하자.

고등학교 시절 나는 이얀라 반젠트(Iyanla Vanzant)의 《골짜기의 가치(The Value in the Valley)》라는 책을 즐겨 읽었다. "타인의 문제라는 골짜기"라는 제목이 붙은 장에서 반젠트는 다음과 같이 말했다.

"이번 생에서 우리는 누구에게도 빚지지 않았다. 다만 책임을 져야 할 사람이 있을 뿐이다. 결코 다른 이의 삶의 무게를 자신의 어깨에 짊어질 의무는 없다."[16]

고등학생일 때 이 글을 읽은 것은 꽤 많은 도움이 되었다. 하지만 대학생이 되어 다른 사람들의 문제를 나 자신과 분리하기 시작하자, 마치 가슴에 자리 잡고 있던 거대한 돌덩어리가 떨어져나가는 느낌이었다.

물론 나도 몇 년 동안은 '좋은 친구'가 된다는 것이 친구의 문제를 마치 내 문제처럼 생각하고 처리한다는 뜻이라고 믿었다. 우리는 하나라고 굳게 믿은 적도 있었다. 친구의 문제는 내 문제가 아님을 깨닫는 것이 중요하다. 다른 사람의 문제에 과도하게 얽매인다고 해서 당신이 그를 얼마나 많이 사랑하는지를 보여주는 것은 아니다. 오히려 당신이 건강한 바운더리를 갖고 있지 못하다는 사실을 보여줄 뿐이다.

친구의 감정이나 해결책, 결과에 얽매이지 않으면서도 그들을 위해줄 수 있다. 당신이 친구에게 가장 힘을 실어주는 방법은 친구가 자신의 문제를 스스로 해결해나가도록 두는 것이다. 다른 사람의 문제를 반추하고 있는 자신을 깨달았다면, 그만 멈추고 그건 당신의 문제가 아님을 상기하자. 당신 자신의 감정에 집중하고, 왜 남의 문제에서 헤어나지 못하고 있는지 자문해보자. 친구를 걱정하고 친구의 고민을 끊임없이 생각하는 식으로는 절대 도움을 줄 수 없다.

338

✦ 사람 때문에 끊임없이 고통받는다면

사람들은 당신이 허용하는 대로 당신을 대한다. 그리고 당신이 그만두라고 할 때까지 계속 반복한다. 사람들이 당신한테 하는 말과 행동을 통제할 수 없는 것은 사실이다. 하지만 자신이 어떻게 반응할지, 그리고 무엇을 참아줄지는 스스로 결정할 수 있다.

- 인생에 해를 끼치는 사람을 멀리해보자.
- 건강하지 못한 사람과는 만남의 빈도를 최소화해보자.
- 뭐든 건강하지 못한 사람과 함께하느니 차라리 혼자 해보자.
- 시간을 어떻게 보낼지 고심해서 정해보자.
- 접근 방식이 같으면 결과도 같으므로 뭔가 다른 것을 시도해보자.
- 새로운 친구를 사귈 때는 초반에 당신의 기대치를 밝혀라.
- 건강한 사람과 관계를 맺어보자.
- 한 번 이상 당신의 바운더리를 반복해서 알려보자(또는 상대방이 당신의 바운더리를 지킬 의사가 없거나 지킬 수 없다면 관계를 끝내보자).

주변에서 왜 저런 사람을 만나냐고 의아하게 묻는데, 계속 만남을 이어가는 경우가 있다. 때로 우리는 건강하지 못한 관계를 끊어야만 한다. 상대방이 우리의 바운더리를 받아들이지 않기 때문이다. 그러나 건강하지 않고 더는 우리 자신에게 맞지 않다고 해도 관계를 끊어내는 일은 절대 쉽지 않다. 우리는 종종 관계에 연연한다. 우정을 원래대로 돌리는 데 과도하게 초점을 맞추기 때문이다. 하지만 우리가 변한 이상 그 관계는 새로워진 우리에게 더는 맞지 않을 것이다.

관계를 끝낼 최적기를 결정하기는 어렵다. 그리고 사실 '최적기'라는 것은 없다. 물론 때를 잘못 선택할 수는 있다. 심각한 가정사를 겪은 후가 바로 그런 경우다. 그렇다고 해서 최적의 타이밍이 존재하는 건 아니다. 그만하자는 말을 여러 가지 핑계를 대면서 차일피일 미루는 일이 없게 하자.

관계를 끊어야 할 때

- 해결할 수 없는 것을 해결하는 노력을 그만둬야 할 것 같다.
- 매번 같은 문제를 놓고 친구와 대화하는 일이 피곤하게 느껴진다.
- 자신이 존중하지 않는 것에 가치를 부여하는 일이 피곤하다.
- 원하는 바를 요구했을 때 일시적으로 변화가 있기는 하지만 길게 가지 않는다.
- 자신의 삶이 이 친구 없이 어떻게 될지 따져보게 된다.
- 나쁜 점이 좋은 점을 능가한다는 것을 깨달았다.
- 이 관계가 자신의 안녕에 얼마나 많은 악영향을 끼치는지 솔직히 인정하게 된다.

우정이 끝나는 방식

1. 홀연히 사라져버린다. 아무런 설명도 하지 않고, 전화도 받지 않고, 연락하려는 모든 시도를 무시한다. 어떤 사람들은 상대방이 굳이

대립하지 않고 조용히 멀어져도 괜찮을 것 같으면 이런 형태의 소극적 방식을 사용한다.

2. 엄청난 충격을 수습하려는 큰 노력 없이 그저 우정을 유지만 한다. 기본적으로는 끝난 관계나 마찬가지지만, 가끔은 연락을 하고 지낸다.

3. 말없이 흐지부지 멀어진다. 이 방법은 별다른 말이나 행동을 할 필요가 없어서 많은 이들이 선호한다. 시간적으로나 공간적으로 관계에서 멀어지는 것에 대한 우호적인 합의라고 볼 수 있다.

4. 대화를 통해 불만을 토로하며 관계가 끝났음을 솔직하게 말한다.

당신은 친구를 잘 알 것이다. 관계를 끝내자고 했을 때 어느 친구가 감당할 수 있고 어느 친구는 감당할 수 없을지 당신은 안다. 자신과 상대방에게 어떤 방식이 좋을지 생각해보자.

오늘의 질문

수첩이나 종이 한 장을 꺼내 다음의 문항을 완성해보자.

- 건강한 우정에 대해 어떻게 생각하는지 적는다.
- 건강한 우정 관계를 맺고 있다고 생각되는 사람을 적는다.
- 건강하지 못한 우정 관계를 목록으로 적고, 그렇게 된 원인을 찾는다.
- 건강하지 못한 관계를 개선하려면 어떤 말과 행동이 필요한지 생각해본다.

13

직장 관계:
모든 일을 잘하려고
애쓰지 말 것

사람들이 당신을 어떻게 대할지는
당신의 바운더리가 어떤지에 달렸다.

재닌은 자신의 직업을 사랑했다. 하지만 업무 환경은 마음에 들지 않았다. 동료 중 하나인 새미는 매일 재닌의 자리에 찾아와 사무실 내 모든 이들에 대한 험담을 늘어놓았다. 그런 것을 좋아하지 않지만 때로는 무례해지기 싫어 같이 동참할 때도 있었다.

그러더니 새미는 이제 일과 후 술을 마시러 가지 않겠느냐고 물었다. 하지만 재닌은 가고 싶지 않았다. 그래서 새미가 물을 때마다 이렇게 말하곤 했다.

"오늘은 안 되겠어. 퇴근 후에 계획이 있거든."

확실히 거절하지 않았기 때문에, 새미의 권유는 계속되었다. 그리고 재닌이 회사 직원들 험담에 동참했기 때문에, 새미는 직원들 험담을 그치지 않았다.

재닌은 새미를 만나는 것이 두려웠다. 하지만 무슨 말이라도 하자니 나쁜 사람이 되는 것 같아 꺼려졌다. 새미 때문에 사무실에서 도저히 업무에 집중할 수 없었고, 급기야 집으로 일거리를 가져가기에 이르렀다.

새미와의 문제 말고도 재닌은 종종 동료들의 업무를 도와주었고 상사에게서 추가 업무를 받기도 했다. 그녀는 자신의 업무 환경이 좋지 않다고 느꼈다. 너무 과한 업무를 떠맡았고 사무실 내의 험담에도 지쳐갔다.

직장에서 일한 지 12년이 지난 지금 재닌은 새 직장을 찾는 것이

유일한 해결책이라고 생각한다. 하지만 직장을 옮기거나 관계를 끝내기 전 다음의 질문을 먼저 생각해보는 것이 중요하다.

"바운더리를 설정해보았는가?"

"이 상황에 나는 어떤 식으로 일조하고 있는가?"

"이 상황을 개선하기 위해 내가 할 수 있는 일이 있는가?"

직장에서 어떻게 해서든 자신의 바운더리를 조절하는 대신, 재닌은 완전히 새로운 곳으로 자리를 옮김으로써 문제를 해결할 생각이었다. 하지만 어느 직장을 가더라도 자신의 건강하지 못한 바운더리를 바꾸지는 못할 것이었다. 새로운 시작은 회사가 아니라 그녀 자신에게서부터 필요했다.

나에게 해로운 직장, 탈출이 답일까?

인생의 다른 부분도 마찬가지지만 직장에서도 자신이 원하는 대로 상황이 마법처럼 바뀌기를 기다리는 것은 현실적이지 않다. 그렇다고 매번 직장을 옮길 수도 없는 노릇이다. 만족스럽지 않은 현재의 상황이 만들어지는 데, 바운더리 설정을 제대로 하지 못하는 자신의 성향보다 큰 힘을 발휘할 수 있는 것은 아무것도 없다. 따라서 재닌은 어느 직장을 가더라도 바운더리를 다시 설정해야 한다. 짐작건대 재닌은 어느 직장을 가더라도 비슷한 바운더리 문제를 겪을 것이다.

재닌은 특정한 사람들뿐만 아니라 모든 사람에게 사랑받기 위해 몹시 애썼다. 다른 사람들로부터 호감을 살 수 있다면 무엇이든 했고 얼마든지 맞춰주었다. 진심이 아닐 때는 불편한 감정을 그저 견뎠다. 사람들의 비위를 맞추며 지냈던 재닌은 한계를 설정하는 것이 두려웠다.

재닌은 혹시라도 "내 책상에서 떨어져줄래?" 또는 "아무것도 내가 도와줄 수 있는 게 없네"라고 말하면 공격적으로 들릴까봐 걱정했다. 그렇다. 그런 말은 바운더리 설정이라고 보기에는 공격적이고 좋지 않은 방식이다. 그런 공격적인 방법 대신, 다음과 같은 말로 단호하게 표현하는 방식을 쓸 수도 있다.

"점심시간에 얘기 나누자. 지금은 빨리 끝내야 할 일이 조금 남아 있거든."

"해야 할 일이 산더미라서 네 일은 도와줄 수 없을 것 같아."

나는 그녀에게 좌절감과 억울함을 불러일으키는 부분을 모두 검토해보았다. 그 결과 다음과 같은 목록을 완성했다.

재닌이 직장에서 스트레스를 받지 않으려면

1. 동료들이 도와달라고 해도 거절한다.

2. 회사 내의 소문을 같이 주고받지 않는다.

3. 누군가 회사 직원을 험담하면 그런 얘기에 관심이 없음을 분명하게 밝힌다.

4. 퇴근 후의 모임 제안을 거절한다(정말 참석하고 싶지 않을 때).

5. 상사에게서 새로 지시받은 업무가 위임할 수 있는 일이라면 다른 직원에게 기회를 준다.

재닌은 자신의 업무 환경에는 문제가 없음을 깨달았다. 그저 자신이 적절한 바운더리를 설정하지 않았던 것뿐이었다.

✧ 파티션의 거리만큼 심리적 거리를 둬라

〈더 오피스(The Office)〉는 내가 제일 좋아하는 텔레비전 드라마 시리즈다. 대학원 시절에 그 프로그램을 시청하면서 바운더리라는 개념에 대해 알게 되었다.

드라마에서, 작은 제지 회사의 지점장인 마이클 스콧은 건강하지 못한 바운더리와 자기중심적 성향 때문에 끊임없이 힘들어하는 인물이다. 그의 바운더리는 너무 엉망이어서, 직원들은 늘 그를 제자리로 끌어오고 직장에서 갖춰야 할 적절한 태도에 대해 주의를 준다. 그는 주변 사람들이 무엇을 원하는지, 자신의 행동이 그들에게 어떤 영향을 미치는지 전혀 눈치채지 못한다.

내가 가장 좋아하는 에피소드는 '다양성의 날(Diversity Day)'이다. 해당 에피소드에서는 인사과에서 사무실을 방문해 적절한 직장 예절에 관한 교육을 시행한다. 마이클은 미국의 유명한 코미디언 크리스 록(Chris Rock)을 흉내 내며 자신의 원래 방식대로 교육 현장을 장악하고, 인종차별적 단어와 역사상 중요한 역할을 한 흑인의 이름, 종교를 활용해 단어 연상 게임을 한다.

이 장면에서 우스운 점은 마이클이 자신의 태도가 얼마나 무례한지를 알지 못한다는 사실이다. 그는 자신이 바운더리를 거스른다는 사실을 전혀 모른다. 정말 전형적이지 않은가? 경계를 침해하는 사람은 대개 자신이 얼마나 다른 사람들을 힘들게 하는지 전혀 알지 못한다.

직장에서 일어나는 바운더리 침해

- 다른 사람의 업무를 대신 처리한다.

- 사적인 질문을 받는다.

- 역량에 비해 많은 업무를 떠맡는다.

- 업무를 위임하지 않는다.

- 장난삼아 집적거린다.

- 무보수로 일한다.

- 주어진 휴가를 쓰지 못한다.

- 책임지고 끝낼 수 없는 일을 맡는다.

- 스트레스를 유발하는 대화에 억지로 참여한다.

- 휴식시간 없이 일한다.

- 한 사람이 감당할 수 없는 업무를 혼자 맡는다.

- 필요할 때 시간을 내지 못한다.

물론, 어떤 이들은 다른 사람의 바운더리를 침해할 때 그 사실을 인지할 수도 있다. 하지만 대부분은 말하지 못한다. 바운더리는 상식이 아니라 배우는 것이다. 직장에서는 바운더리가 인력개발부와 직장 문화, 상사들에 의해 전해진다. 직장을 잃을지도 모른다는 두려움에 빠져 있을 때는 바운더리를 시행하기가 힘들다.

"바운더리는 상식이 아니라 배우는 것이다."

2017년, 미디어 거물 하비 와인스타인에게 성폭력을 당했다는 여성들이 나타났다. 그는 최소한 여든 명의 여성에게 성폭력을 저질렀다. 수년간 피해자 여성들은 할리우드에서 퇴출당할지도 모른다는 두려움 때문에 앞으로 나서지 못했다. 권력과 영향력 덕분에 그는 얼마든지 업무와 관련해서 부적절한 바운더리를 지속할 수 있었다(물론 그는 모든 혐의를 부인했다).

〈뉴욕타임스〉 기사에 따르면, 하비 와인스타인은 수십 년 동안 성희롱 고소인들에게 돈을 주어 사건을 무마했다. 그는 30년간 직장에서 여성들을 성적으로 희롱하고, 폭행하고, 괴롭힘으로써 업무 환경을 끔찍하게 만들었다. 와인스타인의 좋지 못한 행동은 해당 직장의 문화가 그랬기 때문에 허용되었고, 그에게는 "늙은 공룡"이라는 수식어가 붙었다.[17]

'문화'라는 이유로 바운더리가 무시당하기는 하지만 그렇다고 해서 그것이 적절하지 않다거나 필수적이지 않다는 의미는 아니다. 이는 회사 내의 다른 이들에게 문제를 말하고, 조직 밖에서 도움을 찾거나 법적인 조언을 구해야 한다는 의미일 수 있다.

많은 직장인들이 직장에서 불합리함을 겪으면서도 용기 있게 목소리를 내는 사람은 거의 없다. 그렇지만 만일 직장 내에서 자행되는 악의적인 행동을 받아들이지 않으면 자신이 불이익을 당할 수도 있다고 느끼는 것은 좋지 않다.

✦ 월급보다 병원비가 더 든다면?

해로운 업무 환경에 있으면 감정적·정신적 건강 상태가 위험해질 수 있다. 이것은 명백한 바운더리 침해다. 만일 당신이 정말 해로운 업무 환경에서 일하고 있다면, 가정에서의 일이나 사적인 인간관계를 제대로 수행하는 능력 또한 악영향을 받는다.

이런 회사는 피하라

- 업무시간이 길다.
- 여럿이 모여 잡담을 한다.
- 추가 근무 수당이 없다.
- 동료 직원들 간에 파벌이 있다.
- 제한된 기간 안에 더 많은 업무를 완수하라는 지시를 받는다.
- 동료나 상급자들 사이에서 부정적으로 소통이 이루어진다.
- 자아도취적인 상사가 있다.
- 직원 중에 괴롭힘을 당하는 사람이 있다.
- 성적 괴롭힘이 자행된다.
- 인종이나 신체 능력, 성적 성향으로 인한 차별이 존재한다.

해로운 업무 환경에 건강한 바운더리가 부재한 것은 어찌 보면 당연한 일이다. 그렇다고 이미 이런 회사에 들어왔으니 늦었다며 손놓고 있을 게 아니다. 상황을 개선할 방법이 없다고 결론 내리기 전에 얼마간이라도 바운더리 설정을 시도해보자. 바운더리를 설정한 후에는, 한동안 일관성을 가지고 시행함으로써 그로 인한 변화가 장기적으로 유지될 수 있을지 살펴보도록 하자.

또 하나 기억해야 할 점은, 업무 환경을 해롭게 만드는 행위에 꼭 동참할 필요는 없다는 것이다. 만일 당신이 해로운 업무 환경에 처해 있다면, 다음과 같이 시도해보자.

1. 어떤 바운더리가 가장 도움이 될지 따져보자.

2. 해로운 환경이지만 혹시 건강한 사람이 있는지 찾아보자.

3. 당신이 겪는 문제를 날짜와 시간별로 기록하고, 또 기록해보자.

4. 당신이 겪는 문제가 직장 상사와는 관계없는 일이라면 그 상사에게 상의해보자.

5. 회의시간에 상급자들에게, 그리고 동료들에게 당신이 원하는 바를 큰 소리로 말해보자.

6. 사무실 문화에 대해 인사과에 상의해보자.

7. 업무 관련 스트레스를 다스리기 위해 상담을 받아보는 등 직장 밖에서 도움을 받는다.

어느 날 갑자기 번아웃이 찾아왔다

✦ 워라밸은 스스로 지켜라

번아웃은 건강하지 못한 바운더리에 대한 하나의 반응이다. 상담실에서 만난 고객 중 많은 이들이 일과 삶의 균형 문제를 언급한다. 14년 동안 나는, 두 사람분의 몫을 하는 사람들, 정시에 퇴근하지 못하는 사람들, 근무 외 시간(저녁과 주말)에도 일하는 사람들, 할당된 휴가를 제대로 사용하지 못하는 사람들, 시간이 없는데도 자진해서 업무를 떠맡는 사람들을 보았다. 그들은 '훌륭한 직원'이라는 명목 하에 이 모든 것을 해냈다. 나는 그들에게 경고했다.

"잘해내는 것처럼 보일수록 할 일이 더 많아질 거예요."

내가 가장 많이 듣는 얘기 중 하나는 "종일 다른 사람들 고민을 들어주느라 지치실 것 같아요"이다. 예상과는 다르게 나는 상담치료사라는 직업으로 일하면서 지친 적이 단 한 번도 없다. 다들 이 말을 들으면 놀라워하는데, 항상 바운더리에 대해 얘기하는 사람인 내가 실제로 괜찮은 바운더리를 가지고 있다는 게 그렇게 믿기 힘

353

든 일인지 나는 그게 더 놀랍다.

나의 업무 원칙

- 일주일에 최대 15~20명까지만 상담한다.
- 일주일에 3일은 상담에 집중하고, 나머지 2일은 글을 쓰거나 다른 업무를 본다.
- 내 분야(관계 문제)에 맞는 상담만 한다.
- 새로운 내담자를 받기 전에, 효과적으로 상담이 이루어질 수 있을지 사전에 이야기를 나눈다.
- 상담 시간 이후에는 되도록 내담자와 연락하지 않는다.
- 상담 전에는 진을 뺄 만한 대화는 의도적으로 피한다.
- 첫 상담을 시작하기 전에는 몇 분간 조용히 하루를 그려보며 분위기를 만든다.
- 업무 외 시간까지 상담치료사일 필요는 없다고 생각하므로, 상담은 근무시간에만 한다.
- 인생에 문제가 생기면 나 역시 상담 치료를 받는다.
- 연중 여러 번 휴가를 간다.

번아웃 예방법

- 하루라도 사용하지 않은 휴가가 없도록 하라. 휴가는 재충전과 휴식의 기회다. 유급휴가를 제공하는 고용주를 두었다면 휴가를 반드시 이용하라. 만일 고용주가 유급휴가를 제공하지 않는다면, (할 수 있다

면) 아껴두었다가 어느 정도 재충전의 시간을 갖는다. 직장에서 벗어나는 것도 에너지를 재충전할 수 있는 중요한 방법이다.

- 업무 외에 자신을 위한 시간을 마련해보자. 직업과 전혀 상관없는 취미를 찾아서 정기적으로 참여해보자.

- 책상에서 떨어진 곳에서 점심시간을 보내보자. 어쩔 수 없이 책상에서 식사해야 한다면, 점심을 먹으면서 일하지 마라. 명상이나 드라마 시청, 산책, 또는 동료와 식사를 하면서 업무와 관련 없는 일상 이야기를 하는 등 '일과 분리'된 점심시간을 보내자.

- 업무 전이나 후에 자신만을 위한 시간을 우선으로 가져보자. 업무를 시작하기 전, 잠시 명상을 하거나 뭔가 힘을 북돋아주는 글을 읽거나 자극을 주는 것을 보면서 몇 분간 긴장을 푸는 시간을 가져보자. 업무 전후나 업무 중에 잠깐 이런 시간을 보내는 것만으로도 집중력을 높이고 혈압을 낮추며 균형 잡힌 상태를 유지하는 데 도움이 될 것이다.

✦ 직장에서의 바운더리는 확실하게!

바운더리 설정이 필요한 영역을 찾는다. 자신의 감정을 잘 들여다보면 찾을 수 있을 것이다. 무엇 때문에 늦게까지 근무를 하는가? 업무 중 어떤 것이 당신을 당황스럽고 지치게 만드는가?

대학을 졸업하고 처음 가졌던 직업은 청소년 보호관찰소장이었다. 사회복지사들은 번아웃 비율이 높기로 악명이 자자하다. 내가 일한 관찰소 또한 다르지 않았다. 넘치도록 많은 담당 건수와 날마다 발생하는 위기 상황, 과도한 업무량에 시달렸던 그 조직은 바운더리가 꼭 필요한 곳이었다. 예측 불가능한 직업임을 눈치챈 나는 미리 할 수 있는 일은 사전에 끝냈다.

예를 들면 처우 계획이나 법원에 제출할 보고서 등이었다. 이런 습관 덕분에 마감일에 위기 상황이 벌어졌을 때도 수없이 좌절하지 않을 수 있었다. 체계가 잡혀 있지 않을 때 좌절을 느끼는 것에 지쳤기 때문에, 나는 체계적으로 일하는 방법을 익혔다. 그 덕에 이 힘든 상근직을 유지하면서도 저녁에 정규 대학원 과정 수업을 듣거나 인턴십에 참여할 수 있었다. 만일 내가 직장생활을 계속 유지하고 싶었다면, 정시에 퇴근할 수 있도록 명확한 바운더리를 설정해야 했을 것이다.

가능하다면 오직 업무시간 중에만, 또는 사무실에서만 일하자. 또한 직장에서 바운더리를 갖도록 자신에게 허락해보자. 단지 직장이라는 것이 바운더리를 설정할 수 없는 이유는 되지 않는다. 자신이 원하는 것을 감추면 동료나 고용주에게 억울한 마음만 쌓인다. 그리고 문제가 너무 오래 지속되기 전에, 가능하면 문제가 발생한 직후에 바운더리 설정을 시작해보자.

바운더리를 스스로 일관성 있게 지킴으로써 사람들이 당신의 바운더리를 존중하도록 만들어보자. 만일 자신의 기대치를 알리겠다면, 분명하고 솔직하게 표현해보자.

이렇게 말하라

- "이 이상의 업무는 맡기 어려울 것 같습니다."
- "오후 5시 이후에는 일할 수 없습니다."
- "휴가 중에는 업무 관련 이메일을 확인하지 않습니다."
- "업무를 도와줄 사람이 더 필요합니다."
- "직장에서 개인적인 이야기는 하고 싶지 않군요. 불편합니다."
- "수다 떨고 싶으면 점심을 같이 먹어요. 그러면 우리 대화에 집중할 수 있을 것 같네요."
- "주말에 놀자고 해줘서 고마워요. 하지만 못 나갈 것 같아요."
- "퇴근 후에 술 마시고 싶지 않은데, 요가 수업이나 같이 갈래요?"
- "퇴근 후에는 도와드릴 수가 없는데요. 가족들과 시간을 보내고 싶거든요."
- "_____의 프로젝트를 도와주고 있어서 도와드릴 수 없어요."

나만의 규칙과 루틴을 만들어라

- 사무실 책상에서는 점심을 먹지 않도록 한다. 만일 그래야 한다면 식사를 하면서 일하지 않는다.
- 업무를 방해하는 잡담은 솔직하게 그만하라고 말한다.
- 정시에 출근한다.
- 정시에 퇴근한다.
- 업무시간에 가족이나 친구에게 문자 메시지를 보내거나 전화하는 등의 이탈을 최소화한다. 사적인 연락을 주고받으면 정시에 업무를 마칠 수 없기 때문이다.

- 점심시간에 잠깐 낮잠을 잔다. 연구에 따르면 잠깐의 낮잠이 의지력과 집중력을 높여준다고 한다.[18]
- 집중력이 흐트러지는 것을 예방하기 위해 사무실 문을 닫는다.
- 가능하다면 일거리를 집으로 가져오지 않기 위해 계획을 짠다.

회사 문밖을 나가는 순간, 업무에서 로그아웃하라

- 할당된 휴가를 모두 사용하라. 미국여행협회에 따르면, 2018년 미국 노동자가 사용하지 않은 유급휴가는 총 7억 6,800만 일이었으며, 2017년에 비해 9% 증가한 수치였다.[19]
- 주말에는 전자우편을 확인하지 말자.
- 밀린 업무량을 만회하기 위해 주말에 출근하지 말자.
- 비상 상황이 아니라면 휴가 중에는 일하지 말자. 업무를 대신 맡아줄 사람을 찾아서 가능한 한 모든 것을 위임하자.
- 일과 전혀 관계없는 취미나 활동을 찾아보자.
- 일과 관련해 스트레스가 많다면, 치료상담사가 아닌 다른 사람들에게 그 스트레스를 토로하지 말자. 자신이 싫어하는 모든 것을 반추해봤자 기분은 전혀 나아지지 않는다.
- 친구나 가족에게 무상으로 업무와 관련된 일을 해주지 말자. 당신이 만일 회계사라면, 다른 회계사를 추천해보자.
- 휴가 중일 때는 이메일이나 음성 사서함에 부재중 알림을 설정해보자. 전화를 다른 사람이 받도록 돌림으로써 업무에 복귀했을 때 당신이 응해야 할 사안의 개수를 줄여보자.

- 다른 사람이 대신 처리할 수 있도록 업무를 위임해보자. 최고경영자들은 절대 직접 전화를 받지 않으며, 의사들은 절대 수술 준비를 직접 하지 않는다.
- 급한 업무부터 처리해보자. 모든 업무가 다 중요한 것은 아니다.
- 업무 흐름에 방해가 된다면 동료와 한담을 나누는 것과 같은 이탈 행동을 최소화하자.
- 필요하다면 도움을 청해보자.
- 업무량이 지나치게 많다면 고용주에게 알려보자.

사장을 위한 바운더리
- 전액을 청구해보자.
- 할인을 제안할 때는 조금만 해보자.
- 내내 일만 하지 말고 잠시 멈춰서 휴식을 취해보자. 이럴 때일수록 당신이 사장임을 상기해보자. 얼마나 일할지는 당신이 정하면 된다.
- "열심히 해", "나중에 쉬어" 등 쉼 없이 일하라는 말을 삼가자.

✦ 회사는 나가면 그만, 할 말은 '잘'하고 살자

사람들은 당신의 수행 능력을 판단할 때 당신의 역할에 대해 합리적이라고 여겨지는 것, 당신이 일하는 회사가 필요로 하는 것, 그리고 때로는 당신의 상사가 생각하는 자신의 능력을 기준으로 한다. 예를 들어 당신의 상사가 저녁이든 주말이든 일하는 사람이라면, 그는 당신에게도 같은 것을 원할 것이다. 만일 당신이 상사와 조금이라도 다르게 행동한다면 눈살을 찌푸릴지도 모른다.

이때 당신이 할 일은 바운더리가 결핍된 상사의 요구에 따르는 것이 아니라 합리적인 기대치를 지키는 것이다. 당신은 상사처럼 일하는 스타일이 아닌데, 상사라는 이유로 무리하게 따라가다보면 번아웃이 올 가능성이 높다. 물론 당신은 절대 "당신의 바운더리가 건강하지 못하니 비합리적인 요구를 하시는 겁니다"라고 말하지 못할 것이다. 대신 이렇게 말할 수는 있다.

"일에 온전히 집중하려면 사무실 밖에서 재충전하는 일이 제게는 정말 중요해요. 다음의 중요 프로젝트를 위해 불필요한 업무를 최대한 줄이고 싶습니다."

상사에게 건의할 필요가 있을 때는 '나'를 주어로 사용하는 것을 잊지 말자. 일에서도 그나 그들이 아닌 당신을 중심에 두어야 지치지 않고 즐겁게 일을 유지할 수 있다. 마찰 없는 편안한 관계와 원활한 업무 진행을 위해 상대방의 입장에서 생각하는 '역지사지'도 중요하지만 그보다 중요한 것은 당신의 정신적·신체적 건강이다. 우선 나부터 먼저 챙기자.

이런 말은 하지 마라

"제가 바쁘다는 것 알면서도 할 일을 또 주시네요."

이런 말을 하면 당신의 상사는 자신이 공격받았다는 느낌을 받을 것이다. 게다가 당신의 상황을 고려해주지도 않을 것이다. 상황은 더욱 악화될 가능성이 크다.

대신 이렇게 말하라

"저는 마감 시한이 있을 때 일이 잘되더라고요. 급히 처리해야 할 일이 있다면 먼저 알려주세요."

만일 당신의 상사가 바운더리를 수용하지 않는다면 다른 이를 끌어들여라. 상사와의 문제가 해결되지 않는 경우에는 인사과에 연락을 취해 제3자의 개입으로 다른 방법을 모색해볼 수 있다.

✧ 동료는 친구가 아니다

대부분의 사람들은 일주일에 40시간 이상을 직장에서 보낸다. 같은 공간에서 긴 시간을 함께 호흡한 좋은 동료들과 친목을 넘어 일종의 우정 관계로 발전했을 수도 있다. 그렇다고 퇴근 후나 주말까지 공유해야 할까? 친목 모임이나 퇴근 후 술자리를 거절하면 안 되는 걸까? 이런 상황에서는 다음과 같이 바운더리를 설정해보자.

- 퇴근 후 동료들과 어울리지 않아도 괜찮다.
- 상사의 개인적인 일이나 부탁을 거절한다.
- 동료나 상사에게 당신의 개인 SNS 계정을 알려주지 않는다.
- 분위기상 SNS를 공유해야 한다면 볼 수 있는 게시물을 제한한다.
- 당신이 좋아하지 않는 게시물을 올리는 동료를 차단한다.

초대를 기분 나쁘지 않게 거절하는 말

- "연말 파티에 초대해줘서 고마워요. 하지만 저는 선약이 있어서 참석하지는 못해요."
- "점심 식사 초대 고마워요. 하지만 저는 점심시간은 혼자 보내는 걸 더 좋아해요."
- "제안은 고맙지만, 퇴근 후에는 바로 집으로 가야 해요."
- "SNS 대신 전화번호를 공유하는 게 어때요?"
- "전 집에 있는 걸 좋아하는 사람이라서, 관심 없습니다."

어느 회사를 가도 완벽한 직원 같은 건 없을 것이다. 그러나 어느 직장이든, 누구나 소중하게 여기는 바운더리를 적어도 하나는 가지고 있는 사람이 있다. 이런 경우에는 당신 눈에 보이는 것을 그대로 모방해보자. 어쩌다보니 한계가 허술한 상사를 두게 되었다고 그들의 문제를 모방할 필요는 없다. 당신의 한계를 분명히 정하고, 그것이 침해당하는 즉시 표현해보자.

바운더리를 설정하는 것은 때때로 다른 이들을 화나게 할 수도 있다. 그런 경우 위축되지 말고 스스로를 응원하며 다짐해보자. 직장은 사람들이 하루 중 제일 많은 시간을 보내는 곳이고, 그들의 시간만큼 당신의 시간도 무척 소중하다. 가장 많은 시간을 보내는 곳에서 편안하게 지내는 것이 당신의 행복에 가장 중요한 영향을 미친다.

오늘의 질문

수첩이나 종이 한 장을 꺼내 다음의 질문에 답해보자.

- 어떤 업무 환경에서도 할 수 있는 바운더리는 무엇인가?
- 근무 일정이 어떻게 되는가?
- 근무 일정 외에 기꺼이 일하고 싶을 때는 언제인가?
- 상사에 대해 당신이 알고 있는 것을 생각해볼 때, 그와 바운더리를 설정하는 가장 좋은 방법은 무엇인가?
- 동료와의 관계에서 어떤 바운더리라도 설정해야 할 필요를 느끼는가?
- 직장에서 바운더리를 설정함으로써 얻을 수 있는 이득이 뭐라고 생각하는가?

14

SNS 관계:
언택트(Untact)를 넘어
온택트(Ontact)의 시대로

절제는 자기 자신을 위해
바운더리를 만드는 행위다.

티파니의 애인인 레이시는 늘 손에서 휴대전화를 놓지 못했다. 어디를 가더라도 휴대전화를 손에 들고 다녔고, 심지어 욕실에 들어가 1시간 가까이 안 나온 적도 있었다. 티파니가 뭐 하고 있느냐고 물을 때마다 레이시는 문틈으로 "욕실 쓰고 있잖아!"라고 소리치곤 했다.

티파니는 레이시의 휴대전화 사용 때문에 서로가 멀어지고 있다고 확신했다. 정규 과정 수업을 듣는 학생들인 데다 같이 살지도 않았기 때문에, 두 사람이 함께 보낼 수 있는 시간은 제한적이었다. 하지만 그마저도 레이시가 휴대전화의 작은 화면에 눈을 고정하고 있어서 더 줄어드는 실정이었다. 다른 친구들과 함께 어울릴 때도 레이시는 끊임없이 휴대전화를 확인했다.

티파니는 상담 중에 레이시와의 관계 때문에 스트레스를 받는다고 말했다. 레이시를 사랑했지만, 늘 휴대전화에 사로잡혀 있는 모습은 마음에 들지 않았다. 그럼에도 두 사람은 레이시의 휴대전화 사용 방식에 대해 논의한 적이 없었다. 티파니는 그저 레이시가 그 정도 분별은 있지 않을까 생각했다. 하지만 앞서 논의한 바대로, 레이시는 아마도 '그 정도 분별'이 없는 것 같았다.

레이시와의 관계에서 불거진 이 문제를 티파니가 솔직하게 말할 방법을 찾아보았다.

"우리가 영화 보는 동안에는 휴대전화를 내려놓았으면 좋겠어."

"휴대전화 내려놓고 우리 같이 손잡자."

티파니는 자신의 요구에 레이시가 너무나 쉽게 응해주는 것을 보고 깜짝 놀랐다. 레이시는 휴대전화 사용이 애인과 친밀한 관계를 유지하는 데 안 좋은 영향을 끼친다는 생각을 전혀 하지 못했다. 그저 한가하다고 느껴질 때 주의를 딴 데로 돌린 것뿐이었다.

사람들은 종종 기술 발전이 인간관계에 걸림돌이 된다고 불평한다. 이번 장에는 '기술'이라는 단어를 인터넷과 사회 관계망, 텔레비전 시청, 또는 비디오 게임에 소비되는 시간을 설명할 때 사용할 것이다.

물론 기술이 근본적으로 나쁘다고 할 수는 없다. 다만 사람들이 때로 과도하게, 또는 해로운 방식으로 사용하는 것뿐이다. 도피나 주의 환기의 도구로 사용하기도 한다. 우리는 뭔가 불편감이 느껴질 때 전자기기를 손에 들고 주의를 딴 데로 돌리는 경우가 비일비재하다.

나는 기술에 쓰는 시간을 조절하는 방법을 개인적으로 배워야 했던 적이 있다. 2019년 6월, 〈뉴욕타임스〉에 "인스타그램 상담치료사는 새로운 인스타그램 시인(Instagram Therapists Are the New Instagram Poets)"이라는 기사가 실렸다.[20] 그때부터 인스타그램에서 내 인기가 눈에 띄게 높아졌다.

시작은 2017년부터였다. 나는 정신적·감정적 행복에 의도적으로 초점을 맞춘 게시물을 올렸다. 상담 치료의 이점을 강조하고 인간 관계에서 불거질 수 있는 문제들을 다루는 내용이었다. 2009년부터 2010년까지는 페이스북을 이용했고, 개인 인스타그램 계정이 있기는 했지만 거의 게시물을 올리지 않았다. 팔로우한 계정도 몇 개 되지 않았다. @nedratawwab라는 인스타그램 계정을 전문적으로 운영하기 전까지 소셜 미디어에서의 일상적인 경험은 거의 없는 것이나 마찬가지였다.

수년 동안 나는 소셜 미디어에 푹 빠져 그 순간에 집중하는 즐거움을 만끽했다. 반복되는 일상에서 벗어나는 데는 많은 이점이 있었다. 우선 세상에서 벌어지는 일들에 대한 사람들의 생각을 소셜 미디어를 통해 알 수 있다는 점이 즐거웠다. 또한 친구와 동료, 다름 아닌 가족들의 계정을 팔로우할 때면 느껴지던 당혹스러움을 굳이 감당할 필요가 없었다.

지금도 정기적으로 소셜 미디어에 참여하는 한 사람으로서, 나는 내 소셜 미디어 경험을 내가 원하는 대로 맞춘다. 예를 들면, 돈을 절약하고 싶으면 쇼핑 욕구를 자극하는 패션 인플루언서는 팔로우하지 않고, 채식에 관심이 생기면 그 분야의 계정을 몇 개 팔로우하는 식이다.

소셜 미디어와 거리가 먼 사람이었던 내가 인플루언서가 되기까지는 꽤 긴 여정이었다. 여러 면에서 나는 이 과정이 즐겁다. 하지만

시간 관리 문제 등 좋지 않은 면도 경험하고 있다. 부정적인 댓글도
신경 써야 하고 내가 속한 커뮤니티의 요구에도 부응해야 한다.

디지털 시대의 거리두기

상담치료사로서, 나는 사람들이 종종 SNS의 부정적인 면을 이야기하는 소리를 듣는다. 예를 들면 소외감이 든다든지, 다른 사람들과 비교하게 된다든지, 거짓으로 꾸미고 싶은 생각이 든다든지 하는 것 등이다. 나 역시 이를 염려한 적이 있었다. 나도 처음에는 다른 사람들에게 열등감이나 질투를 유발하게 될까봐 두려웠다. 시간이 흐르면서 내가 공유하는 내용에 대한 사람들의 반응은 내가 어떻게 할 수 없는 부분이라는 사실을 알게 되었다.

물론 상담치료사로서 나는 의도적으로 게시물을 작성한다. 그리고 게시물이 어떻게 받아들여질지 가늠해본다. 예상과는 다르게 늘 어디에서 누군가는 종종 내가 전혀 의도하지 않은 방식으로 메시지를 읽는다. 그들의 해석은 나와는 거의 관계가 없을 뿐만 아니라 그들 자신의 삶에서 일어나는 일과 전부 관련되어 있다.

상당 부분 우리의 디지털 소비는 우리 자신의 통제하에 있다. 보고 있는 내용이 마음에 안 들 때, 그것을 계속 볼지 다른 게시물로 넘어갈지는 내가 선택할 수 있다. 불편한 내용을 계속 팔로우하는 순간, 불편한 상태에 있겠다고 스스로 동의하는 셈이다.

악플에 상처받지 않으려면

- 나와 기준이 다른 사람은 늘 존재한다.
- 당신이 대응하지 않을 것 같으면 사람들은 훨씬 가혹해진다.
- 어떤 사람들은 다툼을 좋아한다.
- 상대방이 건 시비에 대응한다면 싸움에 동의하는 셈이다.
- 사람들이 하는 말은 당신이 아니라 그들 자신에 바탕을 두고 있다.
- 당신은 모든 사람의 마음에 들 수 없다.
- 자신에 대해 거듭 설명한다고 해서 남들이 이해하는 것은 아니다.
- 때로는 차단 기능을 활용해 사람들을 끊어낼 필요가 있다.
- 자신의 에너지를 보호하는 것은 자신의 몫이다.
- 어떤 사람들은 당신의 시간을 빼앗을 권리가 있다고 느끼기도 한다. 하지만 당신의 시간은 오로지 당신의 것이다.

지금 우리가 사는 디지털 세상에서는 기술이 큰 부분을 차지한다. 하지만 기술이 아무리 사방을 온통 둘러싸고 있어도, 우리는 건강한 디지털 경험을 스스로 관리할 수 있다. 아래 여러 증상을 보고 자신에게 해당하는 내용이 있는지 확인해보라. 하나라도 해당한다면 당신과 디지털 사이에도 바운더리가 필요하다.[21]

- 다른 것에 집중해야 하는 시간에도 휴대전화를 계속 확인한다.
- 휴대전화를 보느라 하루 중 대부분의 시간을 허비한다.
- 직접 사람을 만나 사귀기보다는 휴대전화 속 관계에 열중한다.
- 업무나 육아, 과제, 다른 사람과의 문제가 있을 때 회피하는 수단으로 자주 휴대전화를 사용한다.
- 가족이나 지인들이 당신의 디지털 기기 사용에 대해 불평한다.
- 운전 중에 습관적으로 휴대전화를 사용한다.
- 휴대전화를 보느라 학교나 직장, 가정에 안 좋은 영향을 끼치고 있다.
- 디지털 기기로 인해 정신적, 정서적 건강에 문제가 생기는 것 같다.

지나가는 나쁜 뉴스에 흔들리지 않기를

당신은 당신이 팔로우하는 계정, 당신이 보는 프로그램, 당신이 방문하는 웹사이트와 마찬가지다. 당신은 사용자 경험을 선택할 권한이 있다. 세상에 뭔가 심각한 일이 벌어졌을 때, 당신은 에너지를 갉아 없애는 그 일로부터 스스로를 격리할 수 있다. 정보 때문에 분별력이 흐트러진다면, 디지털 사용을 잠시 최소화하는 것이 좋다.

- 휴대전화의 뉴스 알람을 끈다.
- 하루 중 언제 뉴스를 시청할 것인지 시간을 구체적으로 정한다.
- 당신의 기분에 안 좋은 영향을 끼치는 주제나 비극적인 소재의 게시물을 끊임없이 올리는 사람의 계정을 팔로우하지 않는다.
- 특정 뉴스에 대해 듣고 싶지 않을 때는 거부 의사를 밝힌다.

- 세상에 뭔가 심각한 일이 벌어졌을 때는 일시적으로 인터넷이나 텔레비전, SNS를 멀리하는 것도 괜찮다.
- 자신이 가장 좋아하는 다른 방송을 시청한다.

반복되는 일상에서 벗어나는 것을 어렵게 생각하지 말자. 인터넷에서 유행하는 '짤'과 사진들을 다 보려 하지도 말고 세상에 일어나는 모든 일을 다 알려고 하지도 말자. 세상사에서 한 발짝 물러나면 중요한 것을 놓칠까봐 두려운 마음이 들지도 모르지만, 다른 영역에 눈길을 돌려보는 것도 유용한 방법이 될 수 있다. 기분이 나아지거나 나쁜 뉴스가 진정되면 다시 디지털 세상에 합류하면 된다.

'팔로우'는 연결고리일까 족쇄일까

소셜 미디어에서 사람들을 팔로우하는 것은 관계를 유지하는 훌륭한 방법이 되었다. 오늘날 사람들은 종종 전화번호 대신 인스타그램 계정을 교환한다. 하지만 일단 누군가를 팔로우하기 시작한 다음에는 어떻게 멈출까?

많이 팔로우할수록 그 사람과 그 사람이 남들에게 어떻게 보이기를 원하는지 더 잘 알게 된다. 그런 모습이 마음에 든다면 서로 계정을 오가는 것은 멋진 일이 될 터다. 하지만 당신이 가장 좋아하는 동료가 있는데, 그의 게시물에 남자친구와의 관계가 '항상' 지저분하다는 것이 드러나 있고 모든 게시물이 스토리에 올라온다면 어떨까? 알고 싶지 않았던 정보라도 보지 않고 넘어가기가 힘들다.

- "친구가 본래 자기 모습이 아닌 다른 사람인 척해서 보기 싫어요."
- "우리 언니는 아이들 사진을 하루에도 수십 번 올려요."
- "직장 상사의 정치적 발언에 정말 화가 나요. 팔로우를 끊을 수도 없고 힘드네요."

사람들은 온라인에서 어떤 모습이든 원하는 대로 될 수 있다. 이는 당신이 어떻게 할 수 있는 일이 아니다. 하지만 그들을 팔로우할지 말지는 선택할 수 있다. 누군가를 팔로우하다가 삭제하거나 차단하는 것이 곤란하다면, 그들의 계정을 숨김으로 해놓거나 프로필이 보이지 않게 설정을 변경하면 된다.

활동적인 소셜 미디어 이용자로서, 나는 내 인스타그램의 하이라이트에 내가 생각하는 바운더리를 다른 사람들이 볼 수 있도록 주기적으로 게시하고 보관해왔다. 자신의 바운더리를 솔직하게 드러내는 일은 자신의 커뮤니티를 위한 지침을 개략적으로 마련하는 방법이 될 수도 있다.

110만 팔로워 저자의 인스타그램 관리 방법

1. 나는 상담치료사다. 쪽지로는 치료를 진행하지 않는다. "남자친구를 그만 차버려야 할까요?"와 같은 인생 결정에는 개인적인 의견을 제시하지 않는다. 그런 건 당사자가 결정할 문제다. 당신의 결정이 옳은지 그른지도 확인해주거나 부인하지 않는다.

2. 나는 게시물을 자주 올리고, 특정 게시물에 달리는 댓글들을 환영

한다. 하지만 내 게시물은 내가 받은 영감과 내 인스타그램을 찾아 주는 이들의 요청, 내 전문 지식을 바탕으로 작성된다.

3. 나는 상담치료사를 소개해달라는 요청을 많이 받는다. 하지만 내가 모든 나라의 상담치료사를 알고 있는 건 아니다. 구글링을 하거나 보험회사, 근로자 지원 프로그램, 또는 지역 봉사활동 단체에 문의해 당신이 있는 곳에서 상담치료사를 찾아보자.

4. 출처만 확실히 밝힌다면 게시물은 얼마든지 공유해도 좋다.

5. 나는 비판적이거나 비열하고 비아냥거리길 좋아하는 이들을 차단하고 그들의 댓글을 삭제함으로써 나 자신(그리고 내 인스타그램을 찾아주는 사람들)을 존중한다.

6. 내 고객은 나를 팔로우할 수 있지만 소통을 하지는 않는다(예를 들어, 고객이 보낸 쪽지를 팔로우하거나 답을 할 수 없다).

7. 질문이 있을 때는 월요일 질의응답 시간에 물어봐주기 바란다.

8. 나도 사람인지라 모든 댓글과 쪽지에 답을 할 수는 없다. 가능한 한 많이 읽으려고 노력은 하고 있다.

9. 정신건강상의 위기를 겪고 있다면, 119에 전화하거나 가까운 곳에 있는 상담치료사를 찾아보자.

명확한 바운더리를 시행하고 있는데도 사람들은 그것을 시험해보려고 한다. 이에 응하지 않고 내가 정한 바운더리를 고수하고 유지하는 게 내가 할 일이다.

휴대전화 때문에 주말을 날려 보낸다면

하루라도 텔레비전이나 휴대전화를 안 보는 사람이 있을까? 개인적으로 내가 선호하는 디지털 기기는 아이패드다. 휴대가 쉽고 사용이 편리하기 때문이다. 문제는 당신이 텔레비전을 보느라 정신이 팔려 그날 할 일을 끝내지 못하거나 삶의 다른 영역에서 수행하는 능력을 저해할 때이다.

예를 들어 드라마를 보느라 밤늦게 자면 다음 날 컨디션이 좋지 않고, 일에 집중이 잘되지 않는 악순환을 일으킬 것이다.

✦ 소셜 미디어의 포로들

〈워싱턴포스트(The Washington Post)〉에 실린 한 기사에 따르면, 소셜 미디어 사용 인구는 약 37억 2,500만 명으로 세계 인구의 절반에 해당한다. 보통의 성인은 하루 약 142분을, 보통의 십 대 청소년은 하루 약 9시간을 소셜 미디어에 사용한다.[22] 당신의 사용시간은 얼마나 되는가? 3시간이라고 하면 꽤 긴 시간처럼 느껴지겠지만,

많은 이들이 친구를 기다리거나 줄을 서 있는 동안 그냥 수동적으로 소셜 미디어 사이트를 이리저리 훑어본다는 사실을 고려하면 충분히 그 정도 시간이 되고도 남는다. 물론 이런 사용이 문제가 되는 경우는 당신이 뭔가 다른 일을 해야 할 시간에 소셜 미디어를 사용할 때뿐이다.

예를 들어 당신이 오전 8시까지는 직장에 출근해야 한다고 가정해보자. 회사까지 15분 정도 걸린다는 사실을 아는 당신은 오전 7시에 눈을 뜬다. 잠은 깼지만 여전히 침대에 누워 소셜 미디어를 뒤적거리며 45분을 보낸다. 그 결과 회사에 지각하고 만다. 이 시점에서, 당신의 소셜 미디어 사용 습관은 정시 출근이라는 의무에 악영향을 미치고 있다.

상담치료사로서 말하자면, '적당함(appropriateness)'은 삶의 여러 부분에 좌우되며 또한 영향을 미친다. 예를 들어 만약 당신이 집에 어린 자녀가 있는 부모라면, 아이를 돌보면서 하루에 5시간을 소셜 미디어에 적당히 할애하기는 힘들 것이다. 당신이 미혼이고 자녀도 없다면, 그리고 마침 토요일이라면, 아마 하루에 5시간을 소셜 미디어에 할애해도 삶의 다른 영역에 아무런 영향도 미치지 않을 것이다.

소셜 미디어를 사용해도 아무도 뭐라고 하는 사람이 없다고 치자. 설사 그렇다 하더라도 시간이 있다면 다른 무엇을 할 수 있는지, 끊임없이 온라인에 접속하면서 무엇을 얻고 있는지, 그렇게 시간을 보내는 게 어떤 의미가 있는지 나는 이 모든 것들이 궁금하다. 결국 우리가 '얼마나 많이' 소셜 미디어를 사용하는가만큼이나 중요한 것은 우리가 '왜' 소셜 미디어를 사용하는가이다.

니르 이얄(Nir Eyal)의 저서 《초집중》은 소셜 미디어와 기기들이 왜 문제가 될 수 없는지에 대한 견해를 제시한다.[23] 책에서 문제라고 지적하는 것은 사람이다. 사람이야말로 소셜 미디어와 기술 사용에 관해 문제를 만들어내는 장본인이다. 기계는 아무 죄가 없다. 중요한 건 자신의 사용 방식이 '왜' 그런지를 이해하는 것이다. 의도적인가? 반사적인 행동인가? 아무튼, 그게 문제가 되는가?

잠자리에서 일어나자마자 휴대전화부터 본다면

- 잠자리에 들 때 침대 근처에 휴대전화를 두지 않는다.
- 방을 가로질러 걸어가지 않고는 손에 쥘 수 없도록 휴대전화를 침대에서 아주 먼 곳에 둔다.
- 방 안에 휴대전화를 둔 상태로 잠자리에 들지 않는다.
- 휴대전화를 손에 쥐는 대신, 일기 쓰기나 동반자와 꼭 끌어안기, 스트레칭, 양치 등 하루의 시작을 도와줄 다른 일을 생각해본다. 뭔가 다른 할 일을 찾는다.

자주 휴대전화를 확인하는 습관을 바꾸고 싶다면

- 손이 닿지 않는 곳에 둔다.
- 다른 방에 있는 충전기에 꽂는다.
- 하루에 몇 시간은 전원을 꺼둔다.

- 소셜 미디어에 할애할 시간을 의도적으로 정하고 소셜 미디어 금지 시간을 정한다.

소셜 미디어에 과도한 시간을 사용한다면

- 자신의 사용 패턴을 추적한다. 아이폰에서는 소셜 미디어 사용시간을 제한하도록 설정할 수 있다. 또는 앱을 통해 소셜 미디어 사용시간을 알려주는 알람 기능을 설정할 수 있다.
- 스스로 설정한 시간 제한을 지키면서 자신의 바운더리를 존중해보자.

내 인스타그램 스토리에서 설문조사를 실시해봤더니 응답자의 33%가 화가 났거나 상대의 게시물에 흥미가 없어도 팔로우를 끊기가 쉽지 않다고 말한다. 자신이 누구를 팔로우하는지, 그리고 그 이유는 무엇인지 파악하고 있어야 한다. 다른 친구들이 모두 유명한 인플루언서를 팔로우하고 있다고 하더라도 그 인플루언서의 생활 방식에 질투가 나고 스스로가 못난 사람처럼 느껴진다면 당신은 그를 팔로우하지 않기로 선택할 수 있다.

당신을 불편하게 만드는 사람이라면 팔로우를 취소하든지, 차단하든지, 숨김 설정을 하라. 이런 대응은 정말 필요한 조치일 수 있다. 낮은 자아존중감(self-esteem)과 낮은 자기존중감(self-worth), 시기, 질투, 또는 억울함을 느낀다면 SNS 사용을 잠깐 멈춰보자. 우선은 자신의 감정을 돌보고, 그 계정은 나중에 다시 방문하도록 하라.

휴대전화가 손에 없으면 불안한 어른(feat. 아이들)

어느 날 한 친구의 어린 아들이 엄마에게 이렇게 물었다.

"엄마는 나보다 휴대전화가 더 좋아요?"

친구는 아이의 말에 깜짝 놀라며 부끄러움을 느꼈다. 휴대전화는 손안의 컴퓨터라고 할 수 있다. 텔레비전도 볼 수 있고, 팟캐스트도 들을 수 있으며, 물건도 사고, 사람도 사귀는 등 정말 많은 일을 할 수 있다. 과연 그 대가는 무엇일까?

혹시 당신은 그날 있었던 일을 얘기하고 싶어 하는 자녀 앞에서 휴대전화로 식료품을 장바구니에 담는가? 실제 친구들과 저녁 식사를 하면서 가상의 온라인 친구들과 휴대전화로 수다를 떠는가? 그렇다면 당신은 휴대전화 사용에 제한이 필요하다.

1. 휴대전화를 사용하기에 부적절한 경우는 언제일까?
2. 어떻게 하는 것이 다른 사람과 온전히 같이 있는 것일까?
3. 휴대전화에 늘 바로바로 응답하지 못해도 괜찮을까?

✧ 아이가 영상을 틀어줘야 조용해져요

아이들도 불가피하게 기기를 사용해야 할 때가 있다. 기기 사용의 방법과 원칙에 대한 바운더리를 설정하는 일은 어른들의 책임이다. 이렇게 바운더리를 설정해보자.

- 저녁 식사 때는 기기 사용을 허용하지 않는다.
- 숙제에 필요한 경우가 아니라면 숙제 중에는 사용을 금한다.
- 밤과 주말에는 특정 시간 이후 사용을 금한다.
- 기기 사용 중에 일부러 개입한다.
- 자녀 보호 앱을 사용한다.
- 소셜 미디어 사용 실태를 꾸준히 관찰한다.
- 자녀의 방에 텔레비전을 두지 않는다.
- 자녀들에게 적절한 기기 사용의 모범을 보인다.
- 기기를 자녀와 함께 사용하고 보고 있는 내용에 대해 아이들과 이야기를 나눈다.
- 어떻게 사용하는 것이 적절하고 부적절한지 가르쳐준다.

✧ 포모 증후군

포모 증후군이란 다른 사람은 모두 누리는 좋은 기회를 놓치지는 않을까 걱정되고 불안해하는 마음을 의미한다. 사람들은 '핵심' 무리와 관계를 유지하고 연락을 주고받는 데 무수한 시간을 소비하는 상태에 머물고자 많은 신경을 쓴다. 불행히도 소셜 미디어 때문에 사람들은 뭐든 잘하고 즐겁게 사는 것처럼 보이는 다른 이들의 이미지와 메시지, 영상으로부터 끊임없는 포화를 받고 있다. 그 완벽한 게시물을 만들어내기 위해 해당 인플루언서가 어마어마한 시간을 들였을 거라는 생각을 하는 사람은 거의 없다. 팔로워 수가 300만 명 이상인 인플루언서 라라 밀란(Lala Milan)은 60초짜리 영상 하나를 녹화하고 편집하는 데 6시간이 걸린다고 말한다.

소셜 미디어는 이전에는 상상조차 힘들었던 방식으로 사람들의 주의를 끈다. 그중에서도 최악은 당신의 친구와 전에 사귀었던 사람들, 동료들이 당신 없이도 즐겁게 사는 모습을 보아야 한다는 것이다. 소외감을 느낀 사람들은 다른 사람들의 삶에서 자신의 존재가 어느 정도의 중요성을 차지하는지 의문을 품는다. 포모 증후군으로 고통받고 있다면, 지금 누구를 팔로우하는지를 잘 살펴보자. 당신이 잘 모르는 사람들이라면, 그들을 팔로우하는 것이 자신의 정신건강에 어떤 영향을 미치는지 생각해보자. 잘 아는 사람들이라면, 당신의 자아가 방해하지 못하도록 해보자. 혼자만 소외감을 느끼며 상처받지 말고 그들에게 다음번에는 함께하고 싶다고 말하자. 그들을 초대해 뭔가를 같이 하자고 제안하며 원하는 것이 있으면 표현하자. 그렇다 하더라도 당신과 분리된 그들의 사회생활이 당신과의 관계를 반영하지는 않는다는 사실 또한 잊지 말자.

✧ 연인이 SNS에서 바람을 피워요

소셜 미디어 계정을 소유한 전 세계 인구의 절반 중에는 당신이 짝사랑했던 사람이나 과거에 사귀었던 사람도 있고 새로운 사람들도 당신의 눈에 띄기를 기다리고 있다. 만일 당신이 혼자라면 즐겨라. 하지만 사귀는 사람이 있거나 결혼했다면 기술 활용에 대해 어느 정도 바운더리를 설정해야 한다.

부부나 연인이 서로의 바운더리를 공유하지 않는다면, 말로 표현되지 않은 부분은 분명히 침해당할 것이다. "네가 언제 그런 말을 했어? 그런 말 들은 적 없는데?" 같은 사소한 말들로 다투고 싶지 않다면 다음과 같은 식으로 바운더리에 대한 이야기를 나누어보자.

커플을 위한 소셜 미디어 사용법

- 과거에 사귀었던 사람을 팔로우해도 괜찮은가?
- 이성으로서의 호감을 표시하는 쪽지는 어떻게 다루어야 할까?
- 소셜 미디어에서 서로 친구를 맺거나 팔로우를 꼭 해야 할까?
- 서로 사진을 게시해준다는 기대가 있는가?
- 온라인이나 소셜 미디어에서 관계 문제를 언급해도 괜찮은가?
- 선정적인 사진을 좋아하는 취향에 대한 당신의 생각은 무엇인가?
- 당신의 배우자(또는 사귀는 사람)가 팔로우하지 않았으면 하는 개인 계정이 있는가?

당신의 바운더리에 대해 상대방과 논의한다면 흔히 관계에 위협이 될 만한 문제를 예방할 수 있다.

소셜 미디어 깔끔하게 청소하기

디지털 과부하를 최소화하기 위해서는 관계 정리처럼 소셜 미디어 청소도 필요하다. 다음의 2가지 방법이 있다.

✧ 방법 1. 완전히 지워버린다

한동안 소셜 미디어에서 완전히 자신을 지움으로써 사용 자체를 할 수 없게 만든다. 많은 이들이 휴대전화에서 소셜 미디어 앱을 지워버림으로써 들여다보는 일을 어렵게 만드는 것이 도움이 된다는 사실을 알게 되었다.

✧ 방법 2. 교류를 줄인다

1. 소셜 미디어에서 팔로우하는 계정의 수를 제한해보자. 예를 들어 목표를 세우고 팔로우하는 계정의 수를 절반으로 줄여라.
2. 타이머를 이용해 제한시간을 설정하고 지켜보자.
3. 지정된 시간에만 소셜 미디어를 이용해보자.

4. 휴대전화에서 관련 앱을 삭제하고 컴퓨터로만 소셜 미디어를 이용
   해보자.

그럼에도 마음처럼 몸이 움직이지 않는다면,

• 여러 곳에 충전기를 둔 채 수시로 접속하도록 만들지 말자.

• 휴대전화의 전원이 꺼지게 놔두자. 휴대전화가 충전되는 시간을 자
  신을 재충전하는 시간으로 활용해보자.

• 사용시간을 알려주는 기능을 사용해 자신의 휴대전화 사용을 감시
  하자.

• 불필요한 앱을 삭제하자. 어떤 앱이든 한 달 동안 사용한 적이 없다
  면 꼭 필요한 앱이 아니라는 의미다.

• 알림 설정을 끄자. 휴대전화에서 경보음이 울리면 손이 갈 수밖에
  없다.

• 휴대전화 사용 규칙을 만들어보자. 처음에는 거창하게 시작했다가
  일주일이 지날 때마다 조금씩 완화한다. 휴대전화를 사용하는 데 쓰
  는 시간이 적당하다고 느껴질 때까지 유지해보자.

• 진짜 친구가 아닌 사람을 친구 목록에서 지우자.

• 자신에 대해 언짢은 기분이 들게 만드는 사람은 과감하게 팔로우를
  취소하자.

기술은 우리 삶의 일부이고, 우리는 점점 더 기술에 의존할 수
밖에 없다. 기술은 기술일 뿐 어떻게 이용할지는 개인이 선택할 일

이다. 기술도 소셜 미디어도 문제거리가 아니다. 인간의 참여와 소비가 더 중요한 문제다. 자신에게 이익이 되는 방식으로 기술을 이용하는 방법을 찾아야 기술을 정복할 수 있다. 책임감 있게 사용하기 위해서는 기술을 어떻게 사용할지에 대한 바운더리를 시행해야 한다.

오늘의 질문

수첩이나 종이 한 장을 꺼내 다음의 질문에 답해보자.

- 하루 중 몇 시간을 디지털 기술에 쓰는가?
- 소셜 미디어에 몇 시간을 사용하고 싶은가?
- 사용을 자제하고 싶은 소셜 미디어나 게임은 무엇인가?
- 아무 생각 없이 휴대전화를 들여다보고 있는 자신을 깨달을 때 어떤 기분인가?
- 휴대전화를 보는 대신 어떤 건강한 습관을 갖고 싶은가?

감사의 글

바운더리 심리학을 알기 전 나는 부적절하다고 생각되는 것들과
옳지 못하다고 느낀 것들에 대해 정신적으로 한계를 설정하는 방법
을 개발했다. 그러다 마침내 그렇게 설정한 한계를 '바운더리'라고
부른다는 사실을 알게 되었다.

일련의 사소하지만 용감한 시도를 통해 나는 바운더리를 설정하
고 계속 유지하는 작업을 시작했다. 무해한 관계를 위해 건강한 바
운더리를 만들어나가는 과정과 그것이 가진 힘을 밝히는 일에 깊은
감사를 느낀다.

신께도 감사를 올린다. 신은 내 삶이 지금까지 왜 그렇게 펼쳐졌
는지를 알려주었고, 나 자신으로서 최고의 모습으로 살 수 있도록
인생의 경험을 하게 해주었으며, 내 인생을 사람들에게 말로 전할
수 있게 해주었다. 남편에게도 고마움을 전한다. 그는 이 책을 쓰겠
다는 내 생각을 경청해주었고, 나와 함께 꿈을 꿔주었으며, 시간을
내 집필에 집중할 수 있도록 격려해주었다.

부모에게도 바운더리가 필요하다는 사실을 깨닫게 해준 두 딸에게도 고맙다. 자매 못지않은 친구 에리카에게도 감사를 전한다. 그녀는 바운더리에 대해 속 깊은 대화를 나눠주고 내가 더 나다워질 수 있도록 독려해주었다.

열렬한 응원단 역할을 해준 나의 아침 마스터마인드(목표 달성을 위해 뭉친 둘 또는 그 이상의 연합—옮긴이) 그룹의 팀원인 레이첼, 레베카, 모니카에게도 고마움을 전하고 싶다. 또한 이 책을 쓰는 동안 훌륭한 카드와 선물을 보내주고 나를 웃게 해준 멋진 친구, 탈라야와 델레사에게도 고맙다. 무엇보다 이 책을 쓸 수 있도록 독려해주고 마침내 바운더리를 갖는 승리를 거둘 수 있게 해준 내 상담치료사에게 감사를 전한다.

사람들이 바운더리를 구축하도록 돕고 싶다는 열정이 내 안에 있음을 알게 해준 상담 의뢰인들 모두에게도 감사를 전한다. 항상 게시물을 쓸 수 있게 해주고 내가 올리는 내용을 지지해주며 내 작업을 새로운 단계로 이끌어준 인스타그램 커뮤니티에도 감사를 전한다. 매일매일 내가 사랑하는 일을 하며 사람들을 도울 수 있어 영광이다.

내가 출판이라는 바다를 항해할 수 있도록 도와준 에이전트 로라 리 매팅리에도 고마움을 전한다. 편집자 메리언 리시는 처음부터 이 프로젝트가 수월하게 진행될 수 있도록 해줬고, 내 메시지를 사려 깊게 전달함으로써 책을 완성할 수 있게 도와주었다. 출판 과정 내내 나를 이끌어준 제스 모퓨와 편집 보조원 레이철 아요트에게도 감사하다.

　변호사 패트리스 퍼킨스는 내가 브랜드의 여러 측면을 고려할 수 있도록 도와주었고, 비서 손시 리드는 나를 격려하며 초고를 검토해주었다. 이처럼 많은 이들의 도움 덕분에 이 책이 세상에 나올 수 있었다.

　나를 세상에 데려와준 부모님에게 감사하다. 그리고 이 책을 읽는 독자에게 가장 큰 감사를 전한다. 용기를 내는 이에게 건강한 바운더리가 함께할 것이다.

부록

나를 먼저 챙기는 연습

행복은 전적으로
바운더리에 달렸다.

관계는 냉정과 열정 사이

처음 내가 심리상담실을 찾은 건 대학원생일 때였다. 대부분이 그렇듯 나도 인간관계와 불안, 일과 삶의 균형 등의 문제 때문이었다. 나는 다른 사람과의 관계에서 생기는 문제들을 뭐라고 칭해야 할지 전혀 몰랐다. 내가 아는 것은 사람들이 늘 기분을 상하게 한다는 사실과 내가 바운더리를 설정하려는 것에 대해 죄책감을 유발한다는 사실뿐이었다.

내 바운더리라고 해봤자 "돈을 더는 빌려줄 수 없어", "차를 빌리면 연료를 채워서 돌려줘", "수업이 있어서 네 아이를 돌봐주기 힘들어" 정도였다. 나는 내 인생에 속한 사람들이 늘 뭔가를 부탁하기만 하고 한 번도 나를 위해 뭔가를 해주려고 하지 않는 것 때문에 끊임없이 좌절감과 원망을 느꼈다.

상담이 몇 회쯤 진행되었을 때, 상담치료사가 앤 캐서린(Anne Katherine)의 저서 《바운더리(Boundaries)》를 조용히 추천했다. 나는 상담과 이 책의 도움으로, 거절하고 부탁하기를 전보다 편히 생각하게 되었다.

여전히 나는 상대에 따라 뭔가를 부탁할 때면 가끔 묘한 기분을 느낀다. 하지만 어쨌든 부탁할 일은 부탁한다. 궁극적으로 인간관계에서 내가 건강한 바운더리를 행사하고 있다는 사실이 기분 좋기 때문이다. 긴 분노와 좌절보다는 짧게 지나는 불편한 감정을 대하는 편이 낫다.

건강한 관계라면 자신의 바운더리를 표현해도 괜찮다. 합리적이고, 위험하지도 않다. 하지만 쌍방이 주고받아야 한다. 당신이 바운더리를 가진 것처럼 상대방도 나름의 바운더리를 갖고 있을 것이다. 예를 들어 당신의 직장 상사는 당신이 회의 시작 5분 전까지 나타나야 한다는 바운더리가 있을 수 있고, 당신은 주말에는 일하지 않는다는 바운더리가 있을 수 있다. 다른 사람의 바운더리를 존중하는 것은 자신의 바운더리 역시 존중받게 만드는 아름다운 방법이다.

"저녁 식사 중에는 휴대전화를 저리 치웠으면 좋겠어"와 같은 새로운 바운더리를 누군가 실행에 옮긴다면, 여기에 반응하는 최고의 방법은 그 요구를 긍정하고 인정하는 것이다. 말로 표현한다면 "알았어, 휴대전화 치울게" 정도가 되겠다. 그런 다음에는 반드시 휴대전화를 치워라.

이 책을 읽고 나면, 바운더리를 실행하는 것이 관계를 보다 안전하고 행복하며 안심할 수 있는 것으로 느끼게 해준다는 사실을 알게 될 것이다. 누군가 한계를 설정한다고 해서 그것을 기분 나쁘게 받아들여서는 안 된다.

두 번째(그리고 내가 가장 좋아하는) 조언은 돈 미겔 루이스(Don Miguel Ruiz)의 《네 가지 약속(The Four Agreements)》에서 찾은 것이다.

"아무것도 기분 나쁘게 받아들이지 마라."[24]

주변에서 무슨 일이 벌어지든 기분 나쁘게 생각하지 말자. 다른 사람이 뭘 하든 그건 당신 때문이 아니다. 그들 자신 때문이다. 사람은 누구나 자기 자신만의 마음과 생각 속에서 산다. 때로는 대놓고 모욕하는 등의 기분 나쁜 말을 들을 수도 있지만, 사실 그것은 당신과 아무 관계가 없다.

나는 내담자들과 함께 주변에서 일어나는 일과 주변인들과의 상호작용을 객관화하는 작업을 꾸준히 해오고 있다. 주관적으로 보게 되면, 다른 사람의 개인적인 이야기와 역사를 보지 못한다. 자기화(personalizing)는 모든 것이 자신과 관련이 있다고 생각하는 것이다.

예를 들어서 나는 우리 집에 오는 손님은 신발을 벗었으면 하는 사람이다. 신발에 묻은 것을 집 안에 들이면 안 된다고 생각한다. 이는 걸레질을 덜 해도 된다는 의미기도 하다. 내가 이 규칙을 적용한 지 얼마 안 되었을 때는 여러 사람이 의문을 제기했다.

"내가 대체 왜 신발을 벗어야 하는 건데?"

하지만 내 규칙은 그들에 대한 것이 아니었다. 그들이 어떤 신발을 신었느냐에 대한 것도 분명 아니었다. 이는 당신의 바운더리나 당신에게 자신의 바운더리를 존중해달라고 요구하는 사람들에게도 마찬가지다. 의문을 제기하지 않고 당신은 누군가의 요구에 응할 수도 있고, 그 요구를 받아들이지 않음으로써 발생하는 결과를 감수할 수도 있다. 하지만 잊지 마라. 당신은 그 결과를 스스로 정할 수 없다.

만일 당신의 바운더리가 누군가 다른 사람의 바운더리와 직접적인 갈등을 일으킨다면 어느 쪽의 바운더리가 더 건강한지, 그리고 어느 쪽의 바운더리가 두 사람의 관계에 더 도움이 되는지 따져봐야 한다. 기억할 것은, 경직된 바운더리는 건강하지 못하다는 사실이다.

바운더리는 2가지 방식으로 확립된다. 첫째는 다른 사람들에게 말로 전달하고, 둘째는 행동으로 옮긴다. 이때는 결과를 시행하든지, 당신의 바운더리를 존중하지 않거나 존중할 생각이 없는 사람들과의 상호작용을 그만둔다.

할 수 있는 노력을 다했다면 마지막으로 남은 바운더리는 건강하지 못한 관계를 끝내는 일이다. 유감스럽지만 때로는 피할 수 없는 상황이 있다. 사랑처럼 관계에도 열정과 냉정이 있다. 더는 나아질 것 같지 않아 관계를 끝낼 때 반드시 기억해야 할 것이 있다. 바로 당신은 노력했다는 사실이다. 관계 개선을 위해 실행할 수 있는 해결책을 제안하지 않았는가. 상황이 달라지면 그때 상대방과 다시 관계를 구축하면 된다.

관계를 되살리고자 할 때는 다음과 같은 사항을 고려해본다.

• 무엇이 달라질 거라고 기대하는가?

393

- 상대방(또는 상황)이 정말 달라졌는가?
- 상대방(또는 상황)이 달라졌다는 증거는 무엇인가?
- 당신은 상대방과 잘 어울리는가, 아니면 그저 관계를 잘 유지하고자 연연해하는가?
- 만일 아무것도 변하지 않았다면, 예전의 경험을 반복할 의향이 있는가?

냉철하게 평가하지 않고도 관계가 개선될 것이라고 희망한다면 전과 비슷하거나 그보다 못한 상황으로 되돌아가게 될 것이다. 처음에는 관계에 바운더리를 설정하는 일이 불편하게 느껴질 수 있다. 어쩌면 당신은 죄책감이 들 수도 있다. 지금 하려는 일이 옳은 것인지 의문도 들 것이다. 하지만 그런 생각들은 모두 멀리하라. 불편함을 극복하고 두렵더라도 실행하라. 당신은 더 건강해질 자신과 더 건강해질 관계를 위해 스스로 도전하고 있다.

잠깐의 동요는 과정의 일부일 뿐이다. 그리고 새로운 것을 시도할 때 불안한 마음이 드는 것은 당연하다. 일단 바운더리 설정을 시작했다면, 그대로 계속하라. 일관성이야말로 바운더리 과정에서 가장 중요한 것이기 때문이다.

잊지 말아야 할 점은 죄책감 없는 바운더리 설정 따위는 존재하지 않는다는 사실이다. 만일 죄책감을 (제거가 아닌) 최소화하고 싶다면, 바운더리 설정 과정에 대한 당신의 사고방식을 바꿔야 한다. 바운더리에 대해 나쁘다거나 잘못하는 것이라는 생각을 멈춰라. 건강한 관계는 물론 자기 돌봄과 행복 실천에 꼭 필요한 협상 불가 조건이라고 생각하라.

건강한 바운더리를 구축함으로써 자신의 인간관계와 인생이 문제없이 행복한지를 확인할 수 있다. 바운더리가 꾸준히 지켜지게 하려면, 말로 분명하게 표현하고 행동으로 보여주어야 한다. 당신의 바운더리에 동의하지 않고 이해하지 못하는 사람은 반발하고, 의문을 제기하며, 당신의 한계를 시험하거나 무시하고, 갑자기 연락을 끊을 수도 있다는 사실을 잊지 마라.

하지만 무슨 일이 있더라도 바운더리 설정을 멈추지 마라. 당신의 바운더리는 사람들이 좋아하라고 만든 게 아님을 자각하고, 인내심 있게 견뎌라.

바운더리는 당신이 건강한 인간관계를 맺어나가기 위한 것이다. 당신과 다른 사람들이 무해한 관계를 맺기 위한 기본 원칙을 설정하는 것이다. 따라서 바운더리를 갖고 단호하게 표현하는 것이 좋다. 바운더리가 있어야만 사람들과 평화롭게 공존할 수 있다. 바운더리는 관계를 넘어 인생 전반에도 긍정적인 영향을 준다.

- 바운더리를 가진 사람들은 잠을 더 잘 잔다.
- 바운더리를 가진 사람들은 번아웃을 덜 겪는다.
- 바운더리를 가진 사람들은 더 건강하게 지속되는 관계를 맺는다.
- 바운더리를 가진 사람들은 스트레스를 덜 겪는다.
- 바운더리를 가진 사람들은 더 즐겁다.

• 바운더리를 가진 사람들은 삶의 장단기적 혜택을 누린다.

기꺼이 용기를 내서 변화를 추구하려는 당신의 의지에 감사를 표한다. 보다 건강한 바운더리를 향한 여정은 그 과정의 불편함을 감수할 만한 가치가 있음을 약속한다.

바운더리를 설정하라! 아무도 피해를 보지 않을 것이며, 당신의 삶은 그 어느 때보다 좋아져 있을 것이다.

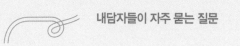

해로운 엄마지만 인연을 끊을 수 없는 경우에는 무엇이 건강한 바운더리일까요?

건강하지 못한 관계인 줄 알면서도 미처 끊어내지 못할 때는 상대방과
엮이는 일을 취사 선택함으로써 자기 바운더리를 구축해보자.

- 엄마와의 대화 빈도를 줄여보자. 매일 하는 대신 일주일에 몇 번, 또는
  일주일에 한 번 정도만 하도록 해보자.
- 대화하는 시간을 줄여보자. 간편하게 하려면 약속 장소로 가는 도중에
  전화를 거는 등 외출시간을 이용하고 목적지에 도착하기 전에 전화를
  끊어보자.
- 엄마가 전화하거나 문자 메시지를 보내올 때마다 답하지 말고 가능한
  시간에, 그리고 당신이 원할 때만 응답해보자.

**왜 바운더리를 설정하려 하는지, 또는 왜 관계를 끊으려 하는지 친구나 가족에게
꼭 설명해야 하나요?**

당신의 주변인들은 당신이 제일 잘 안다. 설명을 잘 듣는 사람도 있을
것이고 당신을 공격하거나 자신을 변명하는 사람도 있을 것이다. 문제
를 논의하기 전에 상대방이 어떤 유형인지 살펴보자. 왠지 말을 꺼내
기 힘들 것 같다면, 직접 문제를 논의하는 것이 당신에게 가장 이익이
되는 방법이 아닐 수 있다. 어쩌면 문자 메시지를 이용하는 편이 나을
수도 있다. 가능하다면 서서히 상대방과 거리를 두어보자. 이는 종종
가장 화기애애하게 관계를 끝내는 방법이 된다.

직장에 대해 늘 불평하는 친구를 어떻게 대하면 좋을까요?

특정 주제에 대해 친구와 얼마나 자주 대화를 나눌지에 대한 바운더리를 설정하면 된다. 당신이 무심코 친구에게 자신의 문제를 더 많이 털어놓도록 만들고 있을 가능성도 생각해봐야 한다. 다음의 질문을 자신에게 던져보자.

- 당신이 그 주제에 관심을 보이는가? 예를 들어 당신이 먼저 직장을 언급한다면 마치 그 주제로 대화하고 싶어 한다는 인상을 줄 수 있다.
- 친구에게 조언해주는가?
- 다른 얘기로 화제를 돌리려 한 적이 있는가?
- 친구가 느끼는 문제에 대해서 전문가나 직장 동료에게 의논해볼 것을 제안한 적이 있는가?
- 친구는 당신이 그 대화에 감정적으로 잔 빠져 한다는 사실을 아는가? 아니라면, 대화 주제를 조금 가벼운 것으로 전환해보자.

치료를 거부하는 친구를 어떻게 도와주면 좋을까요?

친구의 얘기를 얼마나 들어줄지, 그리고 친구를 어떻게 도와줄 수 있을지는 당신이 결정할 수 있는 문제다. 다만 치료사가 아닌 친구로서의 역할에 머물러보자. 대화하기 불편한 특정 주제가 있다는 사실을 친구에게 알려보자. 친구에게 치료를 계속 권해보고 왜 치료를 받는 것이 좋다고 생각하는지 그 이유를 말해보자. 친구로서 해결해줄 수 없는 깊은 상처가 있을 수 있다.

더는 돈을 빌려줄 수 없다는 것을 가족에게 어떻게 설명할까요?

원래 바운더리를 설명하면 사람들은 논박한다. 그냥 이렇게 말해보자.

- "안 돼."
- "도와줄 수 없어."
- "다른 방법은 찾아봤니?"

어떻게 하면 아들의 기분이 상하지 않게 바운더리를 설정할 수 있을까요?

누군가 자신을 상대로 바운더리를 설정한다고 해서 기분이 상하지는 않는다. 아들에게 바운더리를 설정하되 사랑하는 마음을 잊지 말아보자. 바운더리는 당신의 자녀에게 체계를 갖춰줄 것이다.

어떻게 하면 죄책감이 들지 않을까요?

"다 내 잘못이야"라고 하지 말고 "모든 일이 전부 내 탓은 아니야"라고 말하라. 죄책감을 느끼기 싫다면 감정을 느끼기 싫다는 것이나 마찬가지다. 당신은 모든 감정을 다 극복해왔다. 질투도, 행복도, 죄책감도 그 일부일 뿐이다. 죄책감에 초점을 맞추고 그 감정을 피하려고 하면 할수록 더 오래 지속될 뿐이다. 죄책감이 든다면 자신이 느끼는 감정이 좋은지 나쁜지 판단하지 말고 그냥 느껴보자.

Allan, Patrick. "How to Deal with Chronic Complainers." Lifehacker, October 8, 2019. https://lifehacker.com/how-to-deal-with-chronic-complainers-1668185689.

Beck, Julie. "How Friendships Change in Adulthood." The Atlantic, October 22, 2015. https://www.theatlantic.com/health/archive/2015/10/how-friendships-change-over-time-in-adulthood/411466/.

Bourne, Edward. Anxiety and Phobia Workbook, 4th ed. Oakland, CA: New Harbinger Publications, 2006.

Charles Schwab. Modern Wealth Survey. May 2019. https://content.schwab.com/web/retail/public/about-schwab/Charles-Schwab-2019-Modern-Wealth-Survey-findings-0519-9JBP.pdf.

Clear, James. Atomic Habits. New York: Avery Publications, 2018.

Coleman, Jackie, and John Coleman. "The Upside of Downtime." Harvard Business Review, December 6, 2012. https://hbr.org/2012/12/the-upside-of-downtime.

Derald Wing Sue, "Microaggressions: More Than Just Race," Psychology Today, November 17, 2010. https://www.psychologytoday.com/us/blog/microaggressions-in-everyday-life/201011/microaggressions-more-just-race.

Emery, Lea Rose. "The First Year of Marriage Is Tough, No Matter How You Spin It." Brides, November 2019. https://www.brides.com/story/the-first-year-of-marriage-is-tough.

Eyal, Nir. Indistractable: How to Control Your Attention and Choose Your Life. Dallas: Ben Bella Books, 2019.

Higgs, Michaela. "Go Ahead and Complain. It Might Be Good for You." New York Times, January 9, 2020. https://www.nytimes.com/2020/01/06/smarter-living/how-to-complain-.html.

Horsman, Jenny. But I'm Not a Therapist: Furthering Discussion About Literacy Work with Survivors of Trauma. Toronto: Canadian Congress for Learning Opportunities for Women, 1997. https://eric.ed.gov/?id=ED461078

June, Sophia. "Instagram Therapists Are the New Instagram Poets." New York Times, June 19, 2019. https://www.nytimes.com/2019/06/26/style/instagram-therapists.html.

Kantor, Jodi, and Megan Twohey. "Harvey Weinstein Paid Off Sexual Harassment Accusers for Decades." New York Times, October 5, 2017. https://www.nytimes.com/2017/10/05/us/harvey-weinstein-harassment-allegations.html.

Katherine, Anne. Where You End and I Begin—How to Recognize and Set Healthy Boundaries. Center City, MN: Hazelden, 1994.

Mechling, L. "How to End a Friendship." New York Times, June 14, 2019. https://www.nytimes.com/2019/06/14/opinion/sunday/how-to-end-a-friendship.html.

Milchan, A., S. Reuther, J. F. Lawton, G. Marshall, R. Gere, J. Roberts, R. Bellamy et al. Pretty Woman. Buena Vista Pictures, 1990.

Morrish, E. "Reflections on the Women, Violence, and Adult Education Project." Focus on Basics 5, issue C, February 2002. http://www.gse.harvard.edu/~ncsall/fob/2002/morrish.html.

Rosenwasser, Penny. "Tool for Transformation: Cooperative Inquiry as a Process for Healing from Internalized Oppression." Adult Education Research Conference, pp. 392–396. Vancouver: University of British Columbia, 2000. http://www.edst.educ.ubc.ca/aerc/2000/rosenwasserp1-web.htm.

Tawwab, Nedra. "The Question I'm Asked Most as a Therapist—and My Answer." Shine, November 2019. https://advice.shinetext.com/articles/the-question-im-asked-most-as-a-therapist-and-my-answer/.

"Trauma Affects Trust in the World as a Beneficial Place, the Meaningfulness of Life, and Self- Worth." Horsman 1997; Morrish 2002; Rosenwasser 2000.

Tsukayama, H. "Teens Spend Nearly Nine Hours Every Day Consuming Media." Washington Post, November 5, 2015. https://www.washingtonpost.com/news/the-switch/wp/2015/11/03/teens-spend-nearly-nine-hours-every-day-consuming-media/.

Vanzant, Iyanla. The Value in the Valley: A Black Woman's Guide Through Life's Dilemmas. New York: Fireside, 1995.

Webb, Jonice. Running on Empty. New York: Morgan James, 2012.

Williams, A. "Why Is It Hard to Make Friends Over 30?" New York Times, July 13, 2012. https://wwwn.nytimes.com/2012/07/15/fashion/the-challenge-of-making-friends-as-an-adult.html.

주

02. 바운더리가 건강하지 못할 때 생기는 일들

1. An article published by the Harvard Gazette: A. Powell, "Study: Doctor Burnout Costs Health Care System $4.6 Billion a Year," Gazette, July 19, 2019, https://news.harvard.edu/gazette/story/2019/07/doctor-burnout-costs-health-care-system-4-6-billion-a-year-harvard-study-says/.

2. According to Emily Nagoski and Amelia Nagoski: Emily Nagoski and Amelia Nagoski, Burnout: The Secret to Unlocking the Stress Cycle (New York: Ballantine Books, 2019).

3. According to the Anxiety and Depression Association of America: Anxiety and Depression Association of America, "Facts and Statistics," https://adaa.org/about-adaa/press-room/facts-statistics.

4. "What's on Your Plate?": "What's on Your Plate?" was created by Monica Marie Jones and modifi ed by Nedra Tawwab.

03. 왜 나는 이토록 네가 힘들까?

5. At Barnes & Noble in 2018, books about self-care outsold books on diet and exercise: M. Schaub, "Mental Health Books Outsell Diet and Exercise Books at Barnes & Noble," Los Angeles Times, January 11, 2019, https://www.latimes.com/books/la-et-jc-mental-heath-book-sales-20190111-story.html.

07. 우물쭈물하지 않고 단호한 말하기

6. According to Kate Kenfield, a sex and relationship educator: Kate McCombs, "My Favorite Question Anyone Asks Me When I'm Having a Rough Day," blog post, December 3, 2014, http://www.katemccombs .com/favoritequestion/.

7. According to Celeste Headlee: Celeste Headlee, We Need to Talk (New York: Harper Wave, 2017).

8. In Atomic Habits, James Clear talks about the importance of making small changes to generate significant results: James Clear, Atomic Habits (New York: Avery, 2018).

08. 바운더리를 한정 짓는 상처를 치유하는 법

9. common boundary violations that often occur when trauma is experienced: Claudia Black, Repeat After Me (Las Vegas: Central Recovery Press, 2018).

09. 이제부터 나는 나를 돌본다

10. the average American carries a credit card balance of $8,398 and has at least four credit cards: Bill Fye, "Key Figures Behind America's Consumer Debt," Debt.org, https://www.debt.org/faqs/americans-in-debt/.

11. 59 percent of Americans live paycheck to paycheck: Charles Schwab, Modern Wealth Survey, May 2019, https://content.schwab.com/web/retail/public/about-schwab/Charles-Schwab-2019-Modern-Wealth-Survey-findings-0519-9JBP.pdf.

12. According to the Journal of Marriage and Family Studies: Perspectives Counseling. https://perspectivesoftroy.com/men-cheat-women/.

10. 가족 관계: 건강한 바운더리는 가족에서부터 시작한다

13. In the book Babyproofing Your Marriage: Stacie Cockrell, Cathy O'Neill, and Julia Stone, Babyproofing Your Marriage: How to Laugh More and Argue Less as Your Family Grows (New York: William Morrow Paperbacks, 2008).

401

11. 사랑하는 관계 : 완벽한 관계는 자연히 만들어지지 않는다

14. Fundamental identities may shift from wife to mother or from lovers to parents: Matthew D. Johnson, "Have Children? Here's How Kids Ruin Your Romantic Relationship," The Conversation, May 6, 2016, https://the-conversation.com/have-children-heres-how-kids-ruin-your-romantic-relationship-57944.

12. 우정 관계 : 우리는 정말 좋은 친구일까

15. Self-discovery gives way to self-knowledge: Marla Paul, The Friendship Crisis: Finding, Making, and Keeping Friends When You're Not a Kid Anymore (New York: Rodale Books, 2005).

16. In high school, I was given the book The Value in the Valley: Iyanla Vanzant, The Value in the Valley: A Black Woman's Guide Through Life's Dilemmas (New York: Fireside, 1995).

13. 직장 관계 : 모든 일을 잘하려고 애쓰지 말 것

17. In 2017, women began coming forward about sexual assault at the hands of the media giant Harvey Weinstein: Jodi Kantor and Megan Twohey, "Harvey Weinstein Paid Off Sexual Harassment Accusers for Decades," New York Times, October 5, 2017, https://www.nytimes.com/2017/10/05/us/harvey-weinstein-harassment-all egations.html.

18. Taking a nap on your lunch break: Jackie Coleman and John Coleman, "The Upside of Downtime," Harvard Business Review, December 6, 2012, https://hbr.org/2012/12/the-upside-of-downtime.

19. in 2018, American workers failed to use 768 million days of paid time off: U.S. Travel Association, https://www.ustravel.org.

14. SNS 관계 : 언택트(Untact)를 넘어 온택트(Ontact)의 시대로

20. In June 2019, I was featured in an article in the New York Times: Sophia June, "Instagram Therapists Are the New Instagram Poets," New York Times, June 19, 2019, https://www.nytimes.com/2019/06/26/style/insta-gram-therapists.html.

21. You spend excessive amounts of time on your phone: "How Much Time Do We Really Spend on Our Smart-phones?," Straight Talk, September 15, 2018, https://blog.straighttalk.com/average-time-spent-on-phones/.

22. According to a Washington Post article, 3.725 billion people use social media: H. Tsukayama, "Teens Spend Nearly Nine Hours Every Day Consuming Media," Washington Post, November 5, 2015, https://www.wash-ingonpost.com/news/the-switch/wp/2015/11/03/teens-spend-nearly-nine-hours-every-day-consuming-media/.

23. Nir Eyal's book Indistractable: How to Control Your Attention and Choose Your Life offers a view of how social media and devices are not the issue: Nir Eyal, Indistractable: How to Control Your Attention and Choose Your Life (Dallas: Ben Bella Books, 2019).

부록

24. The second (and my personal favorite) agreement from the book The Four Agreements: Don Miguel Ruiz, The Four Agreements: A Practical Guide to Personal Freedom (San Rafael, CA: Amber-Allen Publishing, 1997).

나는 내가 먼저입니다

초판 1쇄	2021년 9월 10일
초판 2쇄	2021년 10월 8일

지은이	네드라 글로버 타와브
옮긴이	신혜연
펴낸이	서정희
펴낸곳	매경출판㈜
책임편집	현유민
마케팅	강윤현 이진희 장하라
디자인	김보현
표지디자인	어나더페이퍼

매경출판㈜
등록 2003년 4월 24일(NO. 2-3759)
주소 (04557) 서울시 중구 충무로 2(필동1가) 매일경제 별관 2층 매경출판㈜
홈페이지 www.mkbook.co.kr
전화 02)2000-2610(기획편집) 02)2000-2636(마케팅) 02)2000-2606(구입 문의)
팩스 02)2000-2609 이메일 publish@mk.co.kr
인쇄·제본 ㈜M-print 031)8071-0961
ISBN 979-11-6484-309-1(03180)